U0564634

本书为国家重点研发计划课题"长江流域文明进程研究"（课题编号2020YFC1521603）和"中华文明起源进程中的生业、资源与技术研究"（课题编号2020YFC1521606），以及国家文物局"考古中国"重大项目"长江下游区域文明模式研究"的阶段性成果。本书出版得到浙江省委宣传部良渚考古系列图书出版经费的资助。

良渚文明丛书
Liangzhu Civilization Series

我们这样发现良渚

王宁远 主编

良渚考古口述史 上

How We Found
Liangzhu Sites
Oral History of Liangzhu
Archaeological Excavation
and Research

ZHEJIANG UNIVERSITY PRESS
浙江大学出版社
·杭州·

图书在版编目(CIP)数据

我们这样发现良渚 ： 良渚考古口述史 / 王宁远主编
. — 杭州 ： 浙江大学出版社，2023.7
（良渚文明丛书）
ISBN 978-7-308-23753-6

Ⅰ. ①我… Ⅱ. ①王… Ⅲ. ①良渚文化－文化遗址－
考古发现 Ⅳ. ①K871.134

中国国家版本馆CIP数据核字(2023)第076573号

我们这样发现良渚：良渚考古口述史
WOMEN ZHEYANG FAXIAN LIANGZHU: LIANGZHU KAOGU KOUSHUSHI
王宁远　主编

策 划 人	陈丽霞　丁佳雯
丛书统筹	丁佳雯　陈丽霞
责任编辑	赵　静　沈炜玲
责任校对	胡　畔
责任印制	范洪法
美术编辑	程　晨
排　　版	杭州林智广告有限公司
出版发行	浙江大学出版社
	（杭州市天目山路148号　　邮政编码　310007）
	（网址：http://www.zjupress.com）
印　　刷	浙江海虹彩色印务有限公司
开　　本	880mm×1230mm　1/32
印　　张	17.875
字　　数	410千
版 印 次	2023年7月第1版　2023年7月第1次印刷
书　　号	ISBN 978-7-308-23753-6
定　　价	128.00元（上、下册）

总　序　Preface

良渚与中华五千年文明

刘　斌

时间与空间真是奇妙的组合，当我们仰望星空，看到浩瀚的宇宙，那些一闪一闪的星星，仿佛恒久不变地镶嵌在天幕中。然而，现代科学告诉我们，光年是距离单位，宇宙深处星星点点射向我们的光线，来自遥远的过去。原来，时空的穿越，不过是俯仰之间。

考古，同样是这种俯仰之间的学问，由我们亲手开启的时光之门，将我们带回人类历史中每一个不同的瞬间。而距今 5000 年，就是一个特殊的时间点。

放眼世界，5000 年前是个文明诞生的大时代。世界上的几大流域，不约而同地孕育出早期文明，比如尼罗河流域的古埃及文明、两河流域的苏美尔文明、印度河流域的哈拉帕文明。那么，5000 年前的中华文明在哪里？这个问题困扰学界甚久。按照国际上通行的文明标准，城市、文字、青铜器……我们逐一比对，中国的古代文明似乎到出现了甲骨文的商代为止，便再难往前追溯了。

考古学上，我们把文字出现之前的历史称为"史前"。在中国的史前时代，距今 1 万年以上，在辽阔版图的不同地理单元中，开始演绎出各具特色的文化序列。考古学上形象地称之为"满天星斗"。然而，中国的史前时代长久以来被低估了。一直以来，我们都是以夏商为文明探源的出发点，以黄河文明作为中华文明的核心，无形中降低了周围地区那些高规格遗迹遗物的历史地位，比如辽西的红山文化、江汉地区的石家河文化、太湖流域的良渚文化、晋南的陶寺文化、陕北的石峁遗址……随着探源脚步的迈进，我们才渐渐发现，"满天星斗"的文化中，有一些已然闪现出文明的火花。"良渚"就是其中一个特殊的个案。

大约在 5300 年前的长江下游地区，突然出现了一个尚玉的考古学文化——良渚文化。尽管在它之前，玉器就已广受尊崇，但在此时却达到空前的繁荣。与以往人们喜爱的装饰玉器不同，良渚先民的玉器可不仅仅是美观的需要。这些玉器以玉琮为代表，并与钺、璜、璧、冠状饰、三叉形器、牌饰、锥形器、管等组成了玉礼器系统，或象征身份，或象征权力，或象征财富。那些至高无上的人被埋葬在土筑的高台上，配享的玉器种类一应俱全，显示出死者生前无限的尊贵。礼玉上常见刻绘有"神徽"形象，用以表达良渚先民的统一信仰。这些玉器的拥有者是良渚的统治阶级，他们相信自己是神的化身，代表着神的旨意，随葬的玉器种类和数量显示出他们不同的等级和职责范围。我们在杭州余杭的反山、瑶山，常州武进的寺墩，江阴的高城墩，上海的福泉山等遗址中，都发现了极高等级的墓群。这就似乎将良渚文化的分布范围分割成不同的统治中心，呈现出小邦林立的局面。然而，历史偏偏给了余杭一个机会，在反山遗址的周围，越来越多的良渚文化遗址被发现，这种集中分布的遗址群落受到了良好的保护，使得考古工作得以在这片土地上稳步开展。到今天再来回望，这为良渚文明的确立提供了必要的前提。否则，谁会想到零星发现的遗址点，竟然是良渚古城这一王国之都的不同组成部分。

今天，在我们眼前所呈现的，是一个有 8 个故宫那么大的良渚古城（6.3 平方公里）。它有皇城、内城、外城三重结构，有宫殿与王陵，有城墙与护城河，有城内的水路交通体系，有城外的水利系统，作为国都，其规格已绰绰有余。除了文字和青铜器，良渚文化在各个方面均已达到国家文明的要求。其实，只要打开思路，我们就会发现，通行的文明标准不应成为判断一个文化是否进入文明社会的生硬公式。青铜器在文明社会中承载的礼制规范的意义，在良渚文化中是体现在玉器上的。文字是记录语言、传承思想文化的工具，在良渚文化中，虽然尚未发现文字系统，但那些镌刻在玉礼器上的标识，也极大程度地统一着人们的思想，而大型建筑工事所反映出的良渚社会超强的组织管理能力，也透露出当时一定存在着某种与文字相当的信息传递方式。因此，良渚古城的发现，使良渚文明的确立一锤定音。

如今，良渚考古已经走过了 80 多个年头。从 1936 年施昕更先生第一次发现良渚的黑皮陶和石质工具开始，到今天我们将其定义成中国古代第一个进入早期国家的区域文明；从 1959 年夏鼐先生提出"良渚文化"的命名，学界逐渐开始了解这一文化的种种个性特点，到今天我们对良渚文明进行多领域、全方位的考古学研究与阐释，良渚的国家形态愈发丰满起来。这一系列图书，主要是由浙江省文物考古研究所致力于良渚考古的中青年学者，围绕近年来杭州市余杭区瓶窑镇良渚古城遗址的考古发现与研究，集体编纂而成，内含极其庞大的信息量。其中，包含有公众希望了解的良渚古城遗址的方方面面、良渚考古的历程、良渚时期古环境与动植物信息、代表了良渚文明最高等级墓地的反山王陵、为人们津津乐道的良渚高等级玉器、供应日常所需林林总总的良渚陶器……还有专门将良渚置于世界文明古国之林的中外文明比对，以及从媒体人角度看待良渚的妙趣横生的系列报道汇编。相信这套丛书会激起读者对良渚文明的兴趣，从而启发更多的人探索我们的历史。

可能很多人不禁要问：良渚文明和中华文明是什么样的关系？因为在近现代历史的观念里，我们是华夏儿女，我们不知道有一个"良渚"。其实，这不难理解。我们观念里的文明，是夏商以降、周秦汉唐传续至今的，在黄河流域建立政权的国家文明，是大一统的中华文明。考古学界启动"中华文明探源工程"，为的就是了解最初的文明是怎样的形态。因此，我们不该对最初的文明社会有过多的预设。在距今5000年的节点上，我们发现了良渚文明是一种区域性的文明。由此推及其他的区域，辽西可能存在红山文明，长江中游可能存在石家河文明，只是因为考古发现的局限，我们还不能确定这些文明形态是否真实。良渚文明在距今4300年后渐渐没落了，但文明的因素却随着良渚玉器得到了有序的传承，影响力遍及九州。由此可见，区域性的文明实际上有全局性的影响力。

人类的迁徙、交往，从旧石器时代开始从未间断。不同规模、不同程度、不同形式的人口流动，造成了文化与文化间的碰撞、交流与融合。区域性的文明也是一个动态的过程。目前来看，良渚文明是我们所能确证的中国最早文明，在这之后的1000多年里，陶寺、石峁、二里头的相继繁荣，使得区域文明的重心不断地发生变化。在这个持续的过程中，礼制规范、等级社会模式、城市架构等文明因素不断地传承、交汇，直至夏商。其实，夏商两支文化也是不同地区各自演进发展所至，夏商的更替也是两个区域性文明的轮流坐庄，只是此时的区域遍及更大的范围，此时的文明正在逐鹿中原。真正大一统的中央集权国家，要从秦朝算起。这样看来，从良渚到商周，正是中华文明从区域性文明向大一统逐步汇聚的一个连续不断的过程，万万不可将之割裂。

2019 年 5 月于良渚

前　言　Preface

王宁远

大家都知道一句话："历史由胜利者书写。"实际上它还有后半句："但事实的真相只有亲历者才晓得。"

1999 年，我在单位阅览室看到这年《农业考古》第 3 期上有我所牟永抗老师《关于良渚、马家浜考古的若干回忆》的文章，忽然发现文章很多地方被人用很细的铅笔做了批注，对很多细节提出了反驳。我马上猜出这应该是王明达老师注的，因为当时考古所里这段经历的亲历者没别人了。我当时就很感慨，才过了十几二十年，那么多细节就有不同说法了。我觉得这个批注本身就是珍贵的学术史材料，于是，马上请资料室的同事收藏好，换一本新杂志上架。据了解，这个批注本现在还收藏在我所资料室。

这件事情也让我觉得工作经历及时记录下来很有必要。

考古工作提供的成果，多是出土文物以及报告、论文，都属于"果"，那它的"因"是什么？考古工作很多生动的过程和细节，不会出现在报告和文章里，只会存留在发掘者的回忆之中。把工作中的所思所想和过程记录下来，也是学术史的一个重要部分。

2000 年，我开始从事良渚考古工作，良渚遗址的考古掌故以往零零星星听前辈们讲起过。不同人的表述也有出入，也缺乏系统性。2007 年良渚古城被发现以后，媒体对良渚的关注度大大提高。有很多人请我们讲述良渚的考古故事。当时我有过一个想法，想请反山、瑶山这些重要遗址的领队本人到遗址现场做回忆与讲解，同时把当时发掘队的成员都叫拢，现场相互补充纠错，记录下来当作一个标准版的发掘记，这样应该会更加准确、完整，也更生动。

当时我做过一点口述史的尝试：摄录了技工祁自力讲述勘探寻找良渚城墙的经历；为了了解莫角山和古城地貌的变迁，找了一个亲历的民工讲述古城西墙白元畈土墩"文革"期间取土的过程；还找了大观山果园的退休老职工回忆当年对莫角山地貌的改造。至于考古领队现场叙述这个事情，曾经和王明达老师提起过，但是因为没个专门项目，后来七拖八拖就没做。2013 年后，因为建古城遗址公园，里面的村子都搬迁了，反山和莫角山与发掘时的环境相比，发生了很大变化，我这个劲头就没有了。后来牟永抗老师去世了，我又觉得这个事情还是不能拖。当时余杭区政协要组织写一批良渚考古相关的回忆文章，所以我在写《良渚水利系统发现记》的时候，就把王明达、赵晔、丁品、方向明等先后参加过塘山调查发掘的同事都请来，沿当时发掘点走了一遍，大家现场讲述，记录下来，回去再核对档案资料，据此整理、撰写水利系统发现史。这种记录方式比个人的回忆准确性高，但是要兴师动众，后来也就没有机会再做了。

申遗过程中，有一次在八角亭工作站，负责良渚博物院展陈设计的复旦大学高蒙河老师曾经很正式地建议我们说，良渚这样一个默默无闻的江南小镇，经过了八十多年几代考古人的努力，最后走到今天，是一个很成功、很典型的案例。良渚考古是全面的考古，不仅要把考古成果介绍给大家，还应该把整个考古思路、过程、方法等做全面的记录和总结，给全国考古界做参考和借鉴。我当时深受启发，意识到之前我们的记录有点自娱自乐的意思，它的意义可能不仅仅局限于良渚考古本身的学术史领域，还可以有更大的价值。

　　正好当时浙江大学出版社的王雨吟编辑约我写个良渚考古口述史，我也就马上答应下来了。但是项目开始后我又有点后悔，因为我很纠结于口述史的真实性问题。最初设想是在全体发掘人员集中口述的基础上，再去核对档案和文字材料，把细节尽量还原到真实状态，但是后来发现做起来实在太难，要再像塘山那样把各遗址的发掘成员都凑拢去现场，再去全面查阅各种文字档案，实在是一件太过艰巨的任务。只能退而求其次，请发掘领队（或执行领队）主述。领队当然是对细节过程了解最多的人，但是由他一个人主述会不会有各种原因导致的回忆偏差？我曾经很长时间纠结于此，缺乏信心。

　　后来我自己经历了一件事情，对这点终于释然。2019年7月6日那天，我在阿塞拜疆首都巴库的世界遗产大会现场，亲身经历了良渚成功列入世界文化遗产的全过程。但是等我回国后，偶然看了会议的实况录像，获得的感受和我现场的感受居然有很大差异。从直播录像剪辑的画面看，我们所有人都是在会场听着大会主席用英文宣布申遗成功，看见敲锤子，然后大家开始欢呼，但实际并不是这样的。因为当时我们都坐得很远，看不清主席台，大家戴着耳机，听到的是干巴巴的中文同声传译，并不是大会主席的英文原声，我们欢呼是有延时的。这件事情就启发了我，那种从上帝视角俯瞰、全局回顾的历史和我们亲历者在那个时刻切身感受到的那一个局部的历史是不同的。它们是对同一真实事件不同角度的观察和叙述，但都是真实的历史。因此，我对口述史中不同叙述者的描述可能存在差异，就不再纠结了。此后的工作就按部就班地开展起来了。

我们记录的方式为线下或线上录音采访，由被采访人自由讲述，几乎不加以干涉；然后用语音识别软件转成文字；再调整下顺序形成初稿，以便符合阅读逻辑，避免叙述者天马行空。初稿提交给叙述人修改后，最后定稿。对于讲述内容除明显的时间、地点等错误做了备注外，对文字不刻意做核对和修改。录音文字大部分由我整理，姬翔、宋姝、张依欣等也做了部分工作。

口述史内容最初的计划只涉及良渚最重要的反山、瑶山、汇观山、莫角山、古城、水利系统等几个"十大考古新发现"的项目。后来发现，如果再补充点早期施昕更等的工作，以及良渚庙前、卞家山等其他重要项目，实际上可以涵盖良渚八十多年的整个考古历程，所以就扩大了口述史的内容范围。

实际工作中，我是先找王明达先生录过好几次，断断续续有一年多时间。后来专门找了刘斌、赵晔、丁品、芮国耀、陈欢乐、葛建良等做了录音。牟永抗先生这期间已经不在了，我根据他早年的录音整理了部分相关内容。施昕更的部分，是根据姚今霆先生编撰的施昕更年谱、西湖博物馆董聿茂馆长的回忆文字，加上施昕更发表的文字和书信来梳理，最后我来做一个整理。

这个时候我发现良渚考古的脉络已经比较清楚了。又考虑到在良渚古城发现以后，我们还做过很多的多学科研究，对认识良渚提供了巨大的帮助。这些多学科研究有很多其实是我自己负责或参与的项目，过程我比较清楚，所以我又把动物、植物、遥感、地质、水利等方面的研究内容纳入口述史中。先后采访了董传万、罗以达、袁俊平、赵晓豹等外单位的参与者，以及我所的郑云飞、姬翔、宋姝等科技考古的同事。

国际合作是良渚考古的重要内容，其中以与日本金泽大学中村慎一先生领导的团队合作最为系统。但是因为新冠疫情，这两年他们也来不了，所以只能从我的角度做简单的介绍。

口述史中古城、水利系统、反山这几个项目，发掘领队曾经发表过比较系统的回忆文字，这次就以之前的文字为基础，补充了发掘者口述的一些细节，其他部分是重新录音和整理的。因为瑶山是盗掘发现的，考古所介入较晚，所以这次增加了当地政府部门和文物工作者王寿坤、颜云泉的回忆。录音文字整理完以后，经叙述人审读和多次修订，确定最终文稿，可以认为是代表了叙述者本人的意思。

口述史大致的截止时间是到古城申遗为止，部分延续性的科技考古工作则叙述到 2021 年。限于篇幅，近年主要由第四代考古人做的工作，比如遗址系统勘探，姜家山、钟家港、北村等发掘工作本次未及收入，还是留待未来由他们自己叙述吧，每一代人都有属于他们的历史。

如果把良渚遗址八十多年的考古史当成一篇文章的话，我们可以把它分成起、承、转、合四个段落。我们的口述史就是按照这种逻辑来编排的。

第一个阶段：起。这个阶段是指施昕更 20 世纪 30 年代发现良渚遗址，并将良渚视为山东龙山黑陶文化南渐的一种文化。如果用一个关键字来总结这个时期的话，我觉得这个字是"乱"。因为良渚第一次考古发掘是在 1936 年底，接下来 1937 年发生"七七事变"和"八一三事件"，很快杭州沦陷，施昕更携带书稿，踏上了逃难的路途，1939 年病故于瑞安。所以施先生是赶在战火烧到之前的那一刻，抢一样地把发掘整理工作做完，在流亡路途中把考古报告出版的。整个过程是在国破家亡、颠沛流离中进行的。

1949 年以后一直到 1986 年之前，可以算第二个"承"的阶段。整个良渚文化区内早期主要是延续施昕更时代的器物研究，后转入考古年代谱系研究，1959 年从龙山文化中区分开来，单独命名为"良渚文化"，逐步建立本地区马家浜—崧泽—良渚的年代谱系。而同为良渚文化分布区的兄弟省市江苏和上海，这一阶段则发现了草鞋山、张陵山、寺墩、福泉山等大墓，确认了原来一直被视为周汉时代的玉器实际属于良渚时代，得出良渚大墓埋葬于土筑金字塔之上的认识。本时期的杭州良渚遗址考古，发掘不多，亮点很少。前辈们几乎白手起家，缺人、缺钱不说，中间还经历了长期的政治波折，其中之艰辛困苦，自不待言。特别是像牟永抗先生、王明达先生，他们在政治大潮里面都经历过下放等很多的波折。这个阶段如果要用一个字来形容的话，那就是"难"。

1986 年，以反山发掘为标志，良渚考古进入了"转"的新阶段，这是一个堪称"开挂"的阶段。反山之后，良渚遗址一改以往几十年黯淡的表现，瑶山、莫角山、汇观山、塘山等重要发现接踵而来，这些发现都是"七五"或者"八五"期间年度十大考古新发现，发掘证实良渚地区是整个区域内发展水平最高的地区。这个阶段的关键词，可以说是"惊"。而且从反山发现以后，就提出了"遗址群"的概念，良渚考古的研究逐步进入一种整体性的大遗址考古的视角，接下来与它匹配的遗址保护也转向整体性保护的正确道路。无论从发现、研究还是保护上，这都是一个巨大的转折，非常契合"转"这个字。

2007 年良渚古城发现以后的良渚考古，可以称为"合"的阶段。这时我们已经发现了古城的三重结构和外围水利系统的格局，整合以往的认识，大开大合，把遗址群里的许多遗址点，还原其真实的功能结构，从遗址群时代跨入了都邑考古的阶段。这是对遗址群这种模糊的大遗址功能的整合和提高。这个阶段的特点是"宏"。同时在这个阶段以后，良渚已经不仅仅是传统的考古了，开始大量利用多学科合力对良渚进行全面的研究，进入全考古的阶段，这也称得上是一种"合"。

2019 年浙江大学出版社出版的"良渚文明丛书"中，同事朱叶菲有一本《良渚遗址考古八十年》，曾经系统梳理过良渚考古学术史。那么这本口述史可以理解为它的亲历者口述版，对比阅读两书或许是一种比较好的方式。另外，近年电视媒体制作过很多关于良渚考古的纪录片，博物院和媒体公司做过很多短视频，能帮助读者更具象地了解良渚和良渚考古。我们征得节目版权方的同意，在前言部分放上央视 10 套《探索发现》栏目的《圣地良渚》（上、下两集，时长 78 分钟）和浙江卫视《良渚文明》（五集，时长 190 分钟）两部纪录片的链接二维码，可以先看视频，对良渚考古有个整体认识，再看本书。另外，在具体的章节中，也插入良渚博物院和江苏兆物公司制作的若干短视频，希望对读者了解我们书中涉及的各考古项目背景有所帮助。

《圣地良渚》（上、下集）

《良渚文明》（共五集）

目 录 Contents

第
一
章

起（1936—1948 年）

施昕更 1936 年发现良渚遗址，并将良渚视为山东龙
山黑陶文化南渐的一种文化。次年爆发"七七事变"和
"八一三事件"，杭州随即沦陷，施昕更赶在战火烧到之前
的那一刻，抢一样地把发掘整理工作做完，携考古报告流
亡浙南，幸得众多有识之士襄助，《良渚》报告最终得以
在 1938 年出版，次年施昕更病故于瑞安。所以这一阶段
是国破家亡、颠沛流离的过程。如果用一个关键字来总结
这个时期，这个字是"乱"。

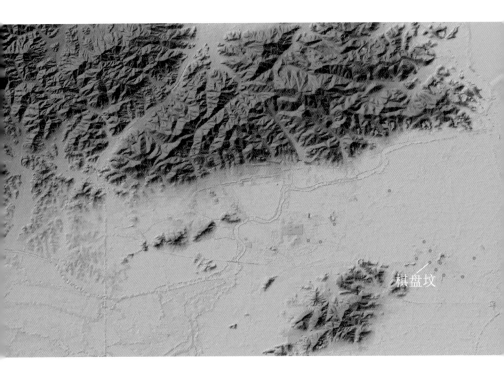

棋盘坟

题图　施昕更发现的良渚遗址

初识良渚

第一节　良渚的发现

王宁远

"1936 年 12 月 —1937 年 3 月，施昕更先生以西湖博物馆的名义三次在良渚六处地点进行试掘，1938 年，《良渚》报告印行出版"[1]，"第一次准确无误地向学术界展示了长江下游的史前文化，在中国史前考古学史上具有划时代的意义"[2]。（图 1-1、图 1-2）

施昕更，杭州余杭良渚人，1912 年生。他的父亲是南货店店员，母亲是位普通的农村妇女。被一场官司所累，施家耗尽祖传家产，家境渐趋贫困，施昕更 13 岁小学

图 1-1　施昕更像

图 1-2　《良渚》报告书影

---

① 浙江省文物考古研究所、南京博物院、上海博物馆：《良渚考古八十年》，文物出版社，2016 年。

② 陈星灿：《中国史前考古学研究》，生活·读书·新知三联书店，1997 年。

毕业后一度辍学。小学校长因感于施昕更勤奋好学，成绩优异，多次上门劝说，他父母才肯借钱送他到杭州市高级中学读初中。1926 年初中毕业后，施昕更考入第三中山大学工学院附设高级工科职业学校艺徒班纹工科，专业是工艺美术，学历相当于现在的中专生。1929 年 6 月，杭州举办首届西湖博览会（简称西博会），经推荐，施昕更在西博会充当临时讲解员。当年 10 月，浙江省政府决定，利用西博会的展品，成立永久性文化机构——西湖博物馆（今浙江博物馆前身）。施昕更积极申请，并经师长推荐，得以进入博物馆工作，担任地质矿产组的助理。施昕更虽非科班出身，但虚心好学，勤于实践，短短五六年，就由主要任务为绘制全省地质地形图的普通助理，成长为能够独当一面的青年地质学家，既能独立外出采集地质标本，调查矿产资源，又在短短几年内，在《浙江省立西湖博物馆馆刊》第一至四期上发表了十余篇专业论文。

而这个年轻有为的地质新人，最后成为良渚考古的开创者，与他被单位派遣，协助卫聚贤主持的一次考古试掘有关。

卫聚贤等人当时正在筹备民间学术团体——吴越史地研究会，并无直接组织发掘的权限，遂与西湖博物馆联合对古荡开展发掘。施昕更是地质矿产组的助理，原来当过绘图员，馆方原意是派他去协助绘制地层图的，没想到，这个仅一天的发掘却完全改变了施昕更的学术道路，书写了良渚考古的传奇序章。

八十多年后的今天，直接接触过施昕更的人大都不在了。现在能看到的，只有施昕更发表的文章、书信和西湖博物馆馆长董聿茂在 20 世纪 80 年代的回忆，以及施昕更小学同学姚今霆整理的施昕更生平年表。他们是直接接触过施昕更的人，所以可信度最高。因此我梳理了这些材料，把这段简略的学术史的时间刻度精确到月日，放回到它发生的时代背景下，读来另有一番惊心动魄的感受。

因为这正是抗日战争的艰苦岁月。

1936 年，施昕更时年 25 岁

5 月 31 日　　　　参加卫聚贤等在杭州古荡遗址的试掘。

　　　　　　　　　"试掘不过短短的一天工夫，而我当时见到已搜集的实物，似乎很熟悉，在我故乡已经司空见惯的东西，是一种长方形有圆孔的石斧，或者称石铲……"①

6 月 1 日　　　　第一次回乡调查。

---

①　施昕更：《杭县第二区远古文化遗址试掘简录》，《时事新报·古代文化》1937 年第 4 期。

"第二天，我就急急回到故乡去搜集。……因为遗址的湮没，已漫不可考，在地表采集也没有什么收获，而我亦不因之自馁。"①

7月　　　　　第二次回乡调查。

"经过多日的分区考察，对于石器遗址的分布地点，得有约略的轮廓，同时在干涸的池底，亲自捡到的石器亦不少，大致是粗略得很，那时我感觉得这里的遗址早于古荡，是很可能的。"②

11月　　　　第三次回乡调查。

"对于探究遗址的兴趣，更加狂炽，以前所得尚以为未足，乃终日踯躅于田野阡陌之间，不以为苦。"③

① 施昕更：《良渚：杭县第二区黑陶文化遗址初步报告》，浙江省教育厅，1938年。
② 同上。
③ 同上。

11 月 3 日   下午 2 时   在棋盘坟一干涸池塘底部，发现黑陶陶片。

"因为受了中央研究院语言历史研究所《城子崖》一书的启示在先，乃悟及此黑陶既与石器相伴，或者与城子崖相同，详加参证，果然是不分轩轾，证实我以前对于杭县的臆说，引起我绝大的勇气与兴趣，而同时此发现更引起了学术界重大的注意，杭县遗址在江南远古文化上的地位，亦顿形重要。

本馆因此依照《古物保存法》第八条之规定，呈请中央古物保管委员会，发给采掘执照，发掘时期定为（1937 年）3 月 20 日—6 月 20 日，经审查后核准。"①

12 月 1—10 日   在棋盘坟进行第一次试掘，得陶器、石器甚多。

"对于这遗址的研究，更加迫切，乃不揣简陋，毅然负责做三次的小规模的发掘工作，得到意外的

---

①   施昕更：《良渚: 杭县第二区黑陶文化遗址初步报告》，浙江省教育厅，1938 年。

收获，在江南考古工作上也是一件值得纪念的事吧。"①

三子建安出生，不出一周夭折。

12 月 23 日　　《东南日报》第二版，刊出《西湖博物馆在杭县发现黑陶文化遗址》的报道。

12 月 26—30 日　第二次棋盘坟试掘。

"因前次的试掘，引起乡人的注意，我亦恐乡人之效尤，遗址之被毁，在未正式发掘之前，不愿有扩大之举动。"②

1937 年，施昕更时年 26 岁

"这时杭县的黑陶，在杭州所谓古玩市场上已掀起极盛的风气，黑陶一物，身价十倍，更有人唆使乡民挖掘收买，乡人以利欲所驱，盗掘之风更炽，

---

① 施昕更:《良渚: 杭县第二区黑陶文化遗址初步报告》,浙江省教育厅,1938 年。
② 同上。

本馆为保存文物，及备以后的发掘计，不能缄默，曾呈请民建教三厅通令各县严禁盗掘古物在案，并专函杭县县政府……"

3月8—20日 第三次试掘，除荀山周边外，兼及长明桥及钟家村一带。

"在试掘的几天之内，轰动了当地一般无知农民，不明是非，横加阻难，或以为我个人藉此自肥，又其中莠民，三四人于夜中私掘，被毁农田极多，而皆归罪于我，几成众矢之的。而我的意思，经此次试掘，大致已告完成，编著报告材料，亦臻充实，所以决定结束工作，于三月二十日由良渚返馆，试掘工作，至此乃告一段落。"[1]

撰写《杭县第二区远古文化遗址试掘简录》，分两次刊登于1937年4月14日、4月21日上海《时事新报·古代文化》。

---

[1] 施昕更:《良渚: 杭县第二区黑陶文化遗址初步报告》,浙江省教育厅,1938年。

4月　　　　　完成良渚遗物整理及发掘报告撰写，定名《良渚杭县附近数处龙山文化遗址发掘报告》①，全文约五万字，委托杭州印刷厂承印。

"这半年中，我个人的精力，差不多是耗费在这方面的，因为我个人的力量有限，由地下发掘，室内整理，撰著报告，绘制图幅，以至这报告的印刷事宜为止，差不多是我个人负责的……"

中央研究院历史语言研究所董作宾、梁思永参观遗址。（图1-3）

7月7日　　　"七七事变"爆发，日本发动全面侵华战争。

7月22日　　分别致函中央研究院历史语言研究所梁思永、董作宾及刘燿（尹达），请梁、董为报告作序，谈及报告出版延误情形：

"拙著报告付印已久，因印刷局方面不重信用，屡次拖延，迄今方将全稿排竣。一俟校对完毕即可

---

① 赵大川，施时英：《良渚文化发现人施昕更》，杭州出版社，2013年。

图 1-3　施昕更（左）与董作宾在棋盘坟现场 ①

---

① 此照发表于《良渚：杭县第二区黑陶文化遗址初步报告》，据载，董作宾与梁思永仅 1937 年 4 月有过一次与施昕更考察良渚的记录，因此拍摄时间可确认。照片中仅有董作宾和施昕更二人，梁思永很可能就是照片的拍摄者。

寄奉审阅（大约在本月底）。……该书图版系上海中国科学公司承印，校样已送来，尚属适宜，大致一星期后可印竣寄杭州装订（文字版及锌板在杭州印），故本书出版之期最迟在八月十日左右。"

8 月 13 日	"淞沪会战"爆发，中日双方战况胶着，杭州情势危急。
8 月 14 日	日军飞机空袭杭州笕桥机场，爆发"八一四空战"。
10 月底	西湖博物馆南迁富阳，后再迁兰溪。
	《良渚》报告尚在印刷，迫不得已，施昕更只得暂避良渚，负责印刷事宜。[①]
11 月 5 日	日军突然在杭州湾金山卫登陆，嘉善、平湖、嘉兴、桐乡相继沦陷。
11 月 12 日	上海沦陷。

....

① 董聿茂：《我所知道的施昕更先生》，《良渚文化》余杭文史资料第三辑，余杭县政协文史资料委员会编，1987 年。

| 12 月 23 日 | 日军在瓶窑渡河，入侵杭州。次日杭州沦陷。 |

施昕更泪别父母妻儿，赶赴兰溪。《良渚》报告印刷中断，已制的图片锌版无法带出，只带了一部旧稿。馆长董聿茂为免功亏一篑，决计再度整理印刷。

1938 年，施昕更时年 27 岁

| 3—4 月 | 西湖博物馆再迁永康。 |

战事紧张，经费无着落，博物馆仅能留五个工作人员。施昕更想到中央研究院历史语言研究所工作，未成。经馆长董聿茂介绍去温州谋职，后任瑞安县抗日自救会秘书。

馆长董聿茂携重新整理的《良渚》书稿找到流亡丽水的浙江省教育厅要求出版，秘书长同意出资重印。因北上陆路交通断绝，西湖博物馆职员钟国仪携稿从温州经海路绕道至上海，联系重印事宜。

8月　　　　　施昕更撰写《良渚》报告卷首语。

谨以此书纪念我的故乡

这本报告书，是随着作者同样的命运，经历了许多患难困苦的历程，终于出版了，虽然是值得欣慰的事，但是此书既成，反不忍卒读，更感慨万端！遥想这书的诞生地——良渚——已为敌人的狂焰所毁灭，大好河山，为敌骑践踏而黯然变色，这报告中的材料，也已散失殆尽，所以翻到这书的每一页，像瞻仰其遗容一样的含着悲怆的心情。

我们上古的祖先，坚韧地开辟了这广漠的土地，创下了彪炳千秋的文化，我们今日追溯过去，应当如何兢兢业业地延续我们民族的生命与光荣的文化呢？可是，我们现在的子孙，眼看着这祖先开辟遗下的国土，一天天的沦亡，我们的文化，也被敌人疯狂的摧残，这正是存亡绝续的重大关头。

然而，中国绝对不是其他民族可以征服了

的，历史明明告诉我们，正因为有渊源悠久，博大坚强的文化，所以我们生存在这艰巨伟大的时代，更要以最大的努力来维护来保存我国固有的文化，不使损毁毫厘，才可使每一个人都有了一个坚定不拔的信心！

抗战时期内，一切都需要重新建设起来，而学术工作，同样的也仍欲继起滋长，不断进展，因为我们除军事上的战争外，政治上、经济上、文化上，都需要战争，才可握最后的胜算……

最后，我这样冥想着，良渚遗址初步发掘是完成了，而我还盼望第二次在良渚发掘的时候，在焦土瓦砾中，找出敌人暴行的铁证，同胞血和泪的遗迹，供世界正义的批判，这意义比较起来是更加重大罢！

二十七年八月重印

昕更志于瑞安

9月1日　　　　受施昕更委托，卫聚贤在上海校对完《良渚》报告，并作校后记。

"彩陶是外来的，黑陶是中国的本位文化，施先生在良渚将黑陶发源地发现，对于中国文化贡献甚大。"

《良渚》报告出版后，运回内地，工作人员每人分得几册后，全部封存，并未大量流通于世。

是年冬，良渚家中妻儿因避战火逃亡乡下，次子建良失足落水，惊吓患病，直至夭亡。

1939 年，施昕更时年 28 岁

5月29日　　　因身患猩红热，西药短缺，采购无得。医治无效，病逝于瑞安县立医院。葬于西山公墓。

一个文化程度不高且从未经过考古训练的年轻人，在国破家亡的时代，抢在战火烧到之前，仅用一年时间，完成了考古调查、发掘、整理、绘图及报告编纂。中国考古最先进的机构——中央研究院历史语言研究所的多位大学者亲临指导。

一本考古报告毁于兵火，背井离乡的逃亡中，作者不带妻儿老小，却背着这本报告的原稿；一个濒于解散的流亡博物馆，馆长却为这离职馆员的报告专门跑去教育厅呼吁政府拨款；同样，流亡路上的国民政府教育厅居然真的拨出专款去重印；陆路不通，老同事冒险乘船转赴上海办理出版事宜；身为前辈，卫聚贤虽然学术观点被施昕更质疑，但仍坚持在上海悉心校稿，写后记。

因此，良渚考古从它诞生的那天起，就是有情怀、有温度，与家国命运息息相关的。

第二节　卫聚贤与何天行

其实 20 世纪 30 年代与良渚考古相关的书有三本。除了施昕更的这本，还有一本就是 1936 年卫聚贤等以吴越史地研究会和西湖博物馆的名义出版的《杭州古荡新石器时代遗址之试掘报告》（图 1-4）。另一本是 1937 年 4 月何天行写的《杭县良渚镇之石器与黑陶》（图 1-5），作为"吴越史地会研究丛书"的第一册出版。这两本书实际上比施昕更的《良渚》报告出版时间都要早，那为什么我们不把发掘时间更早的古荡作为良渚文化发现的第一个地点，不把卫聚贤和何天行作为良渚的发现人呢？

我们需要介绍一下当时的调查发掘情形，以及卫聚贤和何天行这两个人。

图 1-4 《杭州古荡新石器时代遗址之 图 1-5 《杭县良渚镇之石器与黑陶》书影
试探报告》书影

　　卫聚贤是蛮传奇的一个人，人称"卫大法师"，是民国著名学者，在 20 世纪 30 年代江南文化研究上面非常著名。他幼年家境困顿，自学成才，考入清华国学研究院，师从梁启超、陈寅恪、王国维、赵元任、李济五大导师，特别是受到王国维的影响很大。据说王国维在投湖自杀的前一天，就是在参加了他们班的毕业典礼和师生叙别会后，夜里照常批阅学生试卷，完毕后写了遗嘱，第二天叫了黄包车去投的湖。所以他算是王国维的关门弟子。他在学校里也听过李济讲考古学的。后来他担任了南京古物保管所的所长，在南京栖霞附近做了一些调查，发现了三处出土石器和几何印文陶的地点。他认为这是江南石器时代的遗物，这样就揭开了长江下游史前文化研究的序幕。

卫聚贤发现这个石器时，和他一起去调查的人名叫张凤，我们在后面牟永抗先生讲钱山漾和邱城发掘时还会提到这个人。张凤当时是暨南大学的教授，他根据史料认为江南地区新石器时代是不可能有人活动的，但卫聚贤坚持认为江南有新石器。后来卫聚贤还请了李四光、李济这些人来论证，但大家都觉得证据太少，因此没有定论。到了 1936 年，国民政府立法委员何遂，拿了三件石镞给他看，说是杭州古董市场买的。卫聚贤觉得是新石器，于是就在 5 月 24 日，利用去杭州推进筹办吴越史地研究会的机会，跑到古董市场，果然发现了石器。他辗转打听到石器是古荡杭州第一公墓工地出土的，就找去了古荡现场，从工人手上购买、采集到了一些石器。当时卫聚贤已经不在古物保管所任职了，做了国民党监察院审计科科长兼中央银行经济研究处专员和协纂，从事考古研究是业余行为了。因此，他就找到了省立西湖博物馆，约定共同对古荡进行试掘。发掘定在 5 月 31 日，这天晚上卫聚贤要到杭州市青年会做一个演讲，顺便来试掘。之前的一天，也就是 5 月 30 日，西湖博物馆历史部主任胡行之等先到古荡落实发掘准备事项，也采集到一些石器。当晚卫聚贤等从上海乘火车到杭州，和胡行之等碰头，约定第二天早上七点去古荡试掘。

那么具体发掘情形是如何的呢？卫聚贤是这么记载的：

5月31日　　"我应杭州青年会讲演之约，与金祖同、乐嗣炳先生同去，并与西湖博物馆商定合作，故同西湖博物馆馆长董聿茂先生及文化部主任胡行之先生，与其职员施昕更、刘清香、王维毡先生等，雇了十二个工人，于公墓内试掘了三个坑，公墓外试掘了一个坑，共得到石器六件，陶片三块。"[1]

实际上上午发掘之后，卫聚贤下午就回旅馆准备晚上的讲座去了，所以他只在工地待了半天。后来他们编著的古荡报告里，是把发掘出土品和之前卫聚贤、胡行之几次采集及购买的东西一并发表。石器倒大都是良渚时期的，陶器几乎都是商周印文陶，还有汉代的瓷片。这一天的发掘也就是雇了一些农民，完全是以挖文物为目的，应该没有什么地层区分，不能算是一次科学发掘。因此，学术界并没有把这次古荡的试掘

---

[1]　卫聚贤：《吴越考古汇志》，《说文月刊》第一卷合订本，重庆说文月刊社，1940年。

作为良渚考古的开端。

卫聚贤后来在 1936 年 8 月 30 日和叶公绰、吴敬恒等在上海发起并正式成立"吴越史地研究会"，是专门致力于统筹协调考古发掘、研究吴越古文化的学术性社会组织。该组织推动和指导了长江三角洲地区各项考古活动的开展，同时也促进了江南吴越古文化的研究和宣传。

还有一位良渚的早期研究者就是何天行先生。他出生于一个医学世家，1935 考入复旦大学中国文学系，听卫聚贤讲过考古课。他对考古兴趣很大，也对古荡和良渚等遗址进行过调查，收集、购买过不少文物，并于 1937 年 4 月出版了《杭县良渚镇之石器与黑陶》。其中收录了一件黑皮陶椭圆形豆盘，口沿上有十个刻画符号，卫聚贤认为是中国最古老的文字。抗战胜利后，何天行曾经担任过西湖博物馆的历史部主任、浙江大学人类学系教授，1950 年任浙江省博物馆历史文化部主任等，1957 年后失去工作，直到 1986 年病故。

何天行这本书出版时间与施昕更的《良渚》报告第一稿完成时间差不多，但是施昕更的书没能赶在"七七事变"之前出版，1938 年是重新印刷的第二稿了。虽然施昕更的书出版时间比何天行的晚，但是一直以来学术界都以施昕更的考古作为良渚发现的标志。梁思永在 1939 年发表的《龙山文化——中国文明的史前期之一》一文中将"杭州湾区"列为龙山文化的三个区域之一，所依据的就是施昕更的研究成果。他还注明施昕更此文乃"杭州湾所发现的可利用的唯一资料"。

但是后来何天行在晚年时回忆，认为他是 1935 年 5 月发现古荡遗址有文物，当年秋天去杭县的良渚调查，因此比施昕更早一年。1984 年，何天行先生在辞世前两年，作《筹笔》诗一首，烧在瓷盘上，来叙述他一生的学术经历。诗曰："筹笔为成忆别诗，羲皇初考证前时。殷彝夏珞冠南国，著史寰畴序有思。"诗后补记："一九三九年，予从业上海沪江大学商学院，美籍地质学副教授斯特林·比思（Sterlings Beath）晤见，盛意敦挚，为予一九三五年所始见良渚文化古器物著文称述于纽约 ASIA 刊物上，此一古文化实物遂传知于国外。自予最早发现良渚文化至今已五十年，因书瓷记之。"据此，其后人及部分学者认为良渚的发现者应该是何天行。

但是，早年何天行自己将这位美国地质学副教授的文章全文翻译为中文，以《远古文化的一环》（原题：杭州良渚镇的黑陶遗址）为题发表在 1941 年 6 月《世界文化》第三卷第一、第二辑上，就在这篇文章的"译者志"中，何天行先生提到"自民国廿五年，杭县良渚镇发现新石器及黑陶遗址后，译者曾至当地检探数次，并将采掘所得，在上海青年会作公开展览"，表明自己前往良渚"检探数次"是在 1936 年"杭县良渚镇发现新石器及黑陶遗址"后，"数年前，由杭州西湖博物馆的调查，在杭县长明桥附近的良渚镇发现了这个遗址，这地方距杭州市不到十里……终于由西湖博物馆施昕更先生（施先生为译者友人，现已逝世；良渚黑陶之发现，应完全归功于施先生。——译者注）前去调查……"可见早年何天行自己也是视施昕更为良渚发现者的。

后来良渚管委会的张炳火和蒋卫东写了篇文章《也谈良渚文化的发现人》，详细考证了20世纪30年代施昕更和何天行的考古活动，认为何天行晚年记错了他对良渚考察的时间。良渚的发现者还应是施昕更。《良渚》报告超越同时期的《杭州古荡新石器时代遗址之试探报告》和《杭县良渚镇之石器与黑陶》，成为江浙地区良渚文化最经典的早期考古发掘报告，并被认为是中国考古学史上具有代表性和划时代意义的考古报告之一。而何天行先生同为良渚早期考古的先驱，是发现和研究良渚史前陶文的第一人。

吴家埠
1981

苏家村
1963

黄泥口

桑树头

长坟
1955

第二章

承（1949—1985 年）

　　1949 年后，良渚文化早期主要延续施昕更时代的器物研究，后以考古学年代谱系构建为重点。1959 年，良渚文化从龙山文化中区分开来，被单独命名，逐步建立本地区马家浜—崧泽—良渚的年代谱系。而同为良渚文化分布区的兄弟省市江苏和上海，这一阶段则发现了草鞋山、张陵山、寺墩、福泉山等大墓，确认了一直被视为周汉时代的玉器实际属于良渚时代，形成良渚大墓埋葬于土筑金字塔之上的认识。本阶段杭州良渚遗址发掘不多，亮点很少。前辈们缺人、缺钱，其间还经历了长期的政治波折，其中之艰辛困苦，自不待言。这个阶段如果要用一个字来形容的话，那就是"难"。

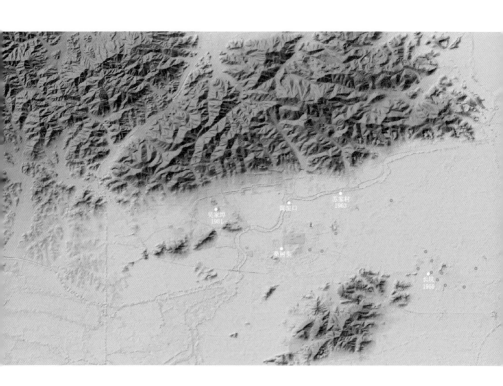

题图　1949—1985 年的良渚遗址考古

第一节　新中国成立以后的浙江考古

牟永抗（浙江考古开创者之一）

我是 1933 年出生在北京，那个时候我的父亲跟母亲都是北京朝阳大学的学生。我出生以后，1933 年 5 月就因为中日"何梅协定"，北京特殊化，华北驻军，所以我们全家逃难回浙江老家。我的家乡是浙江黄岩的茅畲，那个时候我们茅畲乡的小学是中共地下党的县委机关，这个县委书记又非常看好我祖父。因为这个原因，所以给我取了这个"永抗"的名字。

我的父母亲是读法律的，一直在外面工作。到解放的时候，我的父亲是浙江省高等法院金华分院的民庭庭长。在金华我读的是教会学校，那时候十几岁，高中还没毕业。尽管这是个教会学校，但我们班只有两个人信教。我们的数学老师、外语老师都是美国人。我们当时一个心理是什么呢？是外国人心目中看不起中国人，叫我们"东亚病夫"，说我们中国是"一盘散沙"，我们觉得非常愤慨。另外，我也觉察到我的父亲有贪污行为，比如有人送整只的火腿；再如 1949 年 1 月，我转到金华中学读高中了，报名的时候，发现我的学费有人帮我交了。当时在报纸上看到有政府官员贪污腐败，我当时觉得我家里也是，这就是证据。所以我觉得我们内部国民党腐败，外国人叫我们"一盘散沙""东亚病夫"，是这么一个情况。当时我接触不到什么进步的东西，我家就住在这金华法院里边的，当时那些地下活动我都不知道的。等解放后，我才接触到进步书籍，最早看艾思奇的《大众哲学》，以后再看他的《社会发展史》。

我除了抗战期间回过老家以外，没有回去过，一直到1949年我才回到家乡。1949年我回到县里时，同学就觉得我这个人见识挺广，好像很进步，很有正义感。睡我隔壁的一个同学，他就是地下共青团员，我进校不到一个月，他就找我谈话，要发展我。当时不叫共产主义青年团，叫新民主主义青年团的，我很兴奋。所以我一解放就参加了地下青年团的，那时我读高一。当时这个青年团是很秘密的，对外不好宣传的。但实际上大家年纪轻，还是同班同学，彼此都能感觉到的。

我的祖父是个秀才，所以我一边正规上学，一边在家里面学，他没有叫我读"四书五经"，叫我读《孟子》《孙子》《曾文正公家书》《古文观止》等。家里还是很严格的，书背不出来，我爷爷照样打手心的。家里面不准看小说，也不能看戏、不能唱歌的，所以我到现在也不会打老K，也不会打麻将，也不会唱歌跳舞，是这么一个很封闭的环境。我读书一直是比较好的，初中的时候一直是在班级名列前茅。我特别感兴趣的是几何。在初中二年级的时候，我们开始学几何，我的老师特别喜欢我。有些课他不先讲，要我先讲，我讲错了他再来纠正。所以我的几何分数经常是一百多分（一个题，我可以用两个方法解出）。

高中加入共青团以后，我的身份就变了，开始是推选我进学委会，之后是学生会，再以后是工读委员会，一下子我就有很多很多身份了。当时县委还要我到华东团校脱产当团干部。华东团校办在南京的，从黄岩到南京，经过杭州，我要到团省委去转组织关系的。团省委说你不要去华东团校了，就去华东革命大学，学土改。那个时候，我们认为共产党是无比伟大的，不会有错，党叫到哪里就到哪里。我后来就去华东革命大学，就这样子我就参加工作了。

我在华东革命大学是当教育干事，青年干事，管青年团的。这样子也就有较多的机会读读政治经济学、社会发展史。因为要给学员讲一讲，还要辅导的。可是到了 1953 年，华东革命大学撤销了，改成行政学院，我在这个情况下被调出。调我走的时候，那个组织干事跟我谈话，他也不知道我要调去的单位叫什么名字，他只报得出是哪条路几号，反正他就告诉我这个单位是"文"字头的，都是宣传系统的。我在 1953 年的 5 月 5 日到新单位报到。为什么日子能记着？因为 5 月 5 日是马克思的生日。这时候就调到了浙江省文物管理委员会（后称文管会），也就是现在浙江省文物考古研究所的前身。从那一天开始，我就一直从事考古工作到退休。当时跟我一起调过去的有四个人，被分配到文管会里面各个部门。当时文管会里边，主管考古的叫调查组。那么这组的组长是谁？是很有名的书法家沙孟海。他是蒋介石家谱的执笔人，抗战期间他在重庆是侍从二室的秘书，还兼任"庚子赔款"退还那个部分的委员会的秘书。正因为这么一个关系，他对解放前考古界那些人很熟悉，因为解放前的考古，这个钱主要是通过"庚子赔款"退回来的。那么他的亲家，就是他儿媳妇的爸爸是谁？是陈梦家。沙孟海就是这么一个人物。我一到文管会就把我分配在他的下面。当时的调查组规模多大呢？就是一位组长，一名组员。就我们两个人一间办公室，就是他管我，我听他的。

当时考古界对浙江新石器时代的认识是受到北方影响的黑陶文化和当地印文陶的混合文化。浙江新石器时代的下限，被定在春秋时期的吴王寿梦元年之前，远远落后于黄河流域。

到文管会不久，我们这些年轻人就到 20 世纪 30 年代已经发现的古荡（即老和山）、良渚和嘉兴双桥、湖州钱山漾等遗址去参观，开开眼界。然后请浙江省博物馆党华指导，在老和山麓一处池塘边开了个探沟试掘，结果一无所获，后来才知道那里是挖鱼塘的次生堆积。

就在这个时候，浙江大学要从城里的老校舍搬出，要在老和山建新校址。为了配合这个基建，当时华东文物工作队就派了蒋赞初和浙江省博物馆的党华，跟文管会联合组成一个调查组。我刚刚来当然不会，对考古还是很陌生。那么调查组中一个关键人物是谁？是王文林。这个人在考古界应该是很值得一提的。这个王文林是个老技工，从安阳开始一直参加发掘，是李济、董作宾他们直接带的。我们老和山工作队实际上野外都是他主持的，所以这个人我这里多讲几句，我觉得考古史以后要把这个人给写上去。

王文林抗战的时候在中央博物院工作，中央博物院的院长是谁？是曾昭燏，曾国藩的孙女。辛亥革命胜利以后，北京故宫一些重要文物南迁，迁到了南京；南京要沦陷的时候，这批东西要西迁，西迁当时押解这批文物的人就是王文林。这也可以讲是当时国民党的腐败，要王文林押解，却没有告诉他具体情况，只讲到有批东西，有军队军车去下关码头，让他跟这个车到下关码头，到了下关码头以后就不准他下船了。他有老婆有孩子，在他的老婆孩子都不知情的情况下，他就随着这批东西在轮船上一直西迁。那么他的老婆孩子在家里怎么办？那时候也没有人告诉他老婆王文林是干什么去了，他的老婆只好给人做保姆，把这孩子带大。等他到李庄以后，他不识字，是技工啊，找人写信告诉家里，但是信被退回来了，因为他老婆原来住的地方没办法住了，搬走了。抗战胜利王文林回到南京以后，他的老婆孩子对他是非常恨：男子汉怎么可以把老婆孩子扔掉，自己一个人逃命。所以他老婆提出来他的工资不能他自己领，曾院长就同意他老婆的意见，王文林的工资，王文林自己不能领的，由他老婆领。一直到 80 年代，王文林都是这样过的。他尽管有老婆孩子，但他饭不能跟老婆孩子一起吃，要老婆孩子吃完以后剩下的冷饭给他吃。所以我曾经也跟南京博物院说，你们要看好王文林，这个人是很可怜的。以后我还会讲到他。

　　说回到 1953 年的事情，那时蒋赞初跟党华不一定来的，而真正坚持在工地的，就我跟王文林两个，所以我一开始学到的考古学知识就是王文林教我的。当时的所谓探沟实际上也不是探沟，当时挖土的工程不是由建筑公司施工，而是由当时的劳改犯来承担的。为了管理这些劳改犯，就把整个工地分成四档，四档中间就留了一个隔梁——这个跟我们现在的探方探沟完全不一样的。劳改犯挖到一件文物以后会喊："报告队长，这里有东西！"我跟王文林就去看。当时老和山发掘水平跟发掘情况就是这个样子的。

　　具体挖出了什么东西？当时玉琮倒是没有，挖出了玉璧。王文林说这是玉璧，但我也不知道玉和石头有什么区别。当时具体工作就在现场，我们就是出一个文物，记个名字，写个标签，照个相。所以管这些劳改犯的那些解放军都说，这两个人身边带了一个机器，地下有没有古董他们知道的。因为解放军看见我们有文物时会拿照相机拍照。当时用的方框照相机，他们不知道是啥，以为是个机器，那机器往地下一照文物就照出来了。

　　所以我正式去北京参加考古培训班学考古以前，有这么一年的基础。

　　那为啥有这个考古培训班呢？

　　我们知道中国考古学诞生，仰韶村的发掘是 1921 年，安阳发掘是 1928 年，是吧？也就是说，中华民族危机的时候，提出了疑古思潮，而真正恢复中华民族的历史，需要跳出以文献为基础的传统史学这种框架来搞考古。

　　新中国成立前，考古主要是中央研究院历史语言研究所在搞。当时的现实就是中国考古学后继无人。在考古训练班以前，要学中国考古都不是在中国学的，都要到国外去学，到美国进哈佛大学，到英国进伦敦大学。

　　中央研究院的夏鼐 1949 年回了温州老家。郑振铎知道后给周总理打电话，于是总理打电话到前线，前线再打电话到温州，让找找有没有夏鼐这个人。夏先生他家庭出身也不好的，当时有个征粮征税的事，要让他交多少税，可是夏先生外面做工作的，回去没有交税，交不起税。这个时候，省委打电话给当地说，你们不要征他的税，调他到杭州来，让他进浙江大学。那个时候在大学的规模上，我所晓得的只有两个大学有跟考古学有关的人类学系。

　　现在考古学还是这样的归属：一个是属于考古学的，一个是属于人类学的。新中国成立前，我们国内的教育系统是以人类学为主的，当时有人类学系的是四川大学跟浙江大学。这两个大学都是以体质人类学为主体的，所以院系调整改革以后就变成生物系了。里边讲文化人类学的人是很少的，所以有这么一个断档。那么怎么办呢？

那个时候，浙江大学人类学系文化人类学专业有三个学生，一个是党华；一个是张云鹏，他后来成为湖北考古所王劲的丈夫；另外还有一个人。这三个人当时都是流亡学生，都是从苏北、山东等解放区撤退到国统区来的。三个毕业生里边，最后一个在杭州解放的时候，跟国民党部队一起撤退，以后就参加了忠义救国军，在金华兰溪跟解放军打仗的时候，当场就被击毙了。在他的尸体上面搜出来浙江大学的学生证，而这个事情就影响了他的两位同学：党华和张云鹏。

张云鹏是当时夏鼐先生直接带到中国社会科学院考古研究所的唯一一个，所以石兴邦写的考古训练班里面讲到他，说他非常骄傲，看不起人。半坡第二期发掘为什么中途停下来？因为当时现场总记录和测量部分，都是这个张云鹏做的，他在工地跟石先生闹翻走掉了，张云鹏一走，石先生野外都做不下去了。所以他本来是考古所一个很重要的骨干，后来下放到湖北才跟王劲认识。也正因为有他大学同学这么个情况，所以张云鹏"文革"之前被隔离审查。他有天从禁闭室里逃出来，回家以后敲窗门，想跟王劲讲话，结果王劲不敢开门，他就自杀了。

还有前面说到的党华，单位要去抄他家，实际上目的是查他家里有没有什么反动证件，有没有参加忠义救国军。结果什么都没有查到，就在箱子里查到两件青瓷，就作为盗窃文物，开除公职，劳动教养。当时浙江大学人类学系三个学生就这么个下场了。

这个是总的背景，我举这个很小的例子，新中国成立后，我们要搞社会主义建设的时候，全国考古人才缺乏，所以不得不办这个考古训练班。

第一届培训班学员大部分有大学学历，浙江的学员没有。1953 年第二期考古培训班，浙江是两个人，一个朱伯谦，一个周中夏，他们跟我是同一天从华东革命大学调出来的。当时周中夏分配到资料室；朱伯谦分配到行政室；另外还有一个王仕伦，分配到秘书室；考古组就我一个。因为他们两个没有野外工作，所以就去了二期，我是三期。

到三期以后，我自己的感觉怎么样？好！我的考古经验比你们多！我做过老和山发掘！

第一堂课就由裴文中老师上。旧石器考古，先讲中国考古。他也讲了解放前哪些重要考古，解放以后还有哪些考古。讲完以后就要下课，这时候我举手了，我胆子也大："裴老师，为什么没有讲老和山发掘？"裴老师是科学家啊，当场就讲："哦，你讲老和山，你们这个叫考古发掘啊？你们叫捡东西！"三个字分开讲："捡！东！西！。"啊呀！这个对我来说简直是五雷轰顶啊！原来自己还觉得非常骄傲，好像我是有考古

经历的，在他这就变成这个捡东西！因为我的考古就是王文林那里听的
这些东西啊：怎么挖；出什么东西的；墓怎么样；这个么生土，这个么
熟土啥的。原来这不是考古，这叫捡东西！裴老师这句话，是我进考古
训练班的第一个冲击。

考古训练班期间，我印象最深的，就是北大同学的学风，学习特别
认真。因为我们住在文史楼，那个时候北京大学图书馆没有建起来，但
是有个大图书室。食堂跟图书馆就隔壁。当时同学那个饭碗特别大，打
了菜以后，两个馒头夹在上面，大家拿个碗拿双筷子，就都到图书馆门
口去排队。这是我在北京大学的第一个很深的印象。

所以很快我们也学会了，拿着碗去看书了。走进图书馆以后，那里
边书的内容，也是以前根本不敢想象的。所以看书、自学，这个学风，
是我对北京大学第一个印象。

我刚才讲过我是出生在北京的，我出生以后没有在北京的印象。这
次回到北京，这三个月的考古训练班期间，没有进过一趟城，只有一趟
跟安志敏去房县去山顶洞，经过城里一次。还有一次，是班里组织我们
到故宫午门，看出土文物展览。两次进城，一次到过颐和园，之外就没
有离开过校园。

当时我们这个组主要是由浙江、安徽、湖南、福建几个省组成的，

学员有 100 多人，以省为单位，组长郭雄是湖南的，他是解放前参加革命的共产党员。我是副组长。王士伦跟我是同一组的，是学委会委员——当时就是俱乐部的，唱歌跳舞、写黑板报的。

同学里边基本没有上过大学的，上过大学的只有一个安徽的，有些甚至连初中都没有上过。广东的一个叫区泽，是吹小号的，是在哪个地区还是哪个县里文化团的，他以为是要他去"敲鼓"。所以当时去的人对考古学的认知很浅，基本上是没有的。

到了 9 月我们到西安实习的时候，组里就发生了很大的争论，甚至在现场举行过辩论，就是说我们这些学员在挖遗址、挖墓时，要不要跟民工一样参加劳动，挖土、拉葫芦车、倒土，下面找墓边。当时分成两派，里边多数派是认为我们不能参加这种劳动。我们参加劳动，以后会给陕西省的文物工作队留下来不好的影响。因为他们人很少，这么多民工，他们不可能参加劳动。但我们参加劳动他们不参加劳动，显得他们不称职。那么实际上这是个推托的托辞。还有一派主张我们应该参加劳动的，理由主要是要认土，要找边，要认生土熟土，自己不参加劳动不行。我们这组里面我记得郭雄是带头的，他是组长，还有高至喜、周世荣和我。我们四个人是坚决主张应该参加劳动。

到了现在事后来看，你看我们组这么多人，毕业以后去真的考古的，基本上没有。你现在看成果，有成果的也就是这几个。所以考古训练班尽管当时师资是一流，但从二期以后，考古训练班学员对考古学的认知，差距还是很大的。从我接触的我们浙江省的情况来看，有许多人参加考古训练班，只是名义上来学，拿一个名号，进了考古训练班，那么就有一个铁饭碗，文物部门不能给我踢出去了。

所以这个也就是当时流传的所谓"黄埔"，考古训练班就像当年的黄埔军校一样，我们是"黄埔"三期，所以我们同学之间不是按照实际年龄叫哥哥、姐姐、弟弟、妹妹的，是按照期别的。一期的是哥哥，我们三期的肯定是弟弟。所以我们碰见了二期的叫二哥，碰见一期的叫大哥，就形成这么一种关系。

我现在记忆里，在长期考古实践里边，我觉得考古训练班实际上体现了我们以前的一辈考古学家对考古学事业的挚爱和真情。

这里还要插一个事情。我参加工作以后，我爸爸被捕了，接下来就被枪毙了。就这样子，我的身份，在那个年代，从一个非常激进的青年，一下子就落到"四丑"分子这么一个境地了。当年在华东革命大学我是干事，还是老师这一辈的，大家对我都很尊敬的。我在 1952 年就写了入党报告，我这个青年团员，入党是必然的，根本没想到后来的事。所以 1953 年把我从华东革命大学调出来，我隐约感觉到是不是跟我的家庭出身有关，是不是跟我爸爸的这个事情有关，所以把我从一个很先锋的革命大学里面调出来去搞这个考古。我从训练班回来以后，我们机关的党委专门找我谈话："牟永抗，你的入党报告华东革命大学老早转到我们这里来了，一直没有机会找你谈话。今天找你谈话，像你这种情况，你一辈子是不能参加中国共产党的，你只能做一个党外布尔什维克。"

我当时的情绪是非常激动的。我当时曾经想过，如果不入党，那这个人生还有什么意义？

也就在这个时候，要调我到郑州去考古。原来河南省的省会是开封，那时要改为郑州，所以郑州开始进行大规模基本建设，中央就调华东文物工作队去支援郑州。我刚刚培训班回来就被调过去。这个时候刚好有这么个转弯，如果我不去郑州，我可能会因为受刺激太大而慢慢消沉了，觉得没有前途了，混日子之类。到郑州以后，第一个工作就碰到王文林，他也被调到郑州去。因为他家里这么个情况，他身边一点钱都没有的，到野外考古有野外补贴，就靠这个维持生计。所以，曾院长把他派出去，为了到郑州去，还专门给他买了一件羊皮大衣。

这样子也就把我跟王文林分配到一起挖二里岗。我们组的组长是胡继高，很快他到波兰留学，工地就由我们来管了。

王文林把当年安阳发掘那一套东西，给我讲了很多。工地上有一次很危险，当时二里岗大道刚刚开挖好，刚开春他就带我去刮剖面。在刮的时候，他说："小牟，你看上面这块土怎么样？"我听了就退后一步，仰头看看说："没有什么呀！"王老大还在下面刮，他停下来一手拉着我，把我往后推一把，就在推一把的时候，上面有个大约 10 吨重的大土块，"啪"的一声砸下来，就砸到我们两个站的地方。当时我们挖的地方叫西九区。

我后来在郑州待了一年，再回到浙江进行考古发掘的时候，在北方的两个报告我都写了的。那个时候在郑州，报告的执笔者都写牟永抗的，因为河南安金槐他们不了解我这个家庭历史，不晓得我父亲的情况。

结束河南工作回浙江，这个时候调查组成员有我、朱伯谦、周中夏、汪济英等几位，后来又有姚仲源、冯信敖两位加入，配合基本建设的考古工作开始走上正轨。

1955 年回来就去宁波挖了 100 多座汉墓。其中有《汉书》里面记载的汉代的大孝子董黯的墓。解决了个什么问题呢？土坑墓的找边的问题。

1955 年冬天，良渚镇朱村兜的村民在一个叫长坟的地方的水塘中挖泥积肥，发现塘泥中有很多陶器和木炭。汪济英刚从考古培训班回来，就去水塘北边挖了一条探沟，2 米×8 米，挖出的陶器很多，其中可以修复的就有 200 多件。这次试掘是新中国成立后良渚的第一次考古工作。

接着 1956 年就开始挖钱山漾遗址。要发掘的时候，还有个插曲跟你们讲一讲。

30 年代，在良渚被发现以前，有个张凤，号天放，张天放先生，他是留学法国学经济的，很有名。是长江以南第一个开展考古调查的人，当年他就是在南京栖霞发现遗址的。所以我在钱山漾发掘以前，到嘉兴去请教张先生。他当时从抽屉里拿出了一块红色的陶片。那时我在浙江境内做过调查，没有见过这种红陶。张教授告诉我："这块陶片是我当年从法国回到家乡，家里一个亲戚从田里挖出来的，知道我喜欢这个东西，就把这个给我，我就一直放在这里。你们看看这个陶片是什么年代的。"

这个东西就跟我们在半坡挖到仰韶文化红陶是一样的。那个时候的观念里边，江南怎么可能有仰韶文化呢？所以我当时就告诉张先生，说不知道，没见过。以后马家浜文化的发现和邱城的发现，就是靠张天放这块陶片。因为我们在钱山漾的发掘结果，上下两层都没见到红的陶片。1957 年到高祭台、新安江水库也没有这种陶片。

高祭台发掘回来，那个时候湖州邱城要造个纸浆厂，要进行考古调查。这个厂子所在的地方叫邱城，在太湖边上。县志记载是汉邱氏所居，名为邱城。为当年项羽饮马之处，所以小地名就叫马池潭。当时我们就派了文管会的白哲士先生去调查，因为他是吴兴人。调查以后，说没有。

我说，既然叫邱城，为什么城都没有？就叫他第二次去查。第二次查了，还是没有。

那么一般这种情况下就可以放弃了。但不晓得什么原因，我就总是不放心，我自己去，跟白哲士、张强几个人一起到现场查了半天，找到了两座相连的城墙。城里城外都看了以后，还是没有东西。这时候我就死心了，就到一个河边洗手，准备到东家吃饭后就回来。河埠头洗了手以后一转身，就看到剖面上露出来，是红陶！就跟当年在张天放先生那看见的一样。

啊呀，非常高兴，所以当天下午就决定在旁边开一条探沟，这一开沟就找到了三叠层。

这个就是邱城发现的情况。所以那年冬天我们全省的考古人都集中在邱城里，揭露了 221 平方米，就在邱城我们第一次揭到了红烧土面。红烧土拌了蛤蜊、拌了陶片铺的地面。红烧土面上还发现了 6 个柱坑，柱坑里边有个柱洞底下还垫有木板，还有残余的柱子。我们当时就取了样，同时在红色土的上面发现 11 座墓葬，打破红土，墓葬上面又覆盖了城墙，这样子就构成了三叠层。

这个柱洞里木柱的碳 14 测年，测出来是 6715 年，当年半坡还没它早。那么浙江地区的考古文化的序列在邱城就建立起来了。

1960 年 [①]，夏鼐在长江流域考古会议上提出，应该将钱山漾等遗址从原先笼统地划归龙山文化中区别出来，另外单独命名为"良渚文化"。1982 年，我有幸返回北京大学讲学时，严文明告诉我，他 1957 年毕业留校后，曾经到杭州看到钱山漾、邱城等地的发掘品，觉得其中以黑陶为代表的遗存和龙山文化不一样，两者应该区分开来。所以在 1959 年编写新石器时代讲稿时，大胆地用了"良渚文化"一词。同年，中国社会科学院考古研究所编写《新中国考古收获》一书，他提供了这一讲稿。这应是夏鼐先生提出"良渚文化"命名的背景资料。（图 2-1）

也就是在这个时候，我们单位开始有了一个变化。我们刚来的时候，是没有一个共产党员的。我当时是共青团员，政治上是最棒的，沙孟海他们都听我的。这时候来了党员，第一个党员姓孙，孙永乐，这个人很好。当时邱城发掘都是在他的领导下。他绝对不干涉你的工作。邱

---

① 应是 1959 年 12 月 26 日，夏鼐在长江流域规划办公室文物考古队队长会议上的发言：长江流域考古问题。

图 2-1　邱城遗址考古队与时任浙江省文物管理委员会副主任郦承铨合影
（前排左起：姚仲源、楼振华、梅福根、江仲贤；后排左起：周中夏、牟永抗、郦承铨、
孙永乐、朱伯谦、白哲士、汪济英）

城发掘以后，1958 年来了另外一个比他职位更高的领导，叫顾钧，担任
文管会专职副主任，主持实际工作。那时候全国搞"大跃进"，从那以
后浙江的考古工作开始走下坡路。他一查我这个历史，就整我。所以我

的邱城报告写好以后，他就组织一些人政审，说要"拔白旗"，政治不突出，禁止发表。后来有个苏联专家要来考察，就以组织的名义把我的发掘日记没收掉了。

那么现在为什么叫马家浜文化？邱城发掘是 1957 年，马家浜的发现是 1959 年啊。

这是个秘密，跟我太太的名字有关。她姓司，名字叫秋钟。秋天的秋，几点钟的钟。如果当时按照考古学常规，那么先在邱城发现的，就应该叫做邱城文化。这个"邱"跟"秋"通，所以顾钧来了以后，我写报告的时候，就不敢用这个名称，只叫它邱城下层文化。到 1959 年马家浜被发现以后，我在 1963 年写第一篇文章的时候，叫它浙江北部新石器时代，一直也不敢讲这个情况。我写这篇文章，原来是准备把它叫做良渚，分良渚一期文化、良渚二期文化，仿效王湾的三期文化。在 1977 年的夏天，夏鼐先生发表了对马家浜文化的看法，所以我就用了马家浜文化命名，这就是没用邱城文化的内情。

也就是这个时候，文管会主任郦承铨老先生就因为我那个状态，叫我去龙泉窑。所以我从搞墓葬断代到遗址分期，最后回到搞瓷器了。

当年由于中央领导吴德讲了龙泉窑的什么东西，省领导非常重视，要搞龙泉。搞龙泉有名以后，那些人妒忌，要批我。当时我写了一个龙泉青瓷简史——这个稿子现在找不到了——我在上面写道："龙泉窑的研究，历来是得到中外学者的指示的。"

这篇文章我当时还不敢直接发给省轻工业厅，我是先交给党支部，请党支部审查以后再发给他们的。那以后那些人就凭着我文章中"历来得到中外学者的指示"这句话，要把我打成右倾机会主义分子，说："中国的知识分子、学者，是同志；外国的学者，是帝国主义分子，是侵略者；把侵略者和同志混淆在一起，就是修正主义的本质！"

这样批我不要紧，可是他接着就举个例子，说："像我们主任郦承铨先生，你们看他的外表是像个君子，他的本质是伪，所以加起来叫做伪君子！"

就这么一句话，老先生从此一病不起。这位老先生在1948年是被浙江大学派到台湾大学去当教授的，他看到1948年底的大好形势，赶快从台湾回来。浙大于子三领导的学生运动解放前是影响很大的，于子三的浙大宣言是这位教授起草的。

这么一个爱国的知识分子，最后为了我这个事情被骂成"伪君子"，这样子一病不起，把命丢掉。

好几位老先生，沙孟海也是，朱家济也是，都因我受牵连。他们是无心的，但都是为了声援我呀！

这里讲得远了一点，但反过来呢也有联系，也就是我们知识分子对祖国、对党的这种感情，跟当年这种极左政策的对比，是很令人感慨的。你们听了可能对我这种遭遇很同情，觉得很不应该：为什么对你这样子，是不是？其实那时有许多老先生代我受过，有些老先生甚至于就这样走了的。所以之前《杭州日报》社有个韩记者采访我，那个小孩后来打电话给我，说："我整理你的记录稿，一边整理一边哭。"

就在我到紧水滩水库发掘前，我女朋友学校（上海第二医学院）还写信来调查，因为我们已经恋爱八年了，两个人关系怎么样？当时我们党组织给她的学校回了个信，说我父亲是恶霸地主，被镇压了。所以在学生干部分配的时候，组织上找她谈话，有一条，要她断绝跟我牟永抗的一切联系。所以这样子她就被分配到广东去了。1960 年 7 月以后，我从龙泉回来，她才从广州回来，10 月 1 日跟我结婚。婚假是 7 天，10 月 7 日她就回去了。再过 7 天，10 月 15 日我就被下放到四明山开山去了。

我前面讲了，最初沙孟海部下，调查组只有我一个人。可是到了1957 年底，我们浙江省文管会的考古队伍已经有将近 20 人，我们专门成立了新安江考古队，有 14 个编制。但从 1958 年顾钧来了后，1960 年10 月 15 日我被下放，到了 1962 年，浙江考古队伍只剩下了三个人，一个朱伯谦，一个梅福根，一个姚仲源。所以这样的情况下，省文管会就只好跟省博物馆合署办公，变成浙江博物馆历史部的一个组成部分了。

我 1960 年被下放，到 1961 年被查出患上了肝炎。这时候下放干部省里还要管的，省委宣传部春节还派人去工地慰问一下，问我说"你肝炎怎么还在现场"，当时叫我回来。我说不行，我要听党的话。我写信给支部书记，支部书记给我回信："我们中国共产党对人民群众的疾病是非常重视的，你得了这个病，我建议你就留在当地妥善治疗！"就把我扔在了那个山里。

到春节，宣传部长又来慰问了："啊呀，牟永抗你怎么还不回去？"我就把支部书记的信拿给他看。他说："不要管了，你回去。"我就是这样子回来的，所以回来后的待遇就可想而知了。

我在肝炎的情况下，当时有些人的做法让人寒心。回来大家吃食堂饭，不让我在食堂吃，因为我有肝炎。甚至上厕所都被排挤。博物馆里有个职工用的小厕所都不准我上，一定要到大门外面公共厕所去上。可是提出要求来的这位女士，她的丈夫跟我一样生肝炎，住的是疗养院。所以人品啊！她可以回家跟丈夫同一个床睡，我不但吃饭不能堂食，连大小便都不能和她共用一个厕所。

但是那个时候有一条，我觉得自己做的是野外工作。特别是看到在我离开期间这两年的工作都停顿了，我是非常痛心的。

良渚遗址苏家村、黄泥口与桑树头的发现

1963 年我下放回来，这时候到良渚又开始有一点工作了。原来干考古的姚仲源和梅福根两个人，在与省博物馆合署办公以后去当讲解员了。我是因肝炎住院，那么搞考古的只有朱伯谦一个了。等我肝病治好出院以后怎么办？也就要重新开展考古工作啊。

那么怎么开展？就模仿北京的样子，我们浙江省也搞考古培训班。这样子就把绍兴县、温州市、湖州市、杭州市的这么四个单位，每个单位派个人到我们省博物馆来学习考古。训练班的讲课人只有我一个人。课堂学习结束以后，还有野外实习。

1963 年底的野外实习去了西险大塘。现在良渚遗址群的主体水道是东苕溪，它南边的河堤叫西险大塘，是杭州西边最危险的大堤，如果出事，整个杭州就要被淹没。1963 年冬天，有西险大塘的维修任务，维修就要取土，那么我们五个人的训练班就去配合工程，到那去进行挖掘。

也就在这个叫苏家村的地方，我们又发现了像钱山漾下层的堆积。当时挖了大概 400 多平方米，快到挖掘结束的时候，发现了半个玉琮——这个玉琮现在还保留在浙江考古所。当时我们知道这个玉琮是

《周礼》才见的，苍璧礼天，黄琮礼地，西周才有的。那么西周的玉琮怎么会跑到良渚文化的地层里面呢？

所以这个也很能说明当年我这个发掘人智商的弱点，我完全就被文献圈起来了。为什么到现在为止，这个报告没有发表，就是因为这个事情。剖面反复挖，切了好几个，都找不到任何晚于下层的年代。那么西周的东西怎么会跑到新石器时代地层下面去？如果当时我有一定的智商，或者较好的野外基础，我1963年就公布这件东西，良渚文化玉器发现的年代就不是1971年，就不是草鞋山了。只怪我当时没有大胆地根据新发现的材料提出新见解。

当时发现这个事情以后，又快到放假了，计划春节以后再回来，所以在结束以前，我们沿着西险大塘走了一圈。在反山跟安溪之间有个叫黄泥口的地方，在一个断面上也发现地层上有打破关系，我们决定过了春节以后就要到黄泥口来发掘。所以我们在黄泥口租了一个民房，把照相机在内的所有发掘材料都放在那里，准备开春以后就去发掘。

这个消息，后来单位里顾姓领导那些人知道了，就非常反对。第二年借口开展"大四清"，就撤销了我们黄泥口的发掘工作。这是1964年春天的事情。黄泥口的事情后来导致苏秉琦先生1977年以后第一次杭州之行，从而导致反山被发现。

这里面在我个人经历上面，还有这么一个事情。1965 年的 8 月，当时我正在发掘我们这里的南山公墓。这个地方发现了吴越国的一个国王钱元瓘墓，钱镠的儿子。这个墓的发掘人当时不止我一个，但是真正在现场的也是跟往常一样，只有我。

就在 8 月 5 日这一天，我突然发现自己在工地站不起来了，工人把我扶到宿舍。我们就住在公墓里边，我们的民工都是公墓的工人。他们问：“牟老师，你怎么脸色这么难看？怎么站不起来不会动了？”

我当时还跟他们开玩笑，我说：“在你们这里还不放心啊！万一我躺倒，你们给我放下去总放得四平八稳的喽。”

不知道怎么的，两个手就发麻，我当时还摸摸公费医疗证。这个时候突然就摔在地上，失去知觉了。后来听说当时这些工人到部队里借了一辆车，把我送到医院抢救，怎么抢救过来的我也不知道。

就因为有这么一次经历，从 1965 年开始一直到 1971 年，我是不会走路的。所以你们查一查浙江的考古记录，1965—1971 年，浙江的考古工作基本上是空白。开始我是在地上爬的，以后慢慢站起来，就拿两个拐棍。一直到 1971 年，才放下拐棍。也就是从 1971 年开始，浙江才开始有野外工作。

所以在五六十年代，应该讲浙江境内的考古发掘，基本上——我不敢讲全部——我牟永抗都参加了。那么学术上解决了一些什么问题呢？解决了土坑墓找边、汉六朝墓排队、史前三叠层的确立、南宋官窑的发掘和龙泉窑的普查。

1971年我扔了拐杖以后，就到湖州钢铁厂挖汉墓，就这样子开始了我新一轮的野外工作。

春节回来，杭州市的文物商店收购了两件玉璧。当时文物商店怀疑这两件东西是出土文物，就不敢把钱全部付给卖主，把他资料留下来了，交给我们。

卖的人叫闻运才，老农民，家住瓶窑的桑树头。文物商店把这个情况报给我，我当时就通知了杭州市和余杭县（现杭州市余杭区）的同志。

当时杭州市派来姚桂芳，余杭县也派了沈德祥。我们三个人就一起到桑树头找闻运才。当时为了表扬他把文物上交，由余杭县文化局出面给他买了两把铁壳的热水壶，上面写了"保护文物有功"送去。

看到闻运才以后，我就问他东西怎么来的。闻运才当时就从他的床铺底下拉出一个畚箕，里面一共17件石钺。说这17件石钺就跟两件玉璧是一起挖出来的。这个是在类型学上第一次把良渚玉器跟新石器时代联系起来，有石钺在嘛。所以我当时就请闻运才带我们去看出土现场。

当时是生产队建一个仓库，后面打夯土墙，玉璧是在他们挖土的时候发现的。到现场我们铲开了以后，发现两段残存的墓壁，证明这两件玉璧跟 17 件石钺是一个墓葬出土的。

我还记得 1963 年底，我们在黄泥口曾发现有墓坑的痕迹。所以我就跟姚桂芳他们三个人从桑树头出发，去黄泥口。走了一半路的时候，已是中午了，到了反山这个地方，就在反山土墩上面发现有陶片，同时在下面水沟里发现了一个堆积。所以我们就留下来，在这里吃中饭，和房东聊天："你前面这个堆怎么堆起来的？"他说，当年大炼钢铁，在这里炼的，所以有这红烧土。那么我就去看，后来吃饭的时候，他又说不对，说当年大炼钢铁不是在他家门口炼的，是在马路边上炼的，这个墩老早就有的。

这个就是反山发现的开始，时间是在 1971 年。我带姚桂芳他们到黄泥口的时候，黄泥口那两个留下痕迹的土堆都已经被破坏光了。

这个也是 1977 年苏秉琦他们到杭州，我带他去看反山剖面的实际情况。

野外实践里边的每一个专业工作者，他对学科的价值取向跟他的学科知识和智商是成正比的。对于我这样的智商，明明 1963 年就挖到玉琮，自己不敢认。到 1971 年，在桑树头发现石钺跟它一起了，还不敢认。当时我主要怀疑什么呢？是这种玉璧是不是玉。因为我们现在看到的玉都是很透明的，玉璧的玉不透明，花里驳落的，黑不溜秋的，这个是真的玉吗？当时我脑子里有这个疑问呀。

其实 1953 年第一次在老和山发掘的时候，王文林就给我讲，这个就是玉。我当时就怀疑。一直到 1987 年的冬天，我到上海参加硅酸盐学会，第一次见到夏鼐院长，夏先生还跟我讲，你们反山的玉器是不是真的是玉？有没有请人鉴定过？他说，要小心呢。当时上海博物馆的汪庆正马上就请夏先生到上海博物馆看了福泉山的发掘品。第二天早上，我在饭店里碰到夏先生，他说："小牟，我告诉你，福泉山的东西我看过了，那个东西看起来不需要鉴定了，应该是玉。"你看夏先生对我们这些人就是这么个态度。

70 年代浙江史前考古主要是河姆渡和罗家角的发掘。

1977 年"文革"快结束的时候，在南京召开长江下游考古座谈会。（图 2-2）那个时候金冲及调到文物出版社当副主编，王冶秋当文物局局长。当时规定我是不准进北京的人，反正是最最末流的人。那个时候说要我去参加这个会，会议通知说是 1977 年底，要事先通知主办方火车班

图 2-2　1977 年南京"长江下游新石器时代文化学术研讨会"成员合影
（前排左三苏秉琦，右二黄宣佩；三排左三牟永抗）

次，他们到火车站来接。我觉得我这个样子怎么好叫人来接呢？所以我
先到上海，黄宣佩是我训练班同班同学，我就让黄宣佩帮我买同一趟火
车的车票，这样他们来接黄宣佩时，我顺便搭车。

第二天会议开幕了，开幕了要进会场，大家都是熟人，我怎么有脸进去？我就想坐在房间里等大家都进去以后我再进去，免得见面尴尬。也非常凑巧，就在我进这个会场大门的时候，对面碰到苏秉琦先生。

1954—1977 年近 30 年了，没见过面，没有通过信，我依然认得他。我当时叫了声"苏先生"，他愣了一下："你是谁？"我说："牟永抗。"苏先生一听，马上呆了一下。突然一个动作，一把抱着我，轻轻在我耳朵边上讲了一句话："我这次是为你来的！"

啊呀，我当时就——我到现在都不理解为什么苏先生对我有这种感情。我和他没有任何联系，我课堂上对他印象还不好的。

还不仅是这一个事情。那次从南京回来，他说他的目的地就是杭州。那时候南京到杭州还没直达车，必须要到上海转车。苏先生、我、吴汝祚跟黄宣佩一起到上海，我当时就托黄宣佩帮我买从上海到杭州的火车票，我们一起去。到上海以后，上海博物馆派车到火车站接我们，接了以后，当时上海博物馆馆长沈之瑜到大门口来接我们。当时沈之瑜又提出来，无论如何要请苏先生在上海过夜。苏秉琦说不行，当天晚上一定要到杭州。这个时候上海博物馆的同志告诉黄宣佩，上海到杭州买不到车票。苏先生说没有坐票，站票也可以。在这种情况下也一定要到杭州。

这趟车是从上海开往广州的，所以我们上火车后，我当时就去找到列车长帮忙找座位。我说带着老师去杭州，能不能想想办法。列车长说软卧还有空，留给杭州上车的乘客的，让我们上软卧。我们三个人就是这样子到杭州的。

到杭州后，我们馆长和其他几位领导都到车站迎接。这时候，苏先生就问我们馆长，在杭州期间有谁陪他。那么当时的情况下，就我陪他最合适。我们馆长就讲："牟永抗。"这个时候苏先生在后面，就在我腰间又抱了一下，所以这个是我最深的印象。

我以前和苏先生没有交往，从那以后我对苏先生感情开始有了变化，我每次到北京，一定要去看苏先生。苏先生到杭州也一定要来找我，他说不单是找我，还要去工地。苏先生的菜我自己烧，这个是以后的事情，以前是没有的。

我刚才讲的这个不是具体哪一个学校，也不仅是知识界，应该是东方观念形态的这些继承者，在这么一个概念下，这个是超出狭隘的民族主义的范畴，带给学术这种职责与追求的一个东西。

1977 年这次，我陪苏先生、吴汝祚去看了反山现场。回来的时候，吴汝祚还要去看一看旁边一个钟家村遗址。当时就一辆吉普车，所以我就让这吉普车驾驶员陪苏先生坐在莫角山顶的石头上，我带吴汝祚去看遗址去了。就在看的时候，苏先生跟驾驶员有一段对话。

苏先生问驾驶员："你看看古代杭州在哪里？"驾驶员就说："老先生，杭州就是我们早上开车那个地方哎。"苏先生说："不对不对，杭州不在那里，杭州在这里！"原话是这样子的。

那么当时我送苏先生回到新新饭店，吃完晚饭以后，驾驶员再送我回家，路上问我："牟老师，你今天请来这位老先生多大年纪？嘎背的啦（杭州话"这么笨"的意思），杭州在哪里都不晓得。问我杭州在哪里，我说在今早开车那。他跟我争，说不是的，一定说他坐的那个地方是杭州。"

第二天我去上班，当着吴汝祚的面，跟苏先生核对昨天有没这个事，苏先生笑道："是的，我看古代杭州就在那里。"

到 1987 年挖莫角山的时候，这个发掘坑就在 1977 年苏先生坐的那块石头旁边。所以严文明跟李水城来的时候，我就指着石头给他把刚才这话给他重复了一遍，所以这个就是严文明以后写杭州会议的那一段误差①。这事就是这么个过程。

————————————————————————————————————

① 　苏秉琦先生在莫角山上说"这就是古杭州"是良渚考古中一段著名公案。牟
永抗和严文明两位先生都在文章中有过记载，但细节出入较大。牟永抗在《我的考
古经历片断忆》(浙江省政协文史资料委员会、浙江省文物局：《文物之邦显辉煌——
考古发掘与文物保护纪实》，浙江出版社，2000 年）中，记载严文明、高广仁、
陈国强、吴绵吉等四位在参加南京会议以后，经无锡、苏州等地参观后来到杭州，
并先期前往河姆渡发掘现场。此时牟永抗向省文化局借来一辆吉普车，陪同苏秉琦、
吴汝祚两位前往良渚实地考察。考察是由东往西进行，先经由东边良渚镇的荀山、
朱村斗，再沿 104 国道向西去了瓶窑钟家村等地点，最后到达反山。在考察钟家
村的时候，车子停在大观山果园（莫角山）老 104 国道旁。牟永抗陪同吴汝祚去看，
苏秉琦先生没去，坐在路旁一块石头上坐着休息的时候，苏先生与司机闲聊，发表
了"古代杭州就在这里"的谈话。牟永抗回忆，严文明等当日并没有和苏秉琦在良
渚碰面，而是在 1987 年莫角山发掘后，严文明、李水城来参观时，牟告知严、李
二位这个典故。最近在良渚博物院的"苏秉琦影像数据库"中，发现 1977 年同一
天拍摄于良渚荀山周边相同位置的两张照片，另外郭大顺先生给良渚博物院一张苏
秉琦和司机坐在大观山果园旁 104 国道的路边的照片，注明"1977 年，良渚"，
印证了苏秉琦发表讲话的地点。两张合影背景一致，地点应该是良渚镇荀山周边，
或即 1955 年发掘过的朱村斗的长坟遗址。一张为苏秉琦、吴汝祚、吴绵吉、牟永
抗，另一张牟永抗换成了严文明，其余三人相同。从苏先生及两位吴先生三人站立
位置、穿着打扮等，证实两张照片和苏秉琦路边那张，应是同一天拍摄，也可证实
严文明、吴绵吉的确在那天和苏秉琦、吴汝祚、牟永抗等一起到过良渚。这两张照
片应该是同一相机拍摄，有牟永抗的那张，应该是严文明在拍，有严文明的那张应
该是牟永抗在拍。从站位顺序上看，可能严文明那张是先拍的，等到换他过来拍的
时候，因为小路狭窄，所以牟永抗就站到了东边，没有去左侧严文明的位置。估计
相机就是严文明先生的，所以后来寄给牟永抗的是有他的那张照片，从而导致后来
牟永抗根据照片回忆形成错觉，认为严文明当天不在。但是当天严文明是否一起去
了莫角山，目前没有直接影像证据。

所以反山从 1971 年发现这个熟土堆，到 1977 年我带苏秉琦、吴汝祚到现场观察，一直到 1986 年才发掘，就经过了这么漫长的一个观察过程。在 1977 年这次会议上，南京博物院正式宣布 1973 年在苏州草鞋山良渚文化墓葬中发现玉琮、玉璧，此后有在张陵山再次得到验证的消息，从而为精美的良渚古玉器的年代找到了科学依据。针对这种熟土墩，1985 年我们就决定对良渚镇到瓶窑之间的土堆进行五次清理，想看看当年桑树头的发现跟 1963 年安溪（吴家埠）发现那些玉琮，能不能在浙江境内也印证一下是跟草鞋山、张陵山一样，能确证玉器是良渚的。可是 1985 年的发掘一无所获。

1977 年苏先生那次来杭，带给我们一个很大的功绩，就是促进了浙江、江苏跟上海三个考古单位之间的关系，就讲三个单位之间野外发现要共享、共有。那么牵扯到良渚发现 50 周年，就牵涉这个事情了：良渚发现 50 周年谁来办？是江苏办、浙江办，还是上海办？这就牵涉反山发掘的动机。（图 2-3、图 2-4）

图 2-3　苏秉琦与司机在莫角山

图 2-4　1977 年苏秉琦等在良渚的合影

（左图左起：吴绵吉、严文明、苏秉琦、吴汝祚；右图左起：吴绵吉、苏秉琦、吴汝祚、牟永抗）

第二节　吴家埠发掘与工作站的建立

王明达（领队）

浙江省文物考古研究所是 1979 年成立的，成立之后，进行了罗家角的发掘。当时考古所办公用房没有，80 年代之前一直是东借一个房子，西安一个家，没有固定地方。杭州市我们租过很多地方，在杭州剧院都租过房子，西湖边上也临时办公过。

当时的考古所发掘回来人可以挤，但是挖出来的东西往哪里放？在哪里修复整理？你不整理就只能堆在那里。那时候都是竹箩筐，底都漏掉了，都烂了。平邱墩的发掘，罗家角的发掘，东西放哪里去？

另外是技工的培养。我们考古人手不够，要招收很多年轻的文保员（技工）的。他们都是年轻的初高中毕业的农家子弟，考古的各种技术，刮面、铲边、修复、绘图都是要我们手把手教会。发掘完了我们回单位，他们是按天拿补贴的，如果没事情他们回家，就没有收入，留不住人，不利于培养的。所以要给他们一个发掘之后可以集中生活工作的场所。

后来我们是借了大观山果园场部南边杭州第七中学的校办工厂。五间房子，还有个大间，110 平方米。"文革"以后，学工学农不搞了，就空在那。自然博物馆有个同事的夫人是杭七中老师，通过她跟杭七中谈，用很低的租金租来，在那里整理。

那时候没有公路的，桐乡罗家角发掘之后，一条30吨的船沿着运河拉到瓶窑，我去叫了10辆板车，200筐陶片，加上码头上跳板之类的东西全部拉到那。从1980年初开始，他们前几年发掘的东西一直是放在那里。

这里是平房，为什么呢？水果产下来要分拣的，所以都是大房间。还有五间是职工住的，里面都还是双人床。大观山果园我租下来的，但这里房子还是太小，一到水果收下来，这个大房子又不能给我们用。我们考古是要整理陶片，要摊得开的，所以整理场地和库房真是个大问题。

1981年2月，刚过完年，所里布置这年的工作任务，里头具体工作与良渚相关的有：围绕年底在杭州召开第三届全国考古年会，进行良渚文化调查，争取主动发掘一次。当时是打算先进行良渚地区考古调查的。具体参加的人有我、陈元甫、董忠根、吕可平、邱国平、杨楠。牟永抗和姚仲源他们作为领导，一个是主任，一个是党员。

结果3月初余杭文管会的老同志沈德祥先生，跑到我们环城西路，背一个军用书包，里边报纸包着一件六节玉琮，说是吴家埠这里北湖建材厂出的。这件器物现在在余杭博物馆。拿来之后在我们办公室，正好牟永抗和我都在。这样的话，哎，有玉琮出现了，虽然意识还不是像现在这么明确，我们立刻决定将准备开始的遗址调查暂时推后，组织发掘。所以吴家埠 1981 年 3 月开始发掘。刚开始这里没房子，住在瓶窑镇，3 月正式住在这里，当时住在物探大队。

砖瓦厂已经是取土取了很多地方了，那个六节玉琮据说就是烟囱那个位置出土的，有一大块地还没挖。吴家埠发掘是上、下半年发掘了两期，具体日期是 3 月 11 日到 6 月 20 日进行了试掘和第一期发掘，10 月 4 日到 12 月 5 日进行了第二期发掘。发掘总面积 1300 平方米。

上半年实际上真正在野外的，是我刚才提到的几个成员。当时其实我不是领队，中国文物考古界的领队制度是 1983 年才开始实行的，那时候叫工地负责人。挂名的是牟永抗主任和姚仲源。他们上半年都没有参加发掘，参加发掘的就是我们几个。

自己要看 1000 多平方米的发掘工地，我一个人要真正独立完成的。所以我在年终总结里边还讲到有点手忙脚乱，但是也都对付下来了。（图 2-5）

吴家埠发掘我想总结这几条：这次发掘是良渚真正开始科学的考古发掘工作的第一次。发现了从马家浜开始的地层叠压关系，中间是良渚早期以过滤器为代表的地层，又发现了 20 多种墓葬。墓里也出了玉璧，也出了冠状器，这次考古也是良渚遗址第一次科学发掘出玉璧。

图 2-5　吴家埠的发掘

这个过程中，煤田地质大队一个办公室主任姓张，我记得很清楚。他到工地来看，说这里山上盖房子出过很多东西。其实当时房子已经盖好了，那么这东西哪里出的，他说他也记不清楚。后来 1983 年在孤山路浙江省博物馆还没拆掉的时候，就是现在浙江西湖美术馆的位置，翻出来过一个破脸盆，里头一大堆玉器，标签都烂掉了，笔迹是朱伯谦的，为什么呢？1973 年文管会已经开始没有什么人，他们交上去是朱伯谦接收的。

还有一个玉琮放在文澜阁的五间房里头，玉璧好多，石钺好几把，这是吴家埠山顶上，地质队 70 年代夺煤大会战的时候盖的房子，用土炮炸了之后，出了一大堆东西，这是 1973 年的事情。朱伯谦搞陶瓷的，也没引起重视。当时出土的东西一部分交给县里，一部分交给文管会，现在东西还在考古所库房。

当时 70 年代文物还是有人上交的。我记得 1971 年桑树头出过大玉璧，交上来的。然后就是 1973 年吴家埠山顶出一琮一璧、石钺等一大批石器。1978 年荀山白泥矿也出土玉璧和锥形器来上交，我经手的，我记得是给了上交的人一个茶杯，两个人的误工补贴，包括 13 路公交车的车票。1978 年以后就再没人交了。因此就知道吴家埠这里是一个重要的地点，知道良渚遗址的西端达到这一点。

吴家埠发掘有一件比较重要的事情，是我们发掘前特别编制了一套发掘规程，后来整理之前又搞了个整理规程。这个是在 1984 年部颁的田野考古操作规程下来前，我们自主提出的一套规范。现在回头看起来，和后来的部颁标准很类似。说明良渚考古在那个年代，已经逐渐步入规范化和标准化的轨道。这个从全国各地的考古上来讲，还是比较先进的。发掘规程具体细则如下：

余杭吴家埠遗址考古发掘规程（细则）
（试行草案）

鉴于我队各成员间田野发掘水平参差不一，为了探索和积累江南遗址发掘方法，提高我队的业务水平，以期发掘工作能达到一定科学质量，特制定本细则。

一、发掘单元和发掘顺序

（1）本次发掘以探坑为一般发掘单元，每坑面积为 10 米×5 米，每坑之间另留 1 米的隔梁，以西南角为坐标基点。探坑代号为余吴 T，按流水号列编。每坑制定一位队员为本坑的看坑发掘人，具体负责本坑的发掘工作。

（2）发掘顺序应严格掌握先晚后早的原则，按照自上而下的顺序分层进行，在晚期堆积和遗迹未清理完毕之前，不得清理早期地层。

（3）地层的划分采用自然土色分层和遗物（陶片）分层相结合的方法。发掘时应密切注意平面的变化，以平面观察和剖面校正两者互为补充。要求在发掘时，坑壁必须平整光洁，取一遍土，平面铲光一次。如遇陶片、土色改变以及出现某种固定遗迹苗头时，更应注意平面铲光。看坑人认为需要划分地层时，应及时与领队取得联系。地层一经确认，应及时在坑壁划分地层界线（新划出地层最初一遍所出陶片，归入上一地层）。

（4）由于本次发掘是多坑同时揭开，各坑的地层进度应大体一致（至少要做到邻近各坑基本一致），不能抢进度。

（5）各探坑发现灰坑、墓葬、房基等固定现象，各该固定现象即单独成为发掘单元，按类别统一编号，如 M1、M2、M3……由各坑发掘人负责发掘。跨坑的遗迹，可另行确定发掘人。

（6）隔梁由邻近各坑分别负责发掘，器物编号仍按各坑流水号排编，但需在备注中说明。

二、遗迹的清理

遗迹的发掘、判断和清理是遗址发掘中十分重要的内容，它们既是任何遗物赖以存在的客观实际，也是江南水网地区考古方法上的一个重大难题。遗迹发掘水平是衡量考古队工作质量的一个标志，必须十二分重视，现列有关项目如下：

（1）灰坑、墓葬找边问题。凡遇完整器物或骨架，应暂停个别器物的剥剔，立即将四周地面铲平，开始找边。如属成组器物，在性质不明的情况下，一律原地原状保存；如遇边缘不甚清晰的分界线，可先按灰坑或按墓葬将陶片分开，待边界清楚后再行正式编号；如在剖面上露出边界，应立即注意寻找平面的界限，并校验以往的器物坐标，将坐标点著在附近的器物备注栏中加以说明。同时，要注意遗迹层次的归属、打破关系，防止搞错。

（2）柱洞和建筑构件。一经发现柱洞或构件，应立即在平面上铲光，弄清分布和走向，并请邻近各坑注意。如系个别现象，可将柱洞坐标载入发掘日记。如一时弄不清建筑布局的情况，可按构件的组成，分成若干临时记录单元进行记录和测绘照相。未完成记录之前，不能搬动构件。

（3）烧土堆和硬土面的处理。零星红烧土，不必专门保留，成片成堆的烧土和硬土面，在未弄清性质前，暂行保留，待各发掘坑相应水平位置平齐后，再行分析判断。特别注意是否有"景洪式"陶窑的迹象。

（4）灰坑应注意区别水井。硬土面应注意有无小水沟。

（5）完整动物骨架，应与人架同样对待，进行测绘和照相。

三、遗物的采集

（1）遗物分出土器物和自然遗存两大部分，并各自再分为一般出土物和重要出土物两大类。按探坑、墓葬、灰坑等基本发掘单元为单位，进行采集、整理和保存。

（2）凡经人类加工和使用的物品，均列为文物。未经人类加工制造的动物、植物、矿物及孢粉等属自然遗存。栽培作物的种子暂属文物，驯养家畜的骨骼暂属自然遗存。

（3）凡属完整或可修整复原的标本和其他重要或稀有标本，均应编号采集，器物号按基本发掘单元，按文物和自然遗存两大部分分别以流水排号。自然遗存编号之前，冠"0"字以资区别，编号标本应记明坐标数据（西 × 南—深度，深度假定每坑西南角为零）。

（4）编号器物各坑自行洗刷后，上墨编号（上墨的器物号应写在较隐蔽处），按件制卡后，连同标签、卡片于次日点交工地保管员，按坑统一保存。如木器等不易保存的标本，可在出土后立即交保管员，另行处理。

（5）一般标本，每天按层为单位收集，由看坑人填写标签后（每筐二张），逐日交保管员。无标签者拒收。离开发掘坑以后的标本，应另作采集品处理。

（6）陶片虽属一般标本，但很重要，看坑人除随时注意陶片变化外，应在洗刷晾干的当日再次进行检视，并将情况记入当日的发掘记录。

（7）凡属可以修整的陶片，尽量在野外找全，单独洗刷晾干，装入小莆包交保管人，坐标可只记深度，卡片可用铅笔绘记草图或示意图。

（8）该遗址虽属新石器时代，各位应密切注意打制的标本（如石片）及其他未经磨制的工具。

（9）一般自然遗存，可打通坑位，按层采集。

（10）孢粉、14C、热释光、树种等鉴定标本，由工地统一取样，并作记录，一式两份，各发掘单元亦应在各该日的发掘记录中加以记录。

四、发掘记录

整个发掘应有文字、测绘、照相三种形式构成一个完整的科学记录，它是以后整理研究赖以进行的重要依据，也是衡量发掘质量高低的一个标志。记录的科学性取决于记录的准确、及时和尽可能全面。

（1）发掘日记：按发掘单位每日填一份日记，内容为：该日的地层、遗迹、编号器物。一般器物的概况及一般工作情况，如停工、扩坑等。已洗刷好陶片的一般情况记入整理时的日记。如今日整理 × 日陶片情况是……。由看坑人负责，当日完成。

灰坑、房基、窑床等重要固定现象应单独做发掘日记。墓葬等一般现象可并入探方发掘日记中附记。

（2）绘图记录：绘图是考古发掘现场记录的重要手段之一，对帮助人们了解地下面貌及恢复原貌有重大作用，在田野考古工作中占有相当大的工作量，必须认真、正确地做好，要求：

①凡是每个坑位，都必须要有地层图，各种遗迹的平、剖面图。

②一般比例以 1/20 为主，细部结构可以放大到十分之一或五分之一。

地层剖面图可用五十分之一。

③绘图工作结束后，进行校验，以避免和减少差错，校验的内容应当包括：

A.地层划分是否正确，与周围诸坑的地层及本坑四个坑壁的地层是否能够正确的对接。

B.制图是否正确，是否反映了各种遗迹的面貌。

C.平、剖面图位置是否能够吻合。

D.所绘遗迹在所在坑中的固定位置（即除遗迹外应表明坑的范围）。

E.简要的文字说明：包括绘图号、图名、比例、方向、绘者、日期。

④在校正无误后，应及时上好墨线。

（3）照相记录：由工地统一掌握安排，指定专人负责，各坑需照相时，向主持人提出，重要遗迹、遗物等底片冲出后才能继续清理。照相的文字说明要在现场填写清楚，一般先印小样三份，一份贴底片袋，其他贴小样本二本，小样印出后，将底片剪开，装入底片袋，并分别写好说明文字。一般出土遗物照及工作照尽量减少，重要现象、发掘过程及地形地貌等可按不同角度、光线效果适当多照几张，以期获得较好的摄影质量。

未经允许，外单位不能在工地上照相，亦不能向外单位提供照相资料。

照相资料不分别归入各坑资料袋，可自成系统的纳入总资料中，底片另外专门保存。

（4）制卡

器物制卡是研究查考的科学依据，应当达到第三者见到卡片后犹如见到实物一样，对每件文物有个完整、正确的了解，为此要求：

①各坑出土、小件遗物的制卡工作，由各坑负责完成。

②卡片所列各项内容，必须逐一正确、简明、扼要填写，应避免用铅笔制卡。

③"描述"部分应当扼要确切，反映出遗物的原貌特征（制卡有困难时可用另纸写好后暂贴在卡片的一角）。

④"略图"应尽可能用缩小比例的正规方法绘制，同一图中必须反映出正规与剖面二部分，并应注明比例，上好墨线。

⑤如小件遗物比较复杂，一时无法完成，或破损严重已无法复原的，可用铅笔绘制示意图或草图。

⑥凡编号器物每件制卡一张。

五、发掘小结

每坑或其他固定现象，结束之后，必须有发掘小结（墓葬即墓葬登记表）。内容应包括发掘经过、层次、遗迹、重要遗物以及发掘的方法等。一般空泛的内容可省去。小结须经领队审阅同意，小结交出才算这一考古单元野外工作结束。

六、资料袋

资料袋是田野工作最后一个步骤，是各个探坑发掘工作的全部成果，它应当包括：①地层图；②平、剖面图及细部结构图；③探坑出土器物登记表；④器物卡（如发掘工作上来不及，可暂缓）；⑤发掘日记和小结；
⑥陶片整理记录（发掘工地上来不及，可暂缓）。

按每一考古基本单元（探坑、墓葬、灰坑等）分别装一个资料袋。

发掘现场的几项规定：

（1）发掘品、采集品、发掘资料，任何人不得占为己有，未经特别
许可亦不得转赠他人或单位。

（2）非本队人员（包括民工），未经许可任何人禁止进入发掘坑，
参观者亦同。

（3）各坑看坑人，不得任意擅离职守，各坑民工未经调度不得进入
其他发掘坑。

（4）隔梁及发掘坑四周一米以内的地段，不准堆放泥土和出土文物，
并经常保持清洁。

（5）除考古器材工具外，任何物件不能混入发掘坑，已挑离本发掘
坑的遗物，不算发掘品，重要者可作采集品处理。

（6）完整器物和重要遗物、遗迹，未做好记录前，不准移动位置。

（7）每天开工后或开工前，由发掘主持人召集各坑发掘人，汇报、
安排研究各坑工作，如遇重要情况，应及时汇报研究。

（8）各发掘坑独立进行发掘，为了平衡各坑的实际水平，可按相邻
各坑，组成若干协作组，并在各有关坑中指定一位发掘人负责。

（9）发掘人和领队意见不一致时，服从领队决定，发掘人可保留自
己意见并载入发掘日记。

（10）对外发表或公布资料、消息，必须经考古队正式同意。

本细则仅属试行性质，发本队人员每人一份，存一份入总资料袋备查，整理细则另定。

那么为啥在吴家埠发掘前会想到要做这个制定规范的工作，其实是有原因的。

考古学是一门学科，我可以这样说一句，在北京大学学习的时候，老师们都是按照西方考古学的标准，按照考古学本身的规程教的。当时可能没有现在这么完善，但是到了我们这一代，我想把老师们扎实的理论基础传承下来。

考古学本身有它的方法论。我们这个学科最大的优势，既是一个知识结构，又要动手的。动手的过程就要操作规范。我们浙江河姆渡的发掘打破黄河中心论，在学术上做出了重大的贡献。但是反过来讲，河姆渡发掘现在看来有很多缺陷，从操作规范上是有很多不足之处的。当时有各种各样的原因，现在也不要去谈得太细致，因为牵涉人事关系，太复杂。

河姆渡发掘的时候，集中了我们浙江省所有的考古人员，至少我作为其中的具体考古发掘的核心队员之一，就想把在北京大学学习的理论基础和操作规范落实到我们浙江省考古工作的具体实践中去，能够做得好一点。但是大家都明白，当时因为"文革"刚结束，按照苏秉琦先生的话来总结河姆渡发掘，是"大面积、大兵团、粗线条"，实际上就是苏先生认为我们的操作是有改进余地的。我作为河姆渡发掘的核心骨干，当时叫做"片长"，我觉得有个问题，就是发现的迹象、遗物太丰富，但是在记录上面确实是有点粗线条：四个大地层都有 1 米多，跨度1000 年，我在北方实习的时候比这个细致多了。就觉得在具体操作上不完全符合考古学规范，心里头还是有想法的。

那么我还是实事求是讲讲牟永抗先生的贡献。由于各种原因，河姆渡发掘以后，考古队伍就散掉了。作为具体考古人员，又是粉碎"四人帮"以后具体做工作的，所以对后来海宁平邱墩、桐乡罗家角的发掘，尽管现在回过头来看还有很多不足之处，但是一个最核心的问题，就是我们始终对太湖流域几十年下来传统的"墓葬都是平地掩埋"的说法觉得奇怪，有怀疑。

这个墓葬怎么可能是平地掩埋？但是你不通过实际的操作找到证据，是很难打破这一条的。那么真正的第一个实践，应该要把牟永抗先生的功绩摆出来，就是 1978 年在海宁徐步桥、千金角发掘中，找到了良渚墓的墓坑。虽然没有全部找出来，但是花了很多工夫，把一部分墓葬的墓坑找出来了。不是器物暴露出来后才找出墓坑，是还没露器物，框线就先画出来了。所以我们后来就把这些东西总结成南方考古的几项基本任务：布方、认土、分层、划分单元。

因为我们中国考古学主要是在黄河流域、中原地区开始工作的，南方的考古工作虽然施昕更先生在 1936 年做了，但是我们回过头来讲，当然不能去责备施昕更先生没有找到一座墓葬。那么这里头就有一个很细的问题，就是考古单元。考古单元的确定实际上是考古最基础的东西。现在觉得是很普通的事情。你要看看七八十年代良渚墓都被认为是平地掩埋的，说明它的考古单元就搞不清楚了。草鞋山的历史功绩我们要记住，但是它的重要墓葬到现在还众说纷纭，一会说是三个墓，一会说是一个墓，连这个都搞不清楚。

良渚遗址虽然早在 1961 年就是省级文保单位，但是良渚遗址究竟是在哪里，标志碑该立到哪里都搞不清楚。施昕更先生太了不起了，在 30 年代就能对良渚文化做这么一个符合考古规范的报告，但是回过头来讲，他的发掘水平还是有限的。

到了 80 年代，我们本来是要做调查入手，大家都知道搞规划要先调查，然后再去试掘和发掘，确实就是在我们这个吴家埠开始的，对吧？1973 年北湖砖瓦厂的山顶上就出玉璧这个东西，说明当时这里就是良渚遗址的西端，这是当时认识上一个很大的提高。尤其是在做烟囱的时候，出土一件六节玉琮，这是浙江土地上第一次有具体出土地点的玉琮。

我们所里领导和我们讨论，决定调查暂停，先发掘。那么这样就带来一个问题，我们发掘已经有河姆渡的教训，也有 1978 年牟先生在徐步桥和千金角的经验，这样的话我觉得要按照我原来在学校学过的规程方法来操作。

另外不得不提俞伟超先生，当时他有两篇文章，关于考古学的地层学和类型学，给了我们很大的指导。

当时大学考古专业的毕业生还没有分配来，除了我们几个"文革"前毕业的之外，其他的包括费国平、唐建华，另外还有好多人，如吴志强、杨楠、吕可平。这些人大都是没有进行过正规考古训练的，都是农村技工和招工进来不久的年轻人。具体操作的话，如何遵守操作规程？进入史前遗址，你怎么去操作？这个是我们的背景。

我写的这份操作规程，不是我的创造，我实实在在可以说，完全是按照考古学应该操作的规程，再根据我们这里的具体地形，做了一些针对性的改变。你看我 1965 年在山东实习，都挖 5 米 × 5 米的探方。吴家埠这里出玉琮了，我第一个反应是应该有墓葬，5 米 × 5 米探方在河姆渡第一期发掘用过的，结果是不断地扩方，扩来扩去迹象就搞不清楚了，所以河姆渡第二次发掘就改为 10 米 × 10 米探方，结果带来的问题是层位很难控制。

作为一名考古人员，七八十年代你要控制 100 平方米的发掘，要把握地层和具体迹象，如果是有更复杂的墓葬，会更难控制。所以我综合两种探方尺寸的优缺点，使用了 5 米×10 米的探方，这是我的创造。我可以说在吴家埠发掘之前，全中国都没人用这种尺寸的。这样既比 5 米×5 米的探方有更大的操作空间，不至于转不开，又比 10 米×10 米的大探方更容易控制地层。所以最后实践下来，虽然有点手忙脚乱，但是最终还是拿下来了。

回过头来看吴家埠的考古报告，是有一些具体迹象当时认识不清，但是总的操作上，考古单元是清楚的，地层是清楚的，每个墓葬的墓坑都没有漏掉，几个时间阶段，马家浜、崧泽、良渚也是没有混乱的。我们至少可以讲，1330 平方米，这份考古报告现在还是站得住脚的。这个的重要原因就是当时的考古操作规范，这份东西我们现在拿过来看也没有大错。

当然，学科在发展，时代在进步，这份考古报告有很多地方还是不够的。比如说我们有机物的东西几乎没有提到，是吧？还有一排墓葬的整个布局现在看来都做得不够完善。但是我想在 1981 年，我们浙江考古所在发掘还没开始的时候，已经是先有一个操作规范拿出来，现在看来基本上还是站得住脚的。回到四十年前，全国各省有我们这样的考古所吗？

这个我说句老实话，不是说我们太高明，我们只不过是落实学校里对考古学的基础理论和基本操作规范。还有一个，我们实际发掘留下的经验和教训一定要记得。

牟永抗先生在平邱墩和接下来的罗家角发掘时，我记得当时好像已经考虑到操作规范的问题，但是是否有文字的东西留下来，我不确定。

因为我们当时队伍还比较集中，很多问题我们一起讨论的。你知道我的脾气，我绝对不是一个默默无闻不吭声的人，我一定会说一切的问题。比如说对于墓坑的问题，具体的操作是牟永抗，具体的方法论的问题，他绝对是出了很多主意的。但是从规范动作来讲，现在我们不用讲别的，就留下文字这一条，所里头 1981 年的文字档案，都有我的笔迹，有我的签名，能够作为历史的证据放在那里的，是不是？

我在学校的时候，考古学从一窍不通到经过老师的上课。实习以后，我始终觉得我们考古学是门学科。一门学科，基础理论是什么？方法论是什么？我们考古从傅斯年提出来"上穷碧落下黄泉，动手动脚找东西"，我们是从安阳开始，有地层考古单元、考古迹象、遗物。中国的考古学的传统虽然是来自西方，但是大家知道我们是土遗址。认土，划分地层，区分迹象的考古单元，找面，这一套我相信几代考古人应该是非常懂的。这才是我们考古学的核心基础。你如果考古单元搞乱了，基础就出问题，人家怎么信？我自己有一条：我是搞考古的，这一条我到现在不会忘记。你获取资料要有地层学、类型学的基础，所以我一定要强调田野考古学。我们考古既是动脑的也是动手的学科。

我想如果我们也有一个初心的话，我们考古学家就是要把地书翻清楚。如果你没有真正的自己的一套方法论，没有规范动作，光把东西掏出来完全是不同的。东西是老祖宗留下来的，跟我们没有任何关系。你要把老祖宗的东西埋葬下去的情况，力求按照原样揭露出来，这个才是我们的基础。

在吴家埠发掘中，这个规程是得到认真贯彻的。有的年轻同志就对自己要求很严，比如吴志强是很努力的，我的要求他都会做到。

杨楠也很认真，当时天气很热，他穿个背心在那干活，身上晒得都留着个印子。后来他考上北京大学邹衡的研究生，邹衡就问他在浙江是谁带他的，他说是王明达，邹衡就说"那我放心了"。

当然也有的年轻队员就没这么听话，我们的规程规定看探方时不能坐着，不能光指挥民工，自己不干。工地上是有小凳子，但是只能在绘图的时候坐，平时不准坐的。结果有两位年轻队员，就拿了根扁担放隔梁上当凳子，头上戴着草帽还拿把扇子，不太像干活的样子。所以我就把他们的扇子没收了，批评了他们。他们两个生气了，也不通过我这个领队同意，就跑回杭州了。结果回到所里面，杨晨钟所长和牟永抗主任发现了，连夜用单位的罗马吉普车把他们送回了工地。那天我记得都夜里九点多了，还在物探大队开会。领导说，王明达做得再不好，他在工地是负责人，你们有意见可以提，绝不可以擅自离开工地。

这么好了，我的规范，你要执行，还是不准坐。我至少自己是没有在探方里坐过一分钟，对不对？

我现在觉得很欣慰的事情，四十多年前的东西，现在翻过来跟我们国家的部颁标准还非常吻合，其实并不是说我有非常重大的功劳，但是至少是四十多年前，我们是按照符合考古学的一整套操作规范去做的，是不是？

杨楠（队员）

吴家埠遗址的发掘是 1981 年春季开始的，领队是王明达老师。这是我第一次参加田野考古发掘，是我考古生涯中非常难忘的一段重要经历。应该说，王老师是我田野考古的启蒙老师，在这之前实际上我并不知道该怎么去发掘一个遗址，对什么是发掘规程以及有哪些具体的发掘操作方法都不是很清楚。由于当时没有正式的国家统一的考古发掘规程，为了保证发掘质量，王老师根据江南地区史前遗址的环境特点制定了一份非常详细、针对性很强的《吴家埠遗址考古发掘规程》。

发掘之前虽然仔细阅读了发掘规程，但在发掘刚开始的时候，我对这些具体的操作方法还不是太有感觉。只好一边不断重温和理解发掘规程，一边在发掘工作中用心慢慢去体会，同时王老师也不断地在提醒应该怎么去做。很快我就牢牢记住了发掘规程中最重要也是最基本的发掘原则，那就是：发掘一定要按先晚后早、自上而下的顺序进行；平剖面相结合，根据土色土质的变化确定堆积及遗迹的分布范围或平面形状；通过仔细找边确认和揭露墓葬、灰坑一类遗迹的原始形态特征。在发掘中我开始很习惯地按这些要求去做。

为了更好地达到发掘规程的要求，还有一些其他措施和规矩，比如说铲平剖面使用什么样的工具就很有讲究。买来的平头铁锹太厚重，加之土质具有黏性，太阳一晒又梆梆硬，无法铲出光洁、平整的平剖面，很难及时发现遗迹露头和地层变化情况。牟老师和王老师根据以往他们在浙北地区史前遗址的发掘体会，提出改进工具的办法。

我记得在吴家埠遗址发掘之前，专门设计、制作的平头铲整体很窄，前端扁薄而锋利，十分轻巧；同时还要考虑到安柄的角度，双手握上去怎样才有利于铲光平面和剖面；然后先打出个样儿，再试用一番，看看好不好用；最后再成批地在铁匠铺打制出来。这些特制的平头铲在这次发掘乃至后来的田野考古工作中发挥了极其重要的作用。

在具体发掘过程中，王老师特别强调几点规矩，比如说在清理掉挖掘出来的松土之后，接着铲平面的时候人要退着走，避免脚印或铲下的松土留在铲光的层面上。还有就是不允许穿拖鞋、皮鞋下探方，也不能戴手套，否则你用手铲是很影响你的手感的，不利于准确判断和清理遗迹现象。另外就是隔梁上不能随意放出土遗物，每天隔梁都要保持干净，并且每天收工之前也必须要把探方打扫干净，探方内不能留下当天发掘的松土及遗物。为什么？就是怕民工在挑土时，把不该放在隔梁上面的遗物踢到别的探方里，造成遗物归属和层位关系的混乱。

还有一条特别要遵守的规矩，就是看方人绝不能坐在那儿像"工头"似的光说不做，看方人要多动脑子，仔细观察，勤于动手，尤其是铲平剖面、遗迹找边、清理遗物时必须要亲自动手。还有就是要根据情况变化随时做好笔记、草图，晚上要总结当日发掘情况，必须要完成发掘日记并考虑好第二天发掘注意事项。我始终努力按照这些要求去做，并且越来越深刻地感受到王老师制定的发掘规程及其相关措施和规矩，毫无疑问能够提升考古发掘质量，有利于科学、客观地揭露遗址的本来面貌。

以往发掘的江南地区史前墓葬大多不见墓坑，因此就有了"不挖墓坑、平地掩埋"的说法。牟老师、王老师却不以为然，特别强调发掘中的仔细观察，始终不放弃寻找墓坑的努力。

1981 年，在吴家埠遗址上半年和下半年的两次发掘中，虽然也发现了一批良渚文化小墓和几座马家浜文化墓葬，但是由于种种原因，我觉得主要是头一次参加发掘的年轻队员比较多，没什么经验，辨认土色、工具的使用等都很不到位，还有可能是后期的破坏导致开口层位不太清楚，等发现几件完整器物露了头，才意识到这可能是一座墓葬，再去使劲地找边。靠近墓底的良渚小墓的边壁还是清楚的，墓坑残存深度大都才 20 厘米左右。

下半年发掘时，在一个探方内发现了马家浜文化的墓葬，当时也是因为完整器物和人体骨骼露头才知道是墓葬。

牟老师赶过来站在隔梁上指挥大家找墓坑，他看起来很有把握，让我们在器物、人骨周边这儿铲铲，那儿铲铲。我们根据他的指点划出了一个长方形的墓坑范围，但因为土色花花绿绿的非常斑驳，实际上我们都没看出墓坑在哪儿，它不像良渚小墓，还能看清墓葬的形状并剔出浅坑来。

我当时觉得牟老师真挺神的，眼力太厉害了！但结果挺尴尬的，在划出的长方形范围内找墓边不但很勉强，剥剔出来的一具俯身直肢男性骨架和做出来的"墓坑"方向也不一致，这个人的腿骨斜着直接伸到"墓坑"外头去了。

我跟牟老师开玩笑说："当时埋这个人时，他大概没死透吧，埋完之后把他憋醒了，就拼命踹坑壁，要不他的腿怎么会在墓坑外面呢？"

这样调侃牟老师，他倒也没生气。不管怎么说，他还是相信江南地区史前墓葬应该是有墓坑的。

70 年代之前，确实在江浙沪地区的田野考古工作中极少发现带墓坑的史前墓葬。后来到 70 年代末，牟老师带队在浙北地区挖了一些遗址，发现不少良渚小墓有很浅的墓坑，有些是由于器物露头了再铲光周围才发现墓坑范围的，而实际上大多不是墓葬原来的开口层位。

我记得考古室在一次会上曾经讨论过墓坑问题，除了我们几个年轻人之外，牟永抗、王明达、刘军、任世龙老师他们也都在。大家认为良渚文化墓葬大多是有墓坑的，这是没有疑问的，"不挖墓坑、平地掩埋"的说法不符合实际情况。但问题不在于有没有墓坑，而是怎样确定墓坑的层位关系。

野外发掘中的问题，也反映在发掘记录和考古报告中，大家注意到经常有这样的表述，就是说这座墓葬发现在地层或文化层中，在剖面图上也可以看到这个墓是悬在地层或文化层中间的，它没有开口层位。当时就是讨论这样的表述到底合不合适，墓葬的实际情况可不可能像剖面图表示的那样悬在地层或文化层中间，是否由于在发掘时未能及时辨识墓葬而导致墓坑的上部都被做掉了。

对这样的现象或问题还是有不同看法的，有人觉得这个肯定是不对的，也有人觉得这也是客观情况啊。我脑子一直在想这个问题，我觉得除了后期的破坏，恐怕还是野外操作上存在一些问题。因为你野外没有做出来，挖过头了，你又把它作为一个客观的情况，在发掘记录和考古报告中描述出来，平剖面图看上去却很矛盾，实际上并不是客观情况的真实反映。

吴家埠遗址的发掘进入6月，骄阳似火，非常炎热。探方挖到快两米深了，待在四壁阳光反射的探方里，感觉就像被关进蒸笼一样，很快浑身就湿透了，民工有点儿磨洋工了。

王老师那时多少有些着急，因为按照上半年计划，发掘该要结束了，可是这个时候进度非常慢。

我负责的是37号探方，我想我就尽量带头干活，挖土、铲光平剖面，包括给民工担子里面装土，我也热得受不了，最后干脆脱了上衣光着膀子干，结果把民工的积极性调动起来了。

当然，发现遗迹需要找边、清理、绘图，该慢还得慢。就这样，除了干好看方人该干的事，其他活我都和民工一块儿干，甚至比他们更卖力，所以我们探方的进展非常顺利。王老师也挺高兴的，充分肯定了我的干劲，同时也提醒我要悠着点。

下半年 10 月初开始第二次发掘，参加发掘的年轻人较多，除了上半年参加发掘的吕可平、董忠耿、吴志强、费国平、林金木、梁保华、唐建华等人之外，吴智强、陈济源、吴采明等人也加入了进来。除了陆续发现一些墓葬、灰坑之外，特别是柱洞一类遗迹也有很多发现。

牟老师经常会过来看看，并提出一些问题。我感觉他是个很挑剔的人。比如说民工磨洋工了，比如说你这个探方做得很乱，他就会很严厉地去批评。

因为有了上半年发掘的这么一个经历，我在下半年发掘时就更注意怎么样管理民工，怎么样给民工分工，就是要根据他们的特点，比如说脑子灵光一点又很仔细的人适合铲平剖面和找边，就让他专门做这个；有的不太动脑子的，比较愣的，那么你就给我挑土去，是吧？反正尽量根据民工特点来分工，所以我们探方做得比较干净利落，受到牟老师的表扬。他在发掘中间的休息时间叫各个看方人一起过来参观一下，说这是模范探方，并强调说必须要管好、用好民工才能保证发掘质量和发掘进度。

大家都知道牟老师老是喜欢立规矩，对吧？我明白这其中的道理，反正对我来讲，这些规矩就是鞭策我们更好地做好发掘工作。

还有要说的是，在第一次发掘结束以后，到第二次发掘之前，中间大概有一个多月的时间我们在大观山果园考古工作站对发掘实物资料进行了初步的整理。在王老师指导下，对如何拼对陶片、怎么样分型定式有了感性认识，实际上这是一个初步的类型学训练。在这之前，我对良渚文化、崧泽文化、马家浜文化的陶器特点了解得很有限，经过整理以后加深了印象。

总之，参加吴家埠遗址的发掘，对我来说有三点收获：一是初步掌握了地层学原理和遗址发掘的基本方法；二是初步掌握了类型学原理和室内整理的基本方法；三是积累了合理使用民工、提高工作效率、保证发掘质量的经验。

对吴家埠遗址的墓葬清理和相关思考，也给我经历的反山良渚大墓和上口山良渚小墓的发掘带来了积极的影响。

1986 年反山发掘找到大墓墓坑。

1991 年上半年，王老师让我负责余杭上口山遗址的发掘，考古队当时只有我和赵晔，再加上文保员陈晓立，还是太缺人了。好在发现两个既踏实又肯干的民工小伙子，一个叫葛建良，另一个叫方忠华。他俩有文化还能吃苦，我们就有意加强训练，使他们成为这次考古发掘的好帮手。

有了吴家埠、反山等遗址的发掘经验，我希望在上口山遗址的发掘中有新的收获，因此严格要求每层下挖厚度不超过 10 厘米，特别注意在铲光平面、判断遗迹开口层位上下功夫。结果我们划定了 5 座良渚文化小型墓葬的平面范围。应该说墓葬的开口找得还是很准的，墓坑深度多在 80 厘米左右，最深的墓坑深度超过 1 米。良渚小墓有这样深的墓坑在浙北地区还是头一回发现。另外，我们还发现保存较完好的弧底形木质葬具遗迹。这是通过对墓底板灰及其上面腐殖质泥层的全面剥剔和四分之一解剖才确认的，死者身上的覆盖物可能是某种有机质编织物。

上口山的发掘说明良渚小墓也和反山大墓一样，都是真正意义上的竖穴土坑墓，也同样有葬具，只不过是前者葬具要简陋得多，随葬品方面差距就更大了。

发掘结束不久，记得有一天牟老师和王老师到宿舍楼找我，说张忠培先生和国家文物局考古处孟宪民处长要来浙江检查考古发掘工作，让我到时候带着上口山的发掘资料接受张先生他们的检查。

我一听吓了一大跳！我知道张先生一直认为吉林大学的田野考古训练水平要强于其他大学，还有"天下第一铲"的说法。据说无论是在考古领队班还是检查各地发掘工地，非吉林大学出身的更多是挨批，让人如履薄冰、人人自危。

于是我对牟老师、王老师说："我才不干呢！我知道张先生对田野考古是非常挑剔的，总能挑出毛病来的，凭什么把我拿出去当靶子打？"

牟老师说："他是很挑剔，但是我们也不能丢人啊，是不是？"我说："那我也不干，我不认为我能代表浙江的发掘水平。您最好别让我去出丑。"

牟老师说张先生指定要看刘斌的汇观山发掘资料，那是逃不过去了。没有办法，因为是重要发现，其他接受检查的资料由所里定。牟老师看我还是很不情愿，就说："你就算是帮所里一个忙吧，不要拒绝了，其实这也是所里的决定，所以我们才来找你说这事。"王老师也说是这样的，叫我就别推了。

就这样，第二天晚上我跟着牟老师、王老师，还有刘斌、芮国耀、徐新民、田正标等吉林大学毕业的同事一起到之江饭店见张忠培先生和孟宪民处长。

我把上口山遗址发掘资料袋交给张先生。他重点检查墓葬发掘记录。我们都有平剖面图，在米格纸上画得很清楚，墓葬平剖图到底有没有对上，一看就能看出来。张先生居然不看这个米格纸，他就在米格纸上用手指在那儿量，看看你们画的墓葬平剖面到底有没有对上。

我觉得挺逗人的。孟宪民在旁边说还不错，挺清楚的。

张先生接着看遗迹分布总平面图，他手指着探方的台阶，突然问这是什么。我一下子就明白了他的意思：你们做出来的台阶怎么能跟古代遗迹混在一张平面图上呢？

我承认这是个失误，是不应该把探方台阶画上去。图是赵晔画的，我当然不能推脱责任说是他画的图，只能往自己身上揽，对吧？

接下来张先生仔细看墓葬发掘记录表，又发现一处毛病。他问道："墓葬开口于第四层，这个说法对不对？"我回答："这样说也可以吧，因为是在第四层层面上发现墓葬开口的。"

张先生很不满意，眉头一皱，再问："这是北京大学的说法吗？邹衡先生也这样认为吗？其实我知道更确切的表述应该是墓葬开口于第三层下，打破第四层。"

这时牟老师有点看不下去了，就打圆场说："张先生，以前真的一直做不出良渚文化像样的墓坑，也很难搞清楚层位关系。他们这次发掘不但是我们浙江，也是整个长江下游地区 20 世纪七八十年代以来良渚小墓墓坑的开口层位找得最准的一次，做得也是最好的一次。"

　　孟宪民也点头表示同意。张先生微微一笑，不再说话。我算是领教张先生的严厉了。最深的感悟就是对待考古发掘工作和记录一定要严谨再严谨。只有不断思考、经受检验，才有助于减少失误和遗憾。

　　应该说，吴家埠遗址的发掘经历，特别是王明达老师的言传身教为我以后参加反山、上口山、莫角山等遗址的发掘打了一个很好的基础。这是我非常感恩的。

　　说到这儿再讲个小插曲，记得在北京大学读研究生的时候，我参加了 1988 年秋季北京大学 86 级本科生、87 级研究生在山西曲村遗址的发掘实习。我感觉自己在认土找边操作上挺得心应手的，因为你在南方做过田野发掘之后，再到北方去做，就觉得各种遗迹相对而言既容易发现，又好清理，包括祭祀坑、墓葬四壁上留下来的工具痕迹都能剥剔出来。

　　我手感还可以吧，能把坑壁上存留的工具痕迹连续成片地剥剔出来，从坑壁痕迹上还能看出汉墓和西周墓的挖掘工具不一样，挖土方向也不同。徐天进老师说实习的同学大多做不到这样的程度。我觉得关键是要控制好手铲的力度，否则坑壁上成片的工具痕迹是做不出来的，因为这些痕迹像一层薄膜附着在坑壁上，你下手稍微重一点的话这层薄膜就会跟填土一块儿脱落下来，结果除了干净的坑壁，哪儿还看得清是否有工具痕迹。

雨后第二天，徐天进老师下墓坑要拍摄墓壁上成片的工具痕迹，不料墓壁突然坍塌把他整个人都"活埋"了。好在大家七手八脚地及时把他挖了出来，赶紧送往附近的卫生院。虽然大难不死，但他仍处于半昏迷状态，需要转到大医院进一步检查。

李伯谦老师当时是北京大学考古学系副主任，他火速从北京赶到曲村实习基地，安抚学生情绪并连夜开会调整田野工作，决定由孙华老师接替徐老师的发掘区。大概是因为我有浙江考古经历，这次实习表现得到老师们的认可吧，就把我推出来"临危受命"负责此前孙老师的发掘区（12 个探方），到时刘绪老师也会抽空从另一个发掘区过来把把关。

后来邹衡先生来曲村整理资料，有天晚上要我到他屋里聊聊天，他说："你田野考古基础很不错啊。"我说："不行不行，还差得很远呢。"他又问我："你在浙江考古所跟谁做田野考古？"我说："主要是跟王明达老师。"他说："啊，你要跟他我就放心了，怪不得呢! 你知道吗? 王明达可是北京大学 61 级田野考古超级棒的几个学生之一! "

吴家埠工作站

王明达

吴家埠发掘还有一个很重要的副产品。什么意思呢? 建立了工作站。

那么当时苏秉琦先生有关于考古要建立工作站的想法，我知道这个信息。砖瓦厂当时也是初创阶段，他们也没有经费，我们这里这一块实际上是发掘过的，开了两条探沟，基本上没有文化层。这一块地方是砖瓦厂要取土的范围，但还没动工。

我们一看这是一个好地方。所以当时杨晨钟所长也好，金春生也好，来工地看了之后，让我看看能不能有机会弄块地。当时甚至还到北面山上的水库去看过，上面有个化纤厂工人夏天疗养的地方。但是那里要走进去很远，没有交通工具的，不方便。吴家埠这里不管怎么样，离开瓶窑走走还不是太远，又在路边上，所以和砖瓦厂反反复复地谈判。所里说你2万块钱能够拿下来就好了，我最后谈下来是6000块钱，两亩土地，租20年。

这样我们终于在良渚遗址群里安营扎寨，总算有个窝了。工作站还用的是罗家角的章。因为1979年罗家角发掘的时候，为了购买材料的方便，刻了个木头的章。吴家埠这个"家"为良渚遗址和杭嘉湖地区日益频繁的考古工作发挥了很大作用。

吴家埠是1983年才建好房子正式开始使用的。当时共三幢房子，呈凹字形。东边是一个南北向大库房，南边一幢东侧是门卫房，中间是小库房，西边是灶头，都是煤炉。这里没有经费请客的。我为什么人缘

图 2-6　吴家埠工作站

好？偶尔来了客人要去买点菜的，至少鸡蛋要去买点吧。刘斌烧蛋就是从我这学的。那时他也没成家，同学来了，他只会做鸡蛋，把我放在这里的 10 个鸡蛋做了 10 个荷包蛋。那时候真的就是这个条件。(图 2-6)

　　西侧一幢是宿舍，原来是平房，钱有限，到九几年的时候有点钱了才加了一层改成楼房。当时有三个人住在这里。老董、许志华和吴开基。吴开基是我和陈元甫等 1982 年长兴土墩墓发掘时结识的长兴县红星桥中学的总务主任，写得一手好字，我看他又有文化，又能记账，所以让他到这里管传达室。

　　吴家埠发掘后，1981 年底在杭州召开第三次中国考古学会。开完会之后，就开始调查。我和前面提到的这些同事兵分两路，西边到彭公；南边到花园港、勾庄；北边翻过山到德清的三合乡、杨墩，那里有个防风洞，就是后来所谓的防风氏的遗迹，我们都去看那个地方；东边要到东塘，到塘栖的边缘，做了 21 天的调查。这样的话就是在施昕更报告中的 13 个地点（实际为 12 处，其中朱村兜和棋盘坟实际为同一个地点，朱村兜是村名，棋盘坟是发掘的小地点）之外，又发现一些新的遗址。那时候都是配合基本建设，进行考古没有基本建设就没有发掘经费。而调查只要支付我们的差旅费，不要工费，花钱不多的。文保员一天一块二的开支，我们一天四毛钱的补贴，就是这个样子的。

　　当时那个条件，我跟你讲讲故事的话，真的是啊呀……调查就更加苦了。第一站还是要拉着板车带行李去的，我们也没有自行车。住在安溪供销社，它阁楼上面原来是堆东西的，我们临时睡人，阁楼是要爬竹梯子上去，里边也没有任何设备的，屋檐很低，要低头挪进去。

　　跑到东塘，现在叫仁和，住在供销社里。1 月份是冬天，晚上五点钟回到那里，煤炉子封掉了，什么吃的东西都没有了，那时候买点啥都要凭票的，晚饭没吃，怎么办？把炉子捅开，吃什么呢？下那个时候很粗的那种挂面。锅子是脏得要命，酱油是还可以用，反正是下点面，加酱油。晚上真是笑死，枕头里面放稗子的，晚上老鼠来咬那个枕头。啊呀，被惊起来一抖枕头，稗子从孔洞里头全都撒出来了，还睡什么觉啊！那个苦啊，真是不用说了。

就这样子，接下来几年，芮国耀、刘斌等大学生被分配过来，充实了史前考古力量，又在瓶窑、良渚一带做过一些工作，对良渚这么一块地方，至少有个大概的了解。这些调查和发掘的收获，是我 1986 年反山发掘之后正式提出"良渚遗址群"的概念的基础。

1994 年，因为良渚遗址群的工作需要，成立了"良渚工作站"，国家文物局指定我担任了首任站长。良渚工作站与以前仅作为仓库和工作场所的吴家埠工作站，在性质上有很大的不同。它是以良渚遗址群为工作范围的专职工作部门，并肩负着协助行政部门对良渚遗址进行管理的职责。

刘斌

1985 年，我被分配到浙江省考古所工作，那么就在吴家埠工作站住。1986 年，因为要开良渚遗址发现 50 周年的学术讨论会，当时对吴家埠工作站做了一个计划，要布置一个参观的现场，那么 1986 年上半年王明达老师跟杨楠在反山发掘的同时，我跟着牟永抗老师对吴家埠工作站进行了梳理，在库房山墙上面做了文物架，把之前浙北地区发现的八十几座良渚文化的小墓，做了一个分期排队，当时摆文物架什么的都是我在弄。

工作站盖好之后，整个浙北地区七几年以来，特别是考古所成立以后发掘出土的东西都放在那边的，有浙北小墓的这些东西。年代早一点的，还有桐乡罗家角的马家浜文化的材料。良渚之后的还有商周的土墩墓。当时我记得主要有两批土墩墓的材料，一个是海宁夹山，一个是湖州卞山，我们也对它们进行了排列。当时我记得王明达老师专门教我怎么样辨认印文陶的变化，所以当时排了这样一个年代序列。

有吴家埠工作站这样一个地方，对整个良渚地区的工作，特别是浙北地区史前考古工作，确实发挥了挺大的作用。

我记得 1986 反山发现之后，1987 年就是在吴家埠整理。我陪王明达老师在那接待过很多人。当时俞伟超先生、苏秉琦先生都来过吴家埠。然后我印象挺深的是，陪苏秉琦先生摸陶片时听他讲要广建丛林。苏先生的原话是说："考古是一个特殊的工作，从考古的工作模式来讲，工作站是工作、储藏东西的一个驻地，那么考古界就是要像佛教一样的，广建丛林。那么大家来可以住在这儿，研究东西，这样比较便利。"苏公讲的工作站的重要性，我当时印象挺深。

最早反山、瑶山的东西也都是放在吴家埠整理的，到后来才借了浙江省博物馆的库房，把重要的东西放进去了。吴家埠工作站就一直成为浙江史前考古的主要的工作场地。当时考古所还有河姆渡工作站；慈湖还有一个工作站，是属于八九十年代，为开展宁波宁绍地区的工作建立的工作站。当时为了配合临安城发掘，考古所想在凤凰山盖一个办公的地方。开头盖了两层楼，后来说是违章的，就把二楼拆掉了，变成一层。我们1985年刚来的时候就住在那边的，陈元甫、蒋乐平、王海明、韩晓勇，很多人住在那边。凤凰山也是浙江省考古所的一个工作站，我记得当时挖的南宋官窑的瓷片都是放在那边的。

考古所从浙江省博物馆分出来之后，办公用房都很紧张，一直以来都没有库房，所以工作站对于考古来讲就非常重要。

记得是1989年上半年，因为浙江省博物馆要改建，省博当时在孤山路15号，那里堆着浙江省考古所成立之前挖的零零星星一些遗址的材料，也要清理。当时省博也不要那些陶片，然后我们就把良渚遗址群里苏家村的，还有湖州邱城最早发掘的这些东西，都拉到了吴家埠。这个是牟老师回忆说在苏家村的陶片堆里面发现半拉玉琮的过程，因为之前根本就不认识良渚玉器的。

吴家埠工作站后来因为东西堆得越来越多，驻地条件也比较差，没有太大的发展。那么到1994、1995年的时候，最早的租期到期了。到期之后，你要么把土地还给人家，要么买下来。当时因为考古所商量着要盖工作站，所以又连带东面跟地质队山坡上的这块地都买下来。那么总共有了五亩地。在此之前，就把吴家埠1981年最早盖的一层楼宿舍改成了两层，住宿条件这才略有改善。

图 2-7　拍摄反山玉器期间，杨楠、刘斌、刘晓放与高蒙河在吴家埠

　　后来 1995 年桐乡普安桥遗址中日合作发掘之后，整理也是放在吴家埠工作站，好多日本学者也在这住过。反山、瑶山发掘之后，最早出的玉器图录，是文物出版社来拍摄的。童明康、孙之常、刘晓放这些人都在吴家埠住过，高蒙河老师在读研究生的时候也住过。吴家埠其实接待过非常多的学者，所以吴家埠在考古界还是有点名气的。（图 2-7）

对浙江史前考古来讲，特别是对浙北考古工作的发展，吴家埠起到了很大的作用。它作为刚分来的大学生驻地、工作场所，还有技工驻地和修复整理场所，从 1981 年建成以来一直没有间断过。

到 1999 年曹锦炎所长来了后，傅兰书记觉得从安全的角度考虑，吴家埠工作站由考古所保卫科接管。原来都是我们考古室管的。保卫科接管之后，程序上我们每次进出都要由当时吴家埠值班的王巨宽报备保卫科之后才行，感觉非常不好。另外，当时吴家埠工作站旁边新盖了塑料厂，产生的气味也很重，所以之后大家基本上很少在这住了。

前面说到 1995 年买了东面的那块地，当时曾经讨论过要扩大工作站建设，要盖房，但是一直也没落实，也没有修围墙。我当了考古室主任和站长之后，大概是 2000 年的时候修了东面的围墙，把五亩地整个圈进来。直到 2018 年良渚遗址考古保护中心搬到中联后，库房条件大为改善。出于文物安全等各方面考虑，就把吴家埠工作站的所有文物都清点打包拉出来，而吴家埠工作站只是作为一个驻地来考虑。于是任命范畴为吴家埠工作站站长，负责对吴家埠进行改造，把中间原来最早的那道南北向围墙去掉，对整个院子进行了清理，挖了池塘，环境好了很多。

塘山
1995

汇观山
1991

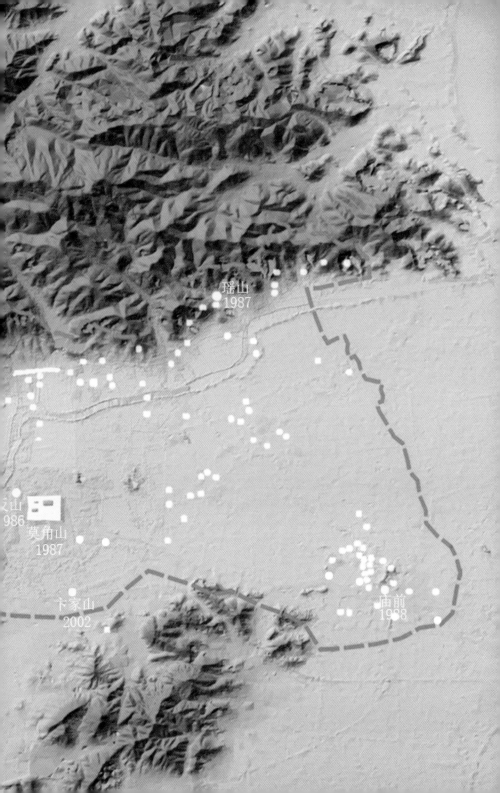

瑶山
1987

之山
986

莫角山
1987

卞家山
2002

庙前
1988

第三章

转（1986—2005 年）

　　以 1986 年反山发掘为开端，良渚遗址一改以往几十年黯淡的表现，瑶山、莫角山、汇观山、塘山等重要发现接连不断。这些发现都是"七五"或者"八五"期间年度十大考古新发现，证实良渚遗址是整个良渚文化区内发展水平最高的地区。学术界普遍认为良渚已经进入"文明曙光"的阶段。同时，"良渚遗址群"概念的提出，标志着良渚考古由遗址点的视角进入大遗址考古的阶段。从发现、认识和保护上，都是一个巨大转折的时期，非常契合"转"这个字。

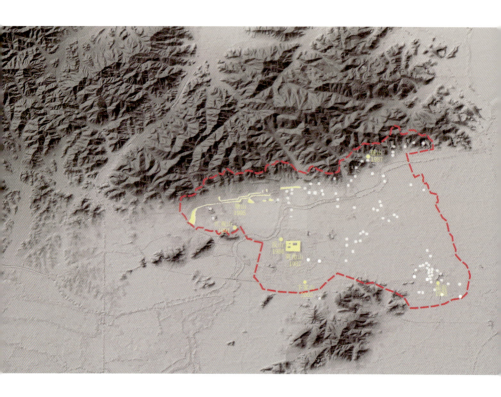

题图　红色为良渚遗址群范围

反山和瑶山

第一节　反山发掘与整理

迄今所见最高等级的良渚文化贵族墓地，又称反山"王陵"。

1986 年进行发掘。

"七五"（1986—1990 年）期间全国十大考古发现。

发掘

王明达（领队）

浙江省文物考古研究所 1984—1988 年间的部门设置中，业务室为一室（古建文保）、二室（史前考古）、三室（历史考古）、四室（瓷窑址考古）。二室的室主任为牟永抗，成员有王明达、杨楠、芮国耀、刘斌；另在吴家埠工作站有董永昌、许志华、费国平、陈越南、陈欢乐五位文保员（文保员就是技工），还有值班人员吴开基。

文保员费国平家就在反山北边的雉山村的费家头，因为发现反山南边的长命制动材料厂在动工，准备扩建厂房，所以 1985 年农历年年底就跑到杭州所里来报告。当时倒不是说因为发现反山是啥遗址，而是他作为文保员，发现哪里要动工，就要汇报上来的。

　　我们得到报告时已经是年底了，所以过完年等到 2 月 17 日，年初八，我和芮国耀很快就去吴家埠工作站，会同费国平到反山现场调查。我们三人都对良渚遗址群做过多次考古专题调查。1981 年和 1983 年还有两次较全面的调查工作，都曾沿着反山西侧的小道走过，当时都以是否发现文化层、是否捡到陶片等遗物作为确定遗址的依据。所以当年既不认识反山，也从未听到过关于反山如何重要的消息。

　　反山这个土包在路边，以往的调查中，牟永抗老师肯定也走过多次，因为没有遗物，就不是我们的发掘对象。熟视无睹，是不是？

　　这一次调查我们已经有了江苏、上海同行们的发掘经验和"土筑金字塔"的概念，我们判断的依据是"熟土"。而且可以说，发现"熟土"有时比捡到陶片更重要。

　　所谓"熟土"，是指经过人类翻动、搬运等的土层、堆积等，相对原生土而言，都是"熟土"，而这些所谓的"熟土"，是浙江的考古工作者经过长期野外工作的经验，对那些土质土色并不那么纯净，而包含物极少甚至没有，有时又夹杂一些红烧土、木炭、草木灰颗粒等形成的土台的辨认。这些土台在杭嘉湖平原、苏南平原往往被称为"山"或"墩"。

　　认识上一旦突破，发现这些良渚文化时期人工营建的祭坛和墓地复合遗址就不是太困难的事。20 世纪 80 年代以来，江苏、浙江、上海的考古工作者数十次对该类熟土墩的发现和发掘充分证实了这一点。

万事开头难，浙江的考古工作者是从对反山的辨认开始的。事实也证明这是一次较成功的实践。这次我们三人非常认真仔细地对反山及周围进行了踏勘。

反山西部是费姓农民三分地（约 200 余平方米）的竹园，东部全是雉山村的茶园，周围种植山芋，植被良好。幸好反山西面的断面上刚被附近的村民挖出两三米的缺口。为啥会挖个缺口呢？听说是卖笋的农民常常从这里挖袋黄土带到勾庄的市场，将其他地方的笋在黄泥里滚一滚，冒充黄泥笋。因为黄泥笋是最贵的，这样三毛一斤的笋就能卖到五毛。那个断坎边可能是用铲子刮过，看不出任何东西。

当时长命制动材料厂施工的北围墙还没有全部砌上砖墙，挖开 50 厘米宽的基槽，深度也仅 50 厘米。这些新近挖开的断面给我们观察提供了方便。我们在基槽里发现了一些小炭颗粒，还有一块小陶片。[1] 三人一致确定反山是"熟土墩"。同时，我们看到反山南侧堆放的建筑材料和已经砌了大部分的围墙，急切地感到，当务之急是制止工厂的施

---

[1]　芮国耀回忆，根据墙基 50 厘米的深度，后来发掘证实这些红烧土实际上是属于汉墓那一层的。

工，特别是反山，不能在上面动土。

所以我们又赶到长命乡政府，找到筹建长命制动材料厂的领导和主管该厂的乡工业办公室负责人。当我们说明来意后，他们首先惊讶的是"反山底下有宝贝"；其次是反复强调工厂是贷款筹建，资金尚未到位，除了建围墙和准备部分建材之外，厂房和机器等所需资金还没有到位，所以不会全面动工，对反山暂时也没有取土的打算，很客气地答应了我们不对反山动土的要求，还表示费国平就是当地人，随时可以看到工厂的举动。这些情况让我们放下心来，以后也确实没有扰动反山。

我和芮国耀回杭后，向牟永抗主任进行了汇报。当时他患肝病在家休养。牟永抗先生具有丰富的考古经验，是浙江史前考古的学术带头人，又是室主任，既有自己的研究工作，又要安排布置全室的工作计划。听完我们对反山情况的介绍，牟永抗主任考虑的比我们要多得多。他要总结全室 1985 年的工作，安排 1986 年的任务，尤其纪念良渚遗址发现 50 周年学术讨论会将在杭州举行，要考虑我们拿些什么成果接受考评。他布置我提出反山的发掘方案，全面的工作安排由他统筹。

1986 年春节刚过，所领导和室主任二级干部会议结束，分管考古的刘军副所长和牟永抗主任就在二室布置全年工作。我的笔记都记着的，牟永抗先生讲了九项任务，与考古相关的内容有：

1. 嘉兴、湖州地区遗址再调查（一月上旬已由王、芮、刘、杨、费五人对湖州地区调查，并在邱城遗址配合造纸厂扩建工程试掘，确证了马桥文化地层）；

2. 反山发掘，由王明达任领队（当时二室有领队资格的是牟永抗、王明达二人），参加人员为芮国耀、刘斌、杨楠、费国平等，立即填写"发掘申请书"，并将王明达起草的《反山良渚文化墓葬发掘操作细则》打印；

3. 1978 年以来浙北良渚文化小墓的资料整理和简报编写，牟永抗负责，芮国耀具体工作，芮先往吴家埠工作站着手整理；

4. 省考古学会成立大会在 7 月举行，大家写论文作准备；

5. 纪念良渚遗址发现 50 周年学术讨论会 11 月在杭州举行，二室人员都参加。准备的论文一：牟永抗、刘斌《论良渚》，二：牟永抗、芮国耀《浙江良渚文化墓葬分期研究》。别人有题目也鼓励撰写。

（6-9 项略）

上述工作任务中嘉兴地区遗址调查未进行，因 2 月海宁博物馆报告三官墩遗址被砖瓦厂取土破坏，3 月 10 日—4 月 11 日由浙江省考古所与海宁博物馆联合进行抢救性发掘。

反山发掘的准备工作正式列入了全所的工作计划。在填写考古发掘申请书时，在"发掘目的、要求和计划"栏目中，写明"据草鞋山、福泉山等良渚文化墓葬的发掘，我们认为反山亦应是一处重要的良渚文化墓葬，即'土筑金字塔'"。同时把我1月起草的《发掘设想》修改为《反山良渚文化墓葬发掘操作细则》，作为申请书的附件。现将全文照录如下。

附录：《余杭县长命乡反山良渚文化墓葬发掘操作细则》

反山是良渚遗址范围内的一处独立土墩，系熟土堆筑而成，包含极少量的良渚文化陶片，可能是一处良渚文化的墓葬①，即"土筑金字塔"。此类大墓的发掘是我省一项探索性的工作，为进一步提高田野考古发掘水平，总结这方面的经验，除严格遵守《田野考古工作规程》的规程外，特制定本操作细则：

一、反山面积达 2000 ㎡，发掘分二期进行，上半年发掘西半部，下半年发掘东半部。中央南北向留二米宽的隔梁，作为长期保存的地层剖面。

二、每期发掘采用探方法，布 10×10 米的探方，在探方东、北各留一米宽的隔梁。

三、各探方发掘的进度，要保持大致水平。发掘过程中，特别要辨认土质土色的变化，每下挖 10 厘米，平面铲光一次，仔细寻找有无墓边，也要注意有无夯窝、工具痕迹等有关迹象，发现陶片要全部采集。

---

① 着重号为编制者所加。

四、发现墓边后，必须将四周铲光，如墓边延伸到相邻探方，需经领队同意后，先打隔梁，一定要将墓边四周找准后，方可进行墓内的发掘。墓边不完全，不得先行下挖。

五、墓室应是竖穴土坑墓，必须用小工具仔细剥剔，注意墓壁的原貌，观察填土的变化，填土中除注意陶片外，特别留心有否葬具及其朽痕。随葬品一经露头，应改用竹签、毛刷等工具小心剔土，不再使用金属工具。要注意做好对陶、玉、石器以至象牙制品等文物的保护，不得随意取动。

六、绘图、移动随葬品、骨架处理等项工作，由领队指定专人负责。各探方发掘人应及时将发现的遗物、遗迹等向领队报告，以便加强现场研究，取得同意后方可处理。

七、保护现场，就地保存。安全措施等有关方案，在发掘过程中待情况明朗后及时研究，采取相应措施。

一九八六年三月

1986 年 4 月 22 日，加盖"中华人民共和国文化部"公章的《考古发掘证照》考执字〔1986〕第 183 号下达，批准反山发掘。

我们与长命制动材料厂的协商颇费周折。面对资金短缺的乡办企业，让厂方出资困难重重。我们多次上门协商，尤其住在吴家埠工作站的芮国耀，离长命乡政府较近，去的次数难以统计，出力颇多，终于与厂方达成协议，现将协议书附录如下。

甲方：浙江省文物考古研究所反山考古队

乙方：余杭县长命制动材料厂

乙方因建厂需要，在长命乡反山建造厂房。当地属省级文保单位"良渚遗址"内的一处重要墓地①，经甲方报请中央文化部批准，进行抢救考古发掘，遵照《中华人民共和国文物保护法》第二十九条"凡因进行基本建设和生产建设需要文物勘探、考古发掘的，所需经费和劳动力由建设单位列入投资计划和劳动计划，或者报上级计划部门解决"的规定精神，考虑到乙方目前尚在筹建过程中，所需资金大多靠借贷筹集，确有一定困难。现经双方协商，签订如下协议：

一、乙方自即日起暂停在反山北侧和西侧的围墙施工，凡反山的动土工程需经甲方完成考古发掘后方可继续进行。已砌围墙如发掘需要暂时拆除，待发掘结束后由甲方负责砌好。

二、考古发掘的劳动力由乙方负责组织，归甲方指挥使用，照顾到乙方的实际困难，甲方补贴每工人民币壹元五角正，其余部分由乙方承担。民工费每月结算一次。

三、这次考古发掘取土量较大，废土堆放缺乏足够场地，乙方负责堆土地点或出路，尽量做到不妨碍甲方的发掘和乙方的基建。

---

① 着重号为编制者所加。

四、乙方在行政、后勤、生活等方面给予甲方提供方便和支持。

五、本协议经双方代表签字及主管领导部门盖章后生效，全部考古发掘结束后终止。签章各方各执一份，共同遵守。

一九八六年四月二十九日

在协议书执行的过程中，厂方确实为考古队提供了很多方便，如发掘阶段让我们在食堂搭伙，为工地录像、夜间值班提供电源，为各级领导视察工地提供会议场所等。最主要的是对反山现场再也未动土，这一点极其重要，为反山的考古发掘及以后的保护提供了良好的保证。

这里还有个插曲。计划5月8日开工，5月6日临出发了，在杭州环城西路22号所内，分管我们的刘军从他里间的办公室里走出来："阿达！你们要去反山挖600平方喽？"我说："是啊，申请报告都写明了。"

那个时候王士伦不太让刘军管事，所以他知道这个事情比较晚。他说："你经费不够的呀。"因为当年各考古室全年发掘经费为八千元，二室对海宁三官墩遗址发掘已花费三千余元，仅存四千余元。民工费每天一块八到两块一，挖600平方显然不够。

我一下子还给他噎住了，说："反正批都批下来了，要做的嘛。"

一会王士伦和杨晨钟这些所领导都过来了。当时牟永抗坐在门口的靠背椅上，芮国耀在他对面，杨楠在边上，刘斌和刘军办公室在里间。反正人么一大堆，算来算去民工费再节省也是不够的。

其实关键问题是对反山的判断，所领导认为吃不准的，你一铺开就600平方，最后发现不对咋办。

一会儿不知道谁说"你先挖条探沟吧"，又谁说"你要不先挖小一点，挖5米×5米的探方"。

当时的确大部分发掘探方都是5米×5米的，那么我为啥要挖10米×10米？因为想的就是清理墓葬，布小探方的话很多墓就会跨探方，老是打隔梁。另外，挖得深的话，探方壁太高，太阳晒了裂开，万一下雨坍方造成危险，因为之前吴家埠窑场就压死过工人。所以我坚持还是要挖10米×10米。

反正讲了总有近一个小时，我的脾气你知道的，我站起来桌子一拍："挖不着，不要这么多钱；挖得着，不用你们担心了！"

我说："要出发了，要么你们把我这个领队换掉！"

他们也知道我的脾气，最后也就这样过去算了。

当然在这种情况下，我们的压力可想而知了。

5 月 8 日正式进点，我们二室的五个人都去吴家埠吃了午饭，然后一起去现场。天气很热，费国平给每人买了一顶草帽，我们拿在手里扇风。我和芮国耀、杨楠去过的，其他人没去过。

到了反山，牟老师在附近察看了下，觉得反山应该还在南面，就是现在姜家山的位置。费国平告诉他："牟老师，这个才是反山。"

我一看牟老师坚持，知道他脾气的，我说："你要去前面，草帽戴上。"他气呼呼地说："我不戴。"便跑到前面去找了。

我们几个人在反山西边费志根家屋前躲太阳，突然之间下起了雷雨，他淋湿了才回来。

后来牟老师、芮国耀、刘斌他们就回吴家埠了，费国平后边就一起到吴家埠参加整理工作。我、杨楠、陈越南、陈欢乐、许志华五人当天就住工地了，就住在沈家村许志华丈人家里。吴家埠和反山相距大概 3 千米，联系比较方便。

反山考古队的民工共 40 人，其中 10 人为厂方的工人（附近的村民），30 人为雉山村费、沈、陈姓的村民。

　　一切安排妥当。5 月 9 日，我们在反山西部布了 6 个 10 米×10 米的探方，以西南角为基点，编号为"余反 T1—T6"，开始了正式发掘。同时在厂房基建地段，利用主厂房北墙的基槽，开成 1 米宽的长探沟，经发掘清理，表土层下全是现代的砖瓦堆积，约厚 50 厘米，其下即见生土，证实该地段确为"反山组"的农居所在。

　　反山上种植的竹、茶已在发掘前由厂方砍去，但根系非常难挖，只能用山锄等大工具清除。其下即较硬的灰黄土，包含物有：汉代绳纹残砖块、釉陶片、弦纹陶片和良渚文化陶片、残石器等。[①]

　　在该层中发现 11 座砖室墓（编号为"余反 M1—M11"），形制均为长方形券顶单室墓，券顶全遭早期盗掘残损，随葬品残留不多，从绳纹墓砖和破损的釉陶壶、弦纹陶罐等遗物可判断为东汉时期。[②] 当时我们也特意保留了一部分砖室，迄今尚存。

....

① 该层厚 130~140 厘米，当年对其年代认识模糊，用了"封土层"这样含糊的概念，直到 2002 年下半年编写反山报告时，检视该层出土遗物，同时对反山做了局部探沟清理，校验地层，才确证所谓"封土层"是反山西部良渚文化晚期的另一座人工营建高台。

② 其中青釉扁壶被定为国家一级文物，参见浙江省文物考古研究所：《浙江考古精华》，文物出版社，1999 年。

发掘工作已经十余天了，除了这 11 座砖室墓，良渚文化墓葬连影子也没见着。是否就是汉代墓地呢？已经产生怀疑了。

5 月 19 日晚上，我组织召开了在工地上的考古人员会议，除了给大家鼓励，要坚信原来的判断，强调了接下去拆除墓砖以后，发掘深度会达 120 厘米左右，每下挖 10 厘米，一定要把各探方平面铲光，辨别土质土色的变化，特别要注意寻找墓口，必须在领队确认没有迹象以后才可以继续下挖。

当晚我还赶到吴家埠工作站，向牟永抗主任进行了汇报，得到了他的赞许。他还根据自己的经验，要求铲光平面时，操作者要退着走，不能留下脚印。由于探方比较大，他建议对角下挖，这样可以避免墓口做过头。

5 月下旬，天气渐热。杨楠负责最后几座砖室墓的绘图。陈越南、许志华、陈欢乐每人各负责两个探方的平面铲光，由于土质较硬，他们手上都起了水泡。民工们在烈日下挖土比较辛苦，进展缓慢，还经常有人不请假就去忙自家的农活。

我既要照看各方进度，观察有无迹象；又要负责各种事务，更主要的是不见良渚文化墓葬露头，内心十分焦躁。每天收工后都要与大家再次观察一下空荡又干净的探方，确定一下明天的发掘任务。为了加强对民工的管理，把当过生产队长的费国平调到了工地，他之后就一直参加发掘，民工的调度和管理也很有成效。

接下来的发掘，先把两个防空洞做了清理。1969 年，毛主席号召"深挖洞，广积粮"，在反山南边也挖了两个防空洞。东边那个挖得比较马虎，很浅，就在发掘区 T3 南部，防空洞内全是松土，不见任何遗物。后来，我们赫然发现这个防空洞距离 12 号墓仅 50 厘米，如果再挖深一点，后果不堪设想。西侧 T1 南部的防空洞挖得较深，就对良渚墓葬造成很大破坏。塌土中发现了良渚文化残石钺等，其最北处正好与 M4 的墓底铺地砖相交。在清理完 M4 的墓底后，发现了较多良渚文化遗物，均残破，说明在埋葬 M4 时，打破了该处的良渚文化墓葬。以后的发掘证实这里是编号为"余反 M21"的良渚文化晚期墓。

各探方平面铲光的工作已成为这几天的发掘重点。下挖一薄层铲光一层，然后在平整的探方里仔细分辨土质土色的变化。

5 月 28 日，对汉墓的清理已接近尾声，各探方的下挖深度已达 150 厘米左右。为了慎重起见，我决定停止使用小锄头翻土，改用锋利的大平铲。为了防止留下脚印，有时候我们还要光着脚倒退着铲。

这样一遍又一遍地把地面铲得又平又光，民工们说比晒谷场还要平。我们就在这平整的地面上仔细地观察土质土色的变化。

5 月 29 日上午，在 T3 的中部露出一块褐色斑土，与四周灰黄土有所区别。我马上安排陈越南对 T3 全面铲光。结果在 T3 内发现了三处褐色斑土，其中两处分别在东、西隔梁的附近，中部的一处经过又一次铲光找边，露出了南北向长方形的封闭边框。

我此时已感觉到良渚文化墓口露头了，赶紧招呼杨楠、费国平过来，大家非常慎重地从各个方向观察了这处"墓口"。他们都同意我的判断，支持领队下决心下挖。

下午一上工，又一次观察了该处迹象。叫上陈越南，两人一南一北用平头铲开始了小心翼翼地剥剔。

在 3 平方米多点的范围内，一小铲下挖 5 厘米，挖一层平整一次，半天时间，我和文保员陈越南两人操作，仅挖深 30 厘米。

需要交代的另一个迹象是，在 T3 铲光的过程中，其西北部位发现了五件玉器（一件柱形器和四件玉管），但始终未能找到墓坑，其所在的土质土色与周围无异。为慎重起见，一直都用塑料布覆盖，直到上半年收工前才继续清理，又发现 30 余件小玉器和一件石钺。但墓坑不明确，勉强用虚线画了范围，编号为"余反 M19"，后判断应是被后期破坏的良渚文化晚期残墓。

　　我和陈越南对褐斑土的下挖经过一个下午的工作，深度仅有30余厘米，土质土色无任何变化，亦无任何遗物，但坑壁十分清晰。当平头铲横向垂直向坑壁剩下的填土轻轻一捅，褐斑土就自然与坑壁脱离，整个坑壁显得光滑干净。从这天开始，发掘工地安排人员夜间值班。

　　5月30日，各探方清土铲光工作照常进行，加强对褐斑土露头的观察，南部探方 T1、T3、T5 均有迹象，但重点放在 T3 中部已下挖的"坑"。土质土色仍未变化，只是手感填土稍比刚开始时结实，坑壁整齐，残留一点泥土只要用毛刷一刷就掉了，所以虽然不见任何遗物，心里还是比较踏实。

　　这天上午，牟永抗回所，和芮国耀、刘斌从吴家埠顺道来工地看看。大概是一直没挖到期待的良渚墓，心里不免焦急，牟老师觉得民工有点磨洋工，把管民工的费国平骂了一通，要求两个人配三担土箕。又看着这个深达50厘米的墓坑，因为之前从没见过良渚墓有这么深的，所以怀疑是不是挖反了。

　　当时"坑"已深达50厘米，挖反了还了得！对于我自己来说，挖了11座汉墓以后，实事求是讲，知道是要坚持挖下去的，但是心里总有点不踏实。不是慌，一点不慌的，因为我这人是不到黄河心不死的。凭着以往发掘土坑墓和灰坑积累的操作经验，自信没有挖反。

事后我们工地上的几个人蹲在"坑"边，极其严肃地反复观察和讨论，一致的看法是：坑壁无误，继续下挖。收工时，该坑已深达 80 余厘米。

晚上我去吴家埠工作站与芮国耀、刘斌一起进行了深入的交谈（牟永抗下午返杭），取得比较一致的意见。（图 3-1）

老实说，这时候对于领队的压力和考验是很沉重的，如果挖反了，土再填回去也不能掩盖操作上的失误。一个考古工作者，除了掌握过硬的野外发掘基本功外，还要有一点胆识和勇气！

5 月 31 日是反山发掘值得纪念的一天：发现了浙江省第一座良渚文化贵族大墓！

上午快收工时，在深达 90 厘米的"坑"的北端正中位置，露出了直径 30 余厘米的一圈夹砂红褐陶口沿。我们小心剥剔周围的泥土，但该器火候甚低，夹砂很粗，四周泥土刚剔掉，器物就松垮散落，所以剔了一小段就停止了。

这是三天的下挖见到的第一件遗物，当时还不清楚是什么器物，只是更加小心了。

率下午回杭。晚5时饭讫。去吴家埠……黄辺诗，
思袭下午到之地。

5月30日　晴　　　"大跃进""钢产量""总路线"

　率率、苏、刘去之地。率野大旺。比之北坡，
对有边壁之福，挖土生意室（坐堆上，临边相），诸
如此类。中午离去。中轴线引布置之说。

飞围一样事乱相。

T₁ 清理。人员去 T₆ 处。

T₂ 清理表格营土（西部）。M₇ 西南角有
边壁住晰之局部坑，极少，打破（率：为民墓）

T₃ 人员去 T₆ 处。二人继续清挖坑土坑，已深
80~90cm，边壁住晰。土房略比上部结实，填
土呈拳头大小般团结状，又过粘土含水，仍无遗物。

T₄ 清去及下挖。

T₅　　"　　　"

T₆ 下挖。西南角偏北之烧土块边屋状。

编红（烧土块）

　　下午，开工以后天气闷热，黑沉沉的乌云从天目山方向翻滚而来，一场雷阵雨即将来临。我和杨楠、费国平站在 3 号探方的北隔梁上，商量对付雷雨的应急措施。这时三点刚过。

　　突然，陈越南从下挖的"坑"内清出一块粘有小玉粒和漆皮的土块，用手掌托着，小心地递到我跟前。我弯腰看了一眼，从 160 厘米高的隔梁上跳下，急忙爬到坑中，蹲在出土现场观察了足足一刻钟，取出来的土块印痕上同样留下一些玉粒和漆皮。

　　陈越南递给我一把小铲，我不敢用，从装土的土箕上拗下一段竹片，顺着刚才取土块的边缘小心地剔去一小块土，又露出朱红色的漆皮和很多小玉粒（这就是后来经上海博物馆吴福宝师傅精心剥剔成功的嵌玉漆杯）。当时再也不敢下手了，我忍不住兴奋地和杨楠他们说了一句："逮着了！"兴奋、激动的心情久久不能平静。

　　杨楠他们都仔细地看了现场，大家分享着成功的喜悦。为安全计，我悄悄地把这块地方用尼龙薄膜盖好，覆上一层泥土，又在墓坑中部剔出一件玉琮（编号为"反山 M12∶97"的那件）的射口部分，同样把它盖好。

　　这时雨点开始落下。我记下了墓穴的长、宽、深（露出器物的深度已达 120 厘米）后，把整个墓穴用薄膜盖好，铺上一层泥土，做完这一切，我们和民工们冒着骤风大雨跑回各自的住处。

这天晚上，买了几瓶酒，多炒了几只菜，我、杨楠、费国平、陈越南等在驻地开怀畅饮，我说："我们的发现一定会载入中国考古史册！"大家兴奋地谈论着这次发现将会产生的作用和意义。

听着屋外不停的雨声，心中不免有些不放心，睡前又叫了杨楠、费国平到反山转了一圈，安排第二天的排水。

6月1日天雨不止，我们叫了几个民工，冒雨开了排水沟，墓口筑了土坎，尽可能保护现场。天一时还放不了晴，同时也必须向所、局领导汇报，当时又没有电话，所以傍晚赶回杭州报告。

那时我和刘军家合住在金祝新村，同一套房他住里边我住外边。那天，我没带家的钥匙，一敲门——我老婆到现在还记得我的样子——人极瘦，头发很长，冲进来像疯了一样："啊呀，挖着了！"

刘军家住里间，就隔着个木门，听见声音，问："哎，阿达！怎么嘀？"

我说："刘军，成功了！成功了！挖着了！"

第二天到所里，牟永抗主任还有点怪我没有第一个告诉他。

第二天，天放晴了，所里派汽车载我、牟永抗和强超美、邵海琴（两位女同志负责录像和拍摄工作）一起去反山，芮国耀、刘斌已从吴家埠工作站先到了工地。

大雨过后，工地上泥泞不堪，清理现场花了很多时间。下午浙江省文物局、考古所领导等近十人来到反山工地，听取领队汇报，视察现场。为了确证所发现的墓葬是良渚文化大墓，牟永抗让我再剥剔一下坑内的填土，露出一些可以断定时代的器物。

当我把上部土剔出，露出外方内圆的玉琮器形（M12∶97）时，惊喜激动地连叫："快叫牟永抗！快叫牟永抗！确定了！确定了！"

大家围在墓坑边，除了玉琮外，周围又剥露出更多白花花的一大堆玉器。

经大家现场研究决定，反山发掘采取保护性发掘，除起取器物外，保留墓穴等遗迹，以便将来有条件时，建现场博物馆。

这里我要说一句，我们浙江考古人的文保意识，有些人考古的只搞考古，不管文保。而反山为什么如今还留着？为啥每个墓坑都保留着？

关键柱也留着？因为我们的文保意识是非常强的，没有说考古跟文保是
两个概念。

这里还有个插曲。当天正好是全国文保单位仓前的章太炎故居修
缮落成。毛昭晰请了上海文管会副主任方勤、马承源、黄宣佩等对章太
炎有研究的学者在仓前开会，他们听到消息就都过来看了。江浙沪考古
工作是一家，上海博物馆考古部黄宣佩主持的福泉山发掘对反山项目有
重要启发，而他们能碰巧在反山发掘最关键的一天来到现场，实在是有
缘。接下来上海博物馆考古部唯一的一次全体人马到我们反山来参观，
就是那天马承源和黄宣佩在现场定的。

从反山开始，挖到这时候，20 多天，一口气总算是松了。

从 6 月 3 日开始，吴家埠的整理工作暂停，反山考古队全体人员
到位。牟永抗主任仍住吴家埠工作站，但经常来工地指导、研究重大问
题。强超美、邵海琴也入住雉山村，负责录像和拍摄。后来的人住在瓶
窑工业办公室易主任家的三层楼房里。夜间由长命乡的民警和联防队派
人值班。工地上的电源和电话也在长命制动材料厂的帮助下接通。

各级领导、兄弟单位、新闻传媒等不断来工地。考古队齐心协力，
保持清醒头脑，严格按照操作规程，内部又做了分工，一切显得井然
有序。

我们按发现顺序，将 T3 中部的墓编号为"余反 M12"。一旦褐斑土确认为墓内填土，接下来的辨认就相对容易些了。T1 确定了 M13[①]、M15，T5 确定了 M14，T3 在打掉东、西隔梁后确认了 M16 和 M17，T2 在打掉南隔梁后确认了 M18。

为了保证发掘质量，清理墓葬的一切工作均由考古人员自己动手，民工只是把清除的泥土挑走。M12、M18 以刘斌为主，M14、M17 以杨楠为主，M16 以芮国耀为主，M15 以费国平为主。

T1 内的 M13 填土也是褐斑土，但方向是东西向，剥剔坑壁时也很清晰。挖到墓深近 1 米处，含水量很大，土质近似稀软的污泥，色泽也呈黑褐色，不见任何遗物。继续下挖时，坑壁已不能剥离。在深达 130 厘米后，发掘停止。我们推测可能是墓地中放置动物、食物的"祭奠坑"。

为了避免烈日的暴晒和雨水的浸入，6 月 12 日，我们在 T3、T5 架起了用毛竹、苇席、薄膜做成的大棚，不但保护了墓穴和随葬品，考古队也有了连续工作的条件。面对每座墓葬的复杂情况和上百件（套）的随葬品，伴随着激动和喜悦而来的，是繁重的清理剥剔、辨认组合关

---

① M13 为当时野外编号，其性质可能为"祭奠坑"，由于和已编号的 M14 同时清理，故依旧保留原记录，特此说明。

系、绘制平剖面图等前所未有的工作量。每一位考古队员都全力以赴地忙碌着，加班加点是常有的事。

6月3日—7月5日，我们完成了M12—M19的发掘清理工作，安排好工地的一切事宜，暂时返杭，参加全所年中的集中学习、学术交流等。7月7—10日，所领导指派我在吴家埠工作站撰写反山发掘收获稿，这就是刊登在当年《文物》第10期的《浙江余杭反山发现良渚文化重要墓地》一文。

9月3日，反山考古队原班人员开始了下半年的发掘。在打掉T3和T4间的隔梁后确认了M20、M22，打掉T5和T6间的隔梁后确认了M23。各墓的清理工作仍按照领队统一安排、每人分工的办法。M20以杨楠为主，M22以刘斌为主，M23以芮国耀为主。T1内的残墓由费国平清理，在其北端清出了残留的墓坑，编号为M21。毛竹大棚向北移建，盖在M20、M22、M23的上方。有了上半年的发掘经验，下半年工作进展更顺利一点。

二室主任牟永抗因去外地开会，9月15日才来工地，他仍住在吴家埠工作站，白天常来工地指导。（图3-2）

除了良渚贵族墓葬的发掘清理，为了对反山营建的土层堆筑情况有所了解，我们在未发现墓葬的T1南部和T6东部分别做了发掘解剖。

图 3-2　在竹竿悬吊平台上谈论问题（坐者牟永抗，右上至下为芮国耀、刘斌、杨楠，左下王明达）

图 3-3　反山发掘场景

在全部墓葬清理完毕后，10 月 4 日拆除了大棚，残留的隔梁也全部清理干净，仅保留了 T1—T4 之间的关键柱（因地表种植小竹，保持不塌，一直留存。后来申遗过程中反山建保护展示棚，为安排游步道才将其去除）。同时我们自己动手，在 T3 南侧用毛竹搭建了高达 16 米的高架，用来录像和拍摄反山工地的全景，效果很好。（图 3-3）

经省文物局、省考古所领导研究决定，反山发掘工地现场将作为"纪念良渚遗址发现 50 周年学术讨论会"考察参观的内容之一，所以我们把发掘区清理干净，已发掘的墓穴全部盖上薄膜，并用毛竹、竹席铺盖，留下值班人员，全体考古人员于 10 月 10 日撤离回杭。

反山挖了 100 天，我从 104 斤瘦到 91 斤。

这个 100 天的野外，每天都是很紧张的，早出晚归。我记得只有
7 月 1 日那天是提前放工的。那天下午，牟永抗主任在工地忽然通知民
工，做到三点钟就收工回家。当时我们摸不着头脑，工地这么忙，七一
也没休息，三点就放掉啦？这时看见吴家埠工作站看门的吴开基到工地
了，我问他干啥，他说是牟老师叫技工喊他过来的，不知道干啥。等到
民工都走完，牟老师把我们都召集到探方边，大家都坐在小马扎上，这
时候牟老师忽然从袋子里掏出一张党报，很认真地给我们念了上边的社
论。这时候我才明白过来，牟老师刚刚成了预备党员。工地上其他人
中，只有吴开基是老党员。牟老师经过多年努力终于入了党，心情很激
动，于是在考古工地给我们上了一次特别党课。

反山在发掘清理过程中，有很多值得记录下来的经验和不足之处。

墓葬清理的方法

反山良渚文化墓葬中，大多数墓的深度超过 1 米，随葬品均超过百
件（套），加上葬具的塌陷和腐朽，成组玉器的配伍关系等复杂的迹象，
只有野外清理搞清楚了才能认识到。而面对墓坑内满地的随葬品，几无
立足之处。我们开始清理 M12 时，马上碰到了无法下坑插足的难题。

　　大家群策群力，想出了"悬空操作法"，就是用两段毛竹横架在墓口的两端，再用绳索吊下两段毛竹放在墓穴的两侧，然后在墓内的毛竹上铺上可移动的厚木板，做成"吊床"般的设施。木板离随葬品有 10 厘米左右的距离，人蹲在木板上弯腰向下清理，清理一段，木板再移动一段。这种几乎是趴着清理，艰苦劳累可想而知。

　　反山发掘，由于墓口找得准，操作方法得当，大家共心协力，精心剥剔，墓内的葬具虽然腐朽了，但大多剥剔出了"板灰"痕迹，区分了随葬品在棺外的位置，尤其是随葬品中玉器占了 90% 以上，我们基本上对随葬品在墓内的位置及玉器的组合、配伍关系等有了全新的认识，使以往对良渚文化玉器从单件的研究，提高到组装件、穿缀件、镶嵌件三大类的研究。这种成组成套的认识，野外发掘清理是关键。我们在绘制墓葬平面图时，除了十分之一的比例外，对认识到的玉器组合、配伍关系，按二分之一甚至原大的比例绘图。

　　反山随葬玉器数量之多、器种之丰富、雕琢之精美等，可谓良渚玉器空前绝后的发现。但这都是良渚文化先民的创造，我们考古工作者所做的，只是尽可能恢复它的原来面貌。从这点上说，反山发掘在良渚玉器研究上具有突破性的意义。当然，由于葬具的塌陷、器物的移位、连接和穿缀物的腐朽等因素，加上我们认识的局限，不可能搞清所有的原貌。

由于各种条件的限制，以及我们当时的水平所限，反山墓葬发掘最大的不足是对葬具的剥剔处理比较粗糙。虽然确认了"板灰"痕迹，但未分辨出椁还是棺，塌陷的过程也未在地层上区分。这是非常遗憾的。

玉器处理的方法

我们在操作细则中规定了"随葬品一经露头，应改用竹签、毛刷等工具小心剔土，不再使用金属工具"。在墓内发掘清理中，大家都准备了用竹片削成的大小宽窄各异的十多件工具。可以说，由于我们坚持使用竹工具精心剥剔，从没有损伤过一件玉器。

大家知道，玉器属于无机物，具有温润、坚硬等特点。但玉器刚出土的时候，在改变了它原来埋藏条件的数十分钟间，往往是十分娇嫩的，大部分良渚玉器尤其是这样。我们在反山发掘中既有很多经验，又有过不少教训。

M12 是反山第一座良渚文化贵族大墓，随葬玉器又是最多的。当我们在 6 月 10 日基本完成全部清理并绘制平面图的时候，省文化厅、省文物局领导来视察，做出了很多决定。其中考虑到发掘、保护等经费比较困难，反山这么重要的发现，应该请省政府领导来视察，同时恳请下拨专项经费，所以指令我们把 M12 的现场保留，等省政府领导视察过后再处理。没料到 6 月 11 日、12 日连续两天下雨，我们虽然雨前在 M12

盖上薄膜和竹席，雨中还在 M12 墓口四周筑起土坎，但雨水还是渗漏到了墓内。我们不断用干毛巾、棉纸吸去泥水，但还是未能阻止玉器的受损。

这就是 M12：97、M12：98、M12：100 玉琮、玉钺等器暴露在外的部分被沁蚀的原因，而这些玉器仍在土中的部分完好。

M12 随葬玉器部分受损的教训，也使我们往后各墓清理一座，起取一座，再也不敢耽误了。其他各墓的玉器也因此得以保持较好的原有状态。

但有一个受损的孤例，那是 9 月 23 日，新华社摄影记者来工地，要拍一些有现场感的照片，正好赶上 M22：20 大玉璜刚剔去泥土，但还粘有薄薄的一层泥。牟永抗先生拿了一支新毛笔，剪去笔尖，洗去胶，沾上蒸馏水，非常小心地去擦洗玉璜上的泥，就这么两三下，我蹲在边上观看，忽然发现毛笔上粘有很多的小白点，马上惊呼停手，但已来不及了。这就是这件大玉璜现在这种被沁蚀的样子的原因。

当然反山良渚文化墓葬距今已经过 5000 年左右的漫长岁月，墓内泥土经 PH 试纸测试为弱酸性，有部分玉器原先已被沁蚀，所以我们在起取玉器时，为了尽量保持它们的原状，采取了一整套的措施。人员分工如下：一人起器物，同时编号；一人在图纸上写号，同时填写器物登

图 3-4　反山器物提取（递玉器者王明达，清理者杨楠，摄影者为新华社摄影记者
吴元柳，绘图者刘斌）

记表；一人写标签并协助包装；再安排两位细心的民工接到玉器后，在
蒸馏水中轻轻漂洗（我们从杭州购买蒸馏水，共用去 3000 多升），千万
不能刷，只要漂去粘上的泥即可，然后用棉纸裹一下玉器，吸去水，再
用另外的棉纸包装妥当。运输、搬动都十分小心，上手观看都戴手套。
玉器曾长期放在真空干燥器内，避光避热，所以反山等出土的玉器至今
仍保持晶莹光洁的"生坑"原状。（图 3-4）

漆器的起取和修复

反山墓内清理时，经常会发现东一片、西一片的朱红色漆片，由于十分破碎，又和泥土附着在一起，无法起取，只能选取面积稍大者取出做标本。其中有些可辨别是涂在葬具上的漆。

对于能够辨识的漆器，我们想尽一切办法。首先是现场精心围护，不做过多的剥离，四周留出泥土，以便整体起取，室内处理。这项工作，值得一提的是上海博物馆的大力支持和胡福宝师傅的辛勤劳动。6月15日，胡师傅随上海博物馆领导到反山考察后，就留在工地和我们一起工作了十天，指导并参与了 M12 的漆器起取全过程。

漆器起取的操作步骤如下：用马口铁做成比漆器略大的无底框子，把漆器四周的泥土挖切整齐；然后把马口铁框子套住（一定要紧密，防止松散），一边用木棒轻轻打压框子，一边小心清掉下面的泥土，估计到了不会碰到漆器的深度再往里掏土；框子全部套住漆器后，把框子捆绑结实；接下来用棉纸一层一层地铺在漆器面上（一定要服贴，不留空隙）；然后在棉纸上注入稀石膏，待石膏硬结后加盖马口铁盖板；最后用马口铁的底板插入框子底部，轻轻搬起，全部用绳子捆结实。

反山出土的漆器当年送到上海博物馆，经过胡福宝师傅数月的室内清理、加固、修复，终于获得数件十分难得的良渚文化漆器。需要说明的是，这些漆器均是压扁、变形后的形状，漆器原有的胎骨已腐朽不存，但由于随葬时的位置比较特殊，没有散架，才得以加固、修复、成形。胡师傅还依据 M12 : 1 的原大尺寸，用河姆渡遗址出土的已脱水的木材，雕挖成胎骨，用代用品涂"漆"嵌"玉"，复制了一件，也成为难得的艺术品。

上海博物馆还支援我们完成了反山玉器的拓片工作，派许勇翔、万育仁、万寿、谢海元、丁叙钧到杭州，1987 年 5 月 13—20 日连续工作，将 100 余件反山出土的有纹和特殊器形的玉器拓片。

反山发掘得到了国家文物局和浙江省各级领导的重视和关心，当年就分别下拨了经费补助。

时任浙江省副省长李德葆等于 6 月 27 日视察反山工地，以后又数次到吴家埠工作站观看反山等出土器物，并在发掘和研究的经费上给予了相应的支持。

著名考古学家张光直教授于 1986 年 9 月 5—7 日来杭，当时的情势致使张先生未能亲临反山遗址。遵领导安排，9 月 6 日，王明达携反山出土的琮、璧、钺三件（套）玉器到杭，请张先生观摩，并由王明达简要介绍了反山发掘情况。张先生强调良渚文化的重要意义，表示今后有机会还会再来。

　　1986 年 11 月 2—5 日，在杭州举行了"纪念良渚遗址发现 50 周年学术讨论会"。11 月 3 日，全体与会代表参观考察反山，并在吴家埠工作站观看器物。北京大学考古系严文明先生在 5 日下午做了"良渚文化研究的新阶段"的总结发言①，并对反山发掘给予了高度评价。他认为，反山的发掘把良渚文化推上了考古学科的前沿。著名考古学家、中国考古学会理事长苏秉琦教授讲，"浙江史前文化有两朵花，一朵河姆渡，一朵良渚"。

　　最后说一下反山良渚"王陵"名称的来历。我们在发表反山简报时，称为"反山墓地"。苏秉琦先生在与我的一次谈话中，对此提法不甚满意，问我是否可以称为"陵"。我受到极大的启发。确实，反山墓葬地营建规模之大、随葬品之丰厚、玉器之多而精，还没有任何一处良渚文化墓葬超过它的。这不是最高等级的贵族"王陵"吗？所以我

....

① 　参见严文明：《良渚文化研究的新阶段》，如："玉器工业的发达程度，更是别的文化所无法比拟的。……这种情况对于文明起源的一元论即中原中心论颇为不利，多元论时兴起来。由于良渚文化的新发现，长江下游又将是一个起源中心。……反山不是一个孤立地点，它周围还有几十个遗址。它们之间究竟有什么关系？这群遗址同整个良渚文化又有什么关系？……必须用聚落考古的方法来规划和组织我们的工作。……这就是一个遗址要从整体来看，把它当作一个聚落来了解其细部结构以及每一部分的功能，进而了解不同聚落的分布及其相互之间的关系。"，刊严文明：《史前考古学论集》，科学出版社，1998 年。

在此用了这样的题目，也是为了表达自己对已经故去的苏秉琦先生的深切怀念和敬仰之意。

1990 年 1 月 9 日，由省、市、县三级政府拨款共 66 万元的反山遗址征地（共 24 亩土地）、改道（道路移到反山西侧）、建围墙、迁移农户等工程项目完成，并建成余杭良渚遗址管理所。

杨楠（发掘队员）

1986 年，我跟随领队王明达老师参加反山发掘，最初在一起的还有费国平、陈越南、陈欢乐、许志华。清理完汉墓之后，大家按王老师要求用平头铲一遍又一遍地把地面铲得又平又光，结果发现一片刚露头的灰褐色斑土，就在它的周边反复铲光，最后看出它的形状是长方形的，于是用尖头手铲把它的四边界线划了出来。

王老师说，只要能划出地面上形状规则、不同于周边土色的"闭合线"，墓葬（灰坑）一类带坑遗迹的位置就算确定了。不过在发掘反山第一个"土坑"（M12）时，挖到 90 厘米深还不见任何遗物，牟永抗老师看完现场后来了一句"挖反了吧"，却没给出这样说的任何理由，言外之意你们看着办吧！

这下子压力就太大了！

反复仔细检查了层位关系和操作步骤之后，王老师不为所动，坚持当初的判断，我也坚信我们的发掘根本就没问题，不但准确地找到反山良渚大墓的开口层位，更是剥剔出清晰的墓葬坑壁，怎么可能会挖反呢？倘若真的挖反了，再去"纠偏"，再反过来先挖坑外面的堆积，最后的结果就是做掉原有的墓坑，做出来一个"平地掩埋"的大土墩墓，继续为江南地区史前墓葬"不挖墓坑、平地掩埋"葬俗的说法提供"新证据"。

确实，以前在环太湖地区曾发现良渚文化大墓罕见墓坑，现在反山竟然会有三米多长、近两米宽、坑深超过一米的长方形大土坑，这真的有可能是良渚文化的竖穴土坑大墓吗？的确难以想象，令人吃惊！

现在回想起来，王老师当时的坚定自信和勇于担当的精神真是令人敬佩，我作为他的坚定支持者也自豪无比。若不是领队坚持正确判断，反山考古发掘的重大失误是在所难免的！

从某种意义上说，牟老师的质疑既代表了他的严谨，也反映了他的矛盾心理，这也会促使我们进一步独立思考，更加科学地做好田野考古工作。

在确认发现了反山良渚大墓之后，牟老师带着芮国耀和刘斌从吴家埠工作站赶过来，一起加入了反山考古队。本来王老师打算让我负责第一座大墓（M12）的发掘，但牟老师却决定让刘斌接手清理此墓，我想我又没出什么错啊，他大概是想培养更年轻的同事吧。

在发掘工地上，牟老师（当时为考古二室主任）表现出少有的焦虑和易怒，一会儿嫌工作安排有问题，一会儿大声斥责民工磨洋工，不免让领队王明达老师感到尴尬。我和王老师同住一屋，王老师有时忍不住私底下发发牢骚，我很理解王老师的难处。牟老师让我难以理解的一件事是，他提出要"统一认识、口径一致"，由王明达一支笔，统一做发掘记录，几个队员除了清理墓葬和绘图，每天的墓葬发掘记录就别做了。事实上，如果按发掘规程的要求，每个墓葬发掘者做好自己该做的发掘记录，只会提供更翔实的资料，更有利于保证发掘工作乃至室内整理和报告编写的客观性和全面性。取消队员做发掘记录的义务和责任，不得不说这是反山大墓发掘的一个人为失误和极大遗憾！至于野外考古绘图，什么情况下用多大比例，是整图还是组合图，绘到什么程度，也大多听命于牟老师。牟老师对发掘队员也不放心，生怕我们发掘时粗心大意把玉器也清掉了，时不时地到探方之外每座墓挑出来的填土、塌土或淤土中去扒拉扒拉，偶尔检出管、珠一类小玉器，便虎着脸一顿批评。当然我非常敬佩和理解牟老师的严格和认真，尤其是重大考古发现，就更应该如此要求，好在我并没有因此挨过他的训。

不让我挖第一座大墓（M12）也无所谓吧，我照样认真对待让我负责的其他大墓的发掘工作，时刻提醒自己要仔细剥剔遗迹、遗物并确保原位，以便能更好地观察和分析遗迹特征及性质、遗物的配伍或组合关系。在 M14 内第一次完整地复原了良渚文化的玉钺组合，即它是由玉钺、玉瑁、玉镦以及柲（即玉钺把柄，已经朽烂的木质）组成的豪华仪仗性武器。玉瑁和玉镦分别作为柲之上、下两头的端饰，以往在其他地区的良渚贵族墓葬中时有发现，但并不清楚其功能何在，更没有想到它会与玉钺的使用有什么关系，因而考古报告一般按其形状特征称之为"舰形饰"。在清理反山 M14 时，我发现在玉钺穿孔部位附近的表面上散布着几颗比绿豆还小的黄色玉粒，一面平整，另一面弧凸。这些小玩意是做什么用的呢？于是我就用小竹签一点点仔细地剔去塌土和淤土，小心保留每一颗玉粒的发现位置，许久之后，一条由近百颗玉粒组成的长达70 厘米的玉粒带就呈现在面前，它通过玉钺刚好与其上下方所见到的"舰形饰"相连接。经现场分析后我们恍然大悟，所谓的"舰形饰"原来是镶嵌在木质的玉钺把柄（柲）两端的装饰物（玉瑁、玉镦），把柄表面还镶嵌或粘贴着密集的玉粒作为装饰，虽然有机质的玉钺把柄已经腐烂，但循着保存下来的玉粒这一蛛丝马迹，终于弄清了"舰形饰"的用途以及玉钺的完整组合关系。牟老师和王老师肯定了这个重要发现，牟老师还让我绘制了原大比例图，并建议把遗物都固定在绘图版上。

需要指出的是，上海博物馆考古部张明华、周丽娟等同行曾到现场参观 M14 等大墓的发掘情况，之后不久张明华就发表文章竟说是他首先发现并复原了玉钺的组合关系，反山考古队同行则是经他"点拨"才明白过来，这显然有违事实。

神人兽面像的秘密

强超美（反山摄影师，现旅居国外）

反山良渚大墓发现之后，当时领导通知我们摄影师去反山拍照、录像，因为考古都需要这些原始记录。所以我和邵海琴两个女同志就带着摄影器材去了反山工地，加入了考古队。当时我们的设备比较简陋，摄像机是跟日本开展文化交流，日方送的一台 JVC 摄像机，那时候都是用大磁带的。照相是用的尼康 135 的单反相机。

当时在现场，他们考古人员在下面挖掘，我在上面拍照片、录像。结果玉器出土越来越多，大家都非常惊讶。空下来我和邵海琴也帮着一起清理玉器，串玉管，发掘出这么多精美的器物，大家都很兴奋，很开心。（图 3-5）

因为考古除了需要拍特写，还需要拍一些大的场景。那时条件不好，没有气球，当然更没有无人机。为了拍反山考古现场的全景，我们考古队让当地的农民用竹梯和竹竿搭了一个很高的摄影架子。大概是有三四层楼这么高，风一吹架子会晃动，要几个人在下边不同方向拉着绳

图 3-5　强超美摄影工作照

子加以固定。架子搭起来的时候，考古队同事都担心我爬不上去。当时我是有些紧张，因为只是拿几根毛竹支撑在那边，但我还是顺着梯子一节一节地爬了上去，拍了全景，就是现在经常出现在报刊上的那个反山发掘全貌。（图 3-3）

除了现场拍照，还有文物拍照。那些文物取回后，都需要文字记录、画图记录、拍照记录，当时我们考古所几年前在西边的吴家埠建了工作站，我们就把这些文物搬到那边的仓库里去做整理。

每一件出土的文物都需要记录档案，要拍不同角度的照片，如果有图案漂亮的还需要拍细节特写。

吴家埠地方简陋，没有专门的摄影室，我们就在进门的大厅里，考古人员边上在整理，我就在边上架着三脚架拍照片。结果在拍的过程中，我就有了一个很意外的发现。

当时特别大的那件玉琮，后来人称为"玉琮王"的，它的图案特别精美，很吸引我。它中间直槽里边的纹饰，是人和兽面那种，有眼睛有嘴巴，我感觉特别好奇，所以我用长焦镜头拍摄的时候，特意把玉琮浮雕部分拉近，仔细观察、欣赏着。（图 3-6）

当时摄影设备不是很好，照射文物的灯具没有反光伞，是直接裸露

图 3-6　玉琮王

的大灯，所以照射到文物上光线较亮，这反而把器物上的细小纹路看得更清楚、更有立体感。

当我仔细观察、调整焦距时，突然发现就在凸起的浮雕的羽冠帽子和兽面大眼之间的表面，还似乎有细密的刻纹，当时非常吃惊。所以我在镜头里就沿着细刻纹往边上追着看。看着看着，诶，最后我看见一个弯曲的手臂，然后又顺着弯曲肘部向内部转，结果发现一个张开的手掌，五个手指头都刻得清清楚楚！

图 3-7　琮王神徽图案

　　当时我非常吃惊，马上就把镜头稍微推远一点看，原来两边都有手掌，是对称的！古人真是聪明，前面是浮雕，后面是线刻，图案显得更有立体感，使我感觉很震撼。（图 3-7）

那个时候我就立刻告诉了在边上整理器物的牟永抗主任。当时还有一个人，可能是刘斌。因为牟老师之前在博物馆时就搞过摄影，懂相机操作，所以他自己过来对着镜头前后推拉观察，果然是两个手臂。这两个手臂是细纹的，然后摸着下边浮雕的大圆眼睛。

当时我们很激动，还一起讨论了这个东西是什么。当时我还以为是一个人蹲在地上，然后前面是一个桌子。为这个事情讨论了好长时间。后来牟老师就跟我讲，去把这个特写放成一张大照片。回考古所以后，我把冲印好的照片拿到牟老师这里，牟老师给室里的同事看，大家也都很吃惊。

这个就是发现神徽细节的过程，虽然已过去三十多年了，但是回想起那一刻，还历历在目，非常清晰。

反山的再次勘探与整理

方向明（反山报告整理者，器物绘图人）

说起反山的整理，故事不少。考古所还在环城西路的时候，整理反山、瑶山就已经提起。我听说牟先生想把反山、瑶山统筹整理的。他们那时还申请了一个相当于现在社科基金一样的项目，是关于良渚文化玉器的什么研究，我们还专门帮他装订过一本厚厚的集子。

当时王明达老师找过我，他意思说，芮国耀他们都讲，方向明你图画得不错，又快又好，整理的时候你一定来参加。那时候画图画得好的，主要有赵晔和我。我基本上可以达到又快又好，是天赋。胡继根得知后，还跟我说："老方，他们要你参加反山、瑶山整理，当然是好事，绝对不可以放弃，但你绝对不要掺和到老同志那些微妙的人事关系里。"

只是，这样一弄就隔了好多年。王老师有规划，但他不急着匆忙或无条件地做整理。记得有一次在吴家埠小酒馆晚餐，他就笑着说这些东西大家都知道了，我们优势还在哪里？反山 12 号墓的豪华权杖，看过的人很少，他一般不给看，算是压箱底。

曹锦炎到考古所当所长后，整理的事情挡不住了，反山、瑶山的文物移交严峻地摆在考古所面前。当时我听到一些小道消息：当时他从浙江省博物馆来考古所任职，是不是带着文物移交的任务来的？我到现在为止也没有跟曹老师求证。

2000 年下半年曹所长上任后，良渚工作站站长由刘斌担任。曹所长曾对刘斌说："老方你最近这两年不要去动他，安心让他去协助整理，野外绝对不要给他安排工作。"所以庙前遗址发掘、整理完成后，除了 2002 年良渚塘山（金村段）发掘和塘山（毛园岭—河中段）的试掘，良渚遗址群的野外考古我几乎没有参加了。

吴家埠画瑶山玉器，1999 年 5 月 5 日—6 月 22 日，实际工作日 39 天，画了所有的瑶山出土玉器、石器和陶器。2000 年末，与芮国耀一起到位于临平山顶的余杭文管会，把盗掘收缴的 M12 玉器绘制完毕。共画瑶山墓葬出土玉器 700 余件组，单件计 2956 件。我速度还是蛮快的。

2000 年 10 月开始，我在吴家埠工作站开始整理庙前遗址。2001 年上半年继续，也就在这一年，反山整理提上了议事日程。

曹所长专门找过我谈话，他说已经请王明达老师把这个事做好，要我积极配合他。这是所长决定的，我说"好的"。

然后王老师也来找我谈话。王老师谈话内容我还记牢的，他说："方向明，我虽然内心喜欢你来一起整理反山，但是我不说，我没主动提出叫你来，是曹所长指派你来参加整理，我很高兴，我就是很想你来啊，但我不说，就看领导安排。"王老师还说蒋卫东主动提出也想要来整理，他问蒋卫东："你来整理你干些什么活？方向明来画图。"

蒋卫东其实画图也很能画的，我们一起参加中日合作良渚石器研究，画了不少石器，但他没有我画得快，也嫌画图太麻烦。蒋卫东后来没来参加反山整理，现在回过头去看，要是蒋卫东也一起整理的话，可能报告的纰漏或瑕疵会少一点。因为两个人配合王老师，一定会更顶真，蒋卫东某种程度上要比我认得多。

156

虽然王老师有时也对我发火，但是，他对我很宽容，很爱护，尤其是很信任。反山整理，为了工作方便，没有像瑶山那样。瑶山是按照墓葬单元来画，所以我对每个墓就很有整体观。反山是按照器类来画的，王老师把所有的玉璧运来，那阵子就天天画玉璧，然后过几天就天天画玉琮，再过几天就天天画玉管、玉珠。

我就像机器人一样，没有任何感情，整天都画一种东西，你说天天画玉管多少无趣啊！每件都用中村慎一先生送我的塑料游标卡尺量，量了记录、描述，是要有巨大毅力的，我宁可画复杂的器物。

画完反山、瑶山玉器，又在硫酸纸上上墨。说句实话，我那时候看到玉器就想吐。王老师还经常当着大家的面安慰我，说摸遍反山、瑶山所有玉器的，只有方向明一个人。这个，当然是真的。

王老师不是天天跟我在一起。画反山玉器时，其实庙前整理还没有结束，我是两份活同时做。庙前的墓葬整理我让楼航负责，他也是第一次画图。我总希望做考古的，画图一定要过关。我则负责庙前其他所有出土资料的整理，要拼对图纸，还要画陶器，一会儿画玉器，一会儿画陶器，手会有点不顺，蛮费劲的。

王老师除了负责运送文物外，觉得差不多的样子就来看望我。陪我喝喝酒聊聊天，住两晚，晚上还把费国平叫来，一起斗牌放松。

　　我一个人在吴家埠时，晚上也闷头画。天气热，戴了手套画，实在不方便，所里特地把用旧了的窗机，装在我房间的门上，这样，就不会有汗水沾到玉器上了。

　　画反山玉器，从 2001 年 5 月开始，我没有详细记录当时的进度，但是在每张图纸上都标识了绘制的日子和时间。反山出土器物的数量更大，墓葬中的玉器就有 1100 余件组，不计玉粒、玉片，单件计 3072 件。（图 3-8）

　　反山整理比较辛苦，但王老师很坚持。当时曹所长希望我们去古荡。那个库房很阴冷，那个地方怎么能够画图啊？！《文物》刊登过的普安桥遗址简报中的那批玉器就是我在古荡库房画的，要在那里待个大半年，没有关节病都会弄出关节病来。生活也很不方便——这个尤其重要，发掘也好，整理也罢，如果还要整天想着柴米油盐酱醋茶，那留给工作的时间就远远不够了。（图 3-9）

　　那时候我眼神也比较好，除了看电影、看电视需要戴个近视眼镜，晚上稍微有点夜盲之外，老花是绝对没有的。神徽很小吧，但是你只要死死地盯住那些线条，是可以看清楚的。但是上墨的经验还是不够丰富，当时能够买到最细的针管笔，也就是 0.1 毫米，没有办法原大去画神像。如果那时候知道把底图放大之后再画，再缩小制版，那就没有问

图3-8 反山玉器综绘底图

图 3-9　方向明绘图工作照

题了。现在想弥补，可惜玉器也不在手上了，眼睛也花了。当然，现在扫描技术高级了，可以大大弥补手工绘图的不足。

　　反山整理时，留给我的资料并不多，主要是出土器物登记表、野外平面图和一些冲印出来的野外负片。出土器物登记表很详细，记录了不少器物的出土状况，这也是我后来建议把登记表附录在每个墓葬后面的原因。野外平面图也很详细，不少墓葬还有原大的出土玉器平面图。要知道，反山考古发掘，第一次解决了不少玉器的配伍关系。后来我整理牟先生留给我的考古资料，才发现 1981 年清理绍兴 306 号墓时，棺葬具那里的出土玉器是原大的平面图，绍兴 306 号墓图录黄昊德在负责整理，我们要出版。但是，没有各位的发掘日记和发掘小结，可能当时大家认为都写在图纸和登记表上了。

反山野外清理，按层精心剥剔，搞清了葬具结构，复原了不少玉器组合，但是没有留下这些细节的剖面，比较遗憾。

反山 12 号墓是刘斌负责记录的。他曾对我说，压在 99 号石钺上的是人骨。我看了他画的反山 M12 平面图，画得就像是人骨。告诉王老师后，被王老师说了几句，我差点被刘斌带偏。后来画 12 号墓 108 号石钺，一面还残留着象牙器痕迹。我记得我还认真又乐呵呵地告诉刘斌，那个绝对不是人骨，是牙，是象牙。

关于 12 号墓豪华权杖的玉镦与 90 号玉琮的关系，也一样。据称，当时在野外大家就讨论过，但没有定论。我还专门写了小文，像侦探一样，复原了三种可能，才导致豪华权杖玉镦位于 90 号琮射孔内，最后得出结论：12 号墓 90 号琮，就是作为豪华权杖的"座"。

反山 20 号墓，一组九件的象牙器，其中一件就穿到 124 号玉琮射孔内。现在看来，这两件琮，都承担了"座"的角色。

反山 14 号墓，报告中有很多玉器"图上未标"。报告出版后，在整理野外图纸时，才发现还有几张可以拼接的、野外先期提取的原大出土玉器平面图。这几张原大的出土玉器平面图，可以与后来 1 ： 10 的墓葬平面图拼接。但是，当时 14 号墓的记录者杨楠，最后没有统在一张图纸上，造成了极大的纰漏。2006 年纪念良渚遗址发现 70 周年的文集中，我对反山 14 号墓材料做了补充。最近，《反山》修订正在进行中，我会修订补充。

反山野外考古最大的进步和突破，是把墓坑挖得那么深，还根据葬具倒塌情况进行分层剥剔。不要以为墓坑挖得深是一件简单的事，那是野外真功夫，葬具结构、器物配伍，没有野外的积累是不行的。反山野外考古，完全可以打 100 分。

在反山整理过程中，为什么我要向王老师和所里提出做反山的调查？原因很简单，因为要整理反山了，我对王老师说："你有没有注意到，21 号墓跟 19 号墓墓坑都不是很深的，19 号墓从出土玉器的情况来看，差不多一个人上半身的标配玉器，包括成组锥形器、隧孔珠，还有两件镯子，但都快到墓底了。这和 M12 等很深的墓，可能是属于两个阶段的。另外，整个墓地的范围还不够明确，东部土墩还在，北部是什么？

西部地下的堆积到底是什么？"

　　王老师很支持。2002 年 10—12 月，我和方忠华对反山进行了调查勘探，与之前判断的完全一样。我们马上在反山土墩西部的剖面上明确了晚于 12 号为核心墓地的堆积，这个堆积也就是 19 号、21 号所依托的土台。当年是汉墓实在太多了，留下的地层支离破碎，只是反山简报中提到的"封土层"，没有考虑到就是 19 号、21 号墓所依托的土台。

　　2002 年反山调查时，关键柱一直屹立着。我和方忠华就很好奇。我说关键柱那里，按道理应该还有一个墓，因为瑶山 14 号墓，就是在我负责的探沟中出露的，要不我们打个洞看看。我们就打了一个洞，就在距当时地表 50 厘米下带出了陶器残片。现在反山那里已经建设为展示场地，看以后有没有机会再做补充工作了。（图 3-10）。

　　至于反山东部是什么？是与墓地一起的房子，还是墓地？至少，我认为已经发掘的以 M12 为中心的反山墓地基本完整，东部不排除有另一阶段高等级墓地的可能，但是房子一定存在。如果反山东部存在相关的房子，那么是不是可以反证现在莫角山上的房子是更特别的房子（宗庙）呢？如果从这个角度，把反山东部的性质搞清楚，我认为很有必要。

图 3-10　反山 2002 年勘探工作照

第二节　良渚遗址群

　　随着 80 年代初对瓶窑、良渚一带的系统调查，王明达于 1984 年 4 月在一份给浙江省文物局《关于杭宁公路建设工程考古试掘、调查情况的报告》中指出：

良渚遗址群

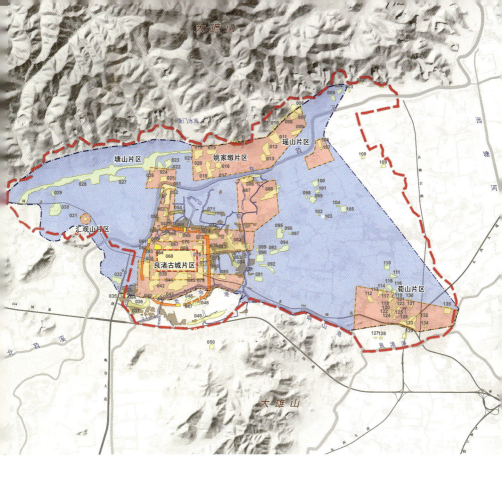

图 3-11　良渚遗址群保护边界的变化
（蓝色区域为前期 33.8 平方千米，红线内区域为后期 42.03 平方千米）

　　调查结果初步勾勒出两大块甚为密集的新石器时代遗址群。良渚乡以荀山为中心，东北至近山，西北至朱村斗，形成约有上百万平方米的古遗址群。长命乡以东北角的前山周围，西北角的雉山周围，西南角的钟家村（大观山果园）周围，连接成一片数百万平方米的古遗址群。（图 3-11）

这表明他已经开始逐步形成了一种整体性遗址群的观念。

1986 年反山遗址发掘以后，对这个区域的重要性和整体性的认识继续加强。王明达于 1986 年 11 月良渚遗址发现 50 周年的纪念会上，正式提出了"良渚遗址群"的概念。后来在 1987 年余杭政协编的《良渚文化》这本小册子里边，他撰写了《良渚遗址群概述》一文，指出：

在仅仅三四十平方千米的范围内集中了如此密集的古文化遗址，这种遗址之间相距只有二三公里，甚至紧邻相连的情况，也就是遗址连片成串的特点，使我们考虑到了良渚文化阶段已经形成若干个部族的集聚区，反映了当时生产力的发展，人口的增长，生存空间的扩大，社会组织的改变等等。当然在良渚人生活的太湖流域，这样的集聚区不仅仅是一个，但至少可以说包括北湖、长命、安溪、良渚 4 乡的良渚遗址群，确实是占有相当重要地位的部族聚居中心之一。

"良渚遗址群"概念的提出，标志着我们对良渚遗址整体性认知开始形成。王明达当时提出的这个遗址群概念，虽然只是学术角度的认识，但是客观上这个概念后来对良渚的整体性保护起到了非常巨大的引导作用。也是在 1986 年的这次纪念会上，严文明提出："这就是（良渚）一个遗址要从整体来看，把它当作一个聚落来了解其细部结构以及每一部分的功能，进而了解不同聚落的分布及其相互之间的关系。"

当时大部分的遗址还都是以点状来观察的。那么"良渚遗址群"的概念，实际上是大遗址和聚落考古理念的早期实践。这是在具体功能认识还比较模糊的前提下，强调整体性。我们国内大遗址考古的概念，其实大致在 20 世纪 90 年代中期才逐渐流行起来。我们作为一个基层的省考古所，在 80 年代就已经意识到了良渚遗址的整体性，这个是非常超前的。

于是我们后来从事良渚考古的人，对它的认知就不仅仅是一个一个孤立的遗址点的累加，已经有这样一个整体性的隐含前提，与我们后来拓展遗址范围，把在更大的区域内发现的水利系统等都纳入古城体系，都有认识上的联系。

王明达先生提出遗址群概念以后，1992 年，国家文物局提出良渚遗址虽然尚未成为国家级文物保护单位，但是要按照国保的级别来对待。国保是要划定保护范围，要落到图上去的。既然遗址群是整体的，那么相应的，对这个地方的遗址保护，也就自然而然地会形成一个比较大范围的整体区域保护，而不仅仅是单个遗址的点状保护。最开初的时候是以考古资料为依据，以良渚的师姑坟遗址至安溪的羊尾巴山遗址连线作为东界，小运河为南界，瓶窑吴家埠遗址为西界（实际边界划到了塘山最西端的毛元岭），吴家埠遗址经安溪天目山余脉至羊尾巴山为北界，划定的这样一个遗址群的范围。到 1994 年的时候，有关部门对当时确定的良渚遗址群范围进行了测算，得出其面积为 33.8 平方千米。

反山发掘以后，考古所又对莫角山、卢村、庙前、依山上、口山、梅园里、茅庵里等遗址进行了发掘。

在 1986 年良渚遗址发现 50 周年纪念会上，严文明提出要用"聚落考古"的观点来全面考察良渚地区以及整个良渚文化的遗址。要从思想观念、工作计划到组织形式都来一个转变。那么 1994 年因为良渚遗址群的工作需要，成立了良渚工作站。良渚工作站与以前仅作为仓库和工作场所的吴家埠工作站，在性质上有很大的不同。它是以良渚遗址群为工作范围的专职工作部门，并肩负着协助行政部门对良渚遗址群进行管理的职责，属于考古所的中层机构。

1996 年，又对良渚遗址群的东线进行了专题的调查。到了 1996 年底，已经发现了 50 余处遗址。1998—1999 年，工作站又对遗址群进行系统调查，发现的遗址数增加到了 110 处，特别是在原定保护区南界以外发现了许多遗址，从而完善了对遗址群范围的认知。通过钻探和试掘，初步确立了各遗址点的分布范围，对部分遗址的年代和性状有了一定的了解。

2002 年 4—5 月，赵晔、葛建良等又对遗址群的中部进行了地毯式的调查，新确定遗址 16 处。至此，良渚遗址群的遗址数量增加到了

135 处。

那次调查以后，良渚遗址群最主要是南边界向南扩大到大雄山至大观山丘陵北麓，分布在一个以南北山脉为界的自然地理单元内。当时，当地政府觉得要将大雄山北麓全部划进保护区，瓶窑镇发展压力太大，没有工业用地了。所以双方妥协，新的保护规划就将良渚遗址保护区的南边界由小运河向南拓展到新 104 国道，面积由 33.8 平方千米拓展到了42.03 平方千米。

芮国耀在《失落的文明》中对良渚遗址群的分区进行了讨论。他认为，东苕溪将良渚遗址群从地理上分割为南北两大区。苕溪南岸的良渚文化遗址分东、西两群。西区以莫角山为中心，称为遗址群的甲区，这是遗址群内布列最为密集的区域，分布着 30 处良渚遗址；东区的良渚遗址绝大部分就分布在荀山附近，称为遗址群的乙区，发现的遗址大多是一般的村落，乙区是平民的生活区；东苕溪以北的良渚遗址大多以墓地为表现形式，大多分布在天目山余脉的山前坡地和低矮山丘之上，这个区域暂定为良渚遗址群的丙区。

我们可以看出，这个时候主要是根据遗址的空间分布，对它的功能做了一些初步的研究。认为东部荀山片可能是生活区，莫角山片可能是大型的礼仪建筑或者贵族墓葬区，北部也主要是一些以墓葬为代表的设施。后来蒋卫东等也对遗址群北边的塘山的功能，从大的区域功能的角度做过一些推测，认为会不会是良渚遗址群北部的城墙。也就是说，这个时候已经开始对这个区域不同的功能进行一些思考。当然那个时候相关的资料还不够丰富，所以总的认识比较模糊。这样的认知实际上到良渚古城发现以后才发生根本改变。

第三节　瑶山的发现与发掘

良渚文化祭坛与高等贵族墓地复合遗址。1987 年因发生盗掘而进行抢救性发掘，1996—2018 年又先后六次对遗址进行发掘，搞清了瑶山遗址的平面布局及营建结构，对遗址进行了复原展示。

"七五"（1986—1990 年）期间全国十大考古新发现。

瑶山盗掘的发生及制止

王寿锟（时任安溪乡政法副乡长）

瑶山（当时叫窑山）这个地方的土地原来一部分是安溪乡的，属于乡政府的一个茶厂，在祭坛前面种的都是茶叶，上面还有一部分山地是下溪村所有。

　　1987 年 5 月 1 日，那时刚好是种番薯的季节，当地村民周鸣歧、周鸣国两兄弟，到自己开垦的山地上去种番薯，就在现在瑶山祭台上面的位置，挖出了玉器。当时种番薯是用铁耙的，挖出玉器以后，因为铁耙挖不深，就回家拿开山的山锄，能挖深一点。他们下来拿山锄的时候，和别人说山上挖到玉了。出于好奇，别人也跟着上去看看热闹，后来看到周家兄弟真的挖出一些玉器，看热闹的人也开始动手挖了起来，上山来的人越来越多，动手挖玉的人也越来越多，后来也就成了哄抢，大家都一个劲地往挖出玉的地方挤，结果人压人就这样挤成一堆。当时气温蛮高的，其中有一个被挤在最下面的人被压得晕过去了，大家把他拖到了外面，另外的人继续爬进去，再去用手刨土挖玉。这个时候因为人太多了，铁耙锄头用不来了，再说这个玉器刚挖出来的时候很脆的，一挖就碎，所以大家只能用手挖。

　　瑶山旁边有我们安溪乡的一个石料二厂。那天我们乡有个下派干部张祖兴，正好到矿上来搞调研，他原是良渚化肥厂的一名中层干部，被当时余杭县工业总公司下派到安溪乡来支持我们工业口的工作。那天是五一劳动节，照理说是放假的，他工作比较积极，自己放弃休假到石料二厂搞调研。听到石料厂职工说瑶山顶上很多人在挖玉器，有的人已经挤晕过去了，弄不好要闹出人命了。这样子他想不对了，马上打电话给安溪乡的联防队。那时我是乡里分管政法的副乡长，联防队是我管的，联防队接到电话后马上把情况向我进行了汇报。我的老家就在瑶山脚下的下溪村，那天我刚好在家里平整宅基地。得知这一情况后，我马上放下手中的活，迅速赶到瑶山现场。当时围观群众还很多，我们一到现场，立即对围观群众做好劝散工作。那些直接参与挖掘和哄抢的人员，看到乡政府干部来制止了，就很快陆续离场回家了。其实当时我们乡里的干部文物保护意识也不是很强的，很多干部也只是认为老百姓在劳动时无意挖到了玉器，算不上破坏文物，更不是什么违法犯罪。当天下午，我们向县文管部门进行了汇报，当天晚上开始，我亲自组织带领乡联防队员在现场进行值班保护，我们在瑶山现场连续值了三天三夜的班，一直等到省考古所人员进场，棚子搭起来，开始抢救性发掘了，我们才撤出来。

发生盗掘、哄抢事件以后，流散在我们下溪村民间的玉器就很多了，各种各样的玉器都有。当年冬季文物贩子就悄悄地到下溪村来收购文物了，我自己也曾碰到过一次。1987年收晚稻的时候，一天我正在家门前翻晒稻谷，穿着劳动服，看着就是一个老农民。这时有个中年男子夹着一个拎包从我家门口走过，问我："老师傅，你家有没有这种玉器啊？"我是管政法的啊，撞到我的枪口上来了。那个时候我们这里已经有很多人因为贩卖玉器被抓进去了，祸就是由这种文物贩子引起的。我要想个办法把他抓起来。于是我装作什么都不懂的样子问他说："是不是那种白白的圆形的石头？那种石头我家里以前有过一个，前几天给我老丈人拿去了。"那个人一听我有这个东西就来劲了，问我老丈人家在哪里。当时我心里在想，今天一定要把这个害人的文物贩子捉拿归案，绳之于法。于是我就同他说："我老丈人在安溪街道那边，我打电话叫他拿着东西在安溪大桥上等你，我事情忙就不带你去了，你自己过去找他，这东西值多少钱你看了再说吧。"听了我的话，他赶紧走路去安溪大桥了，等他一走，我立马给联防队沈队长打通了电话，说："有个文物贩子来了，马上组织一下联防队员，你自己去装作我丈人，要想办法把他引到联防队去，我马上到。"文物贩子他是走路的，我换了一下衣服，骑自行车抄小路赶到联防队去了。后来当文物贩子被沈队长领到联防队门口时，看看苗头有点不对，想跑。那时我们联防队员都已经安排好了，就把他抓住了。后来一查，他是诸暨来的，住在瓶窑，已经收购了一部分古玉了。

与瑶山玉器有关的故事我碰到很多。还有一件是瑶山祭坛发掘后，现场要覆土保护，当时工程是让下溪湾一个叫张志远的土泥工去做的。结果他在祭台西边挖土，又挖出玉器来了，挖出来是交到联防队的，当时我跟良渚派出所所长陈利炎两个人接收，这些玉器有小玉琮、玉管，各式各样的。那么这种信息很灵的，有人觉得他肯定不会全交上去，就打他主意了。当时东苕溪上有很多运石子的船，从我们这里运石子到上海，再从上海把煤运回来，运到杭州煤码头把煤卸下，那么上百吨的煤，在舱底夹缝里剩下的煤可能也有几吨，船家就会便宜点卖给这边的老百姓，这个张志远也收这种煤的。有天半夜就有人来敲门，叫他去收煤。等他拿着工具跑到东苕溪边上，发现连船的影子都没有，倒有几个人在等他。这些人威胁他说："你家里肯定有玉器，必须卖给我们，如果不卖，就弄死你。"张志远说没有啊，那些人不信，就把他的头摁到水里，再拉起来问。这样反反复复，差点把他淹死，后来张志远也只好说出来还有个刻纹玉管没交，藏在他家楼上一个毛竹椅子的横档里，把一头的竹节敲掉，东西塞在里边。后来他跟老婆讲了，东西拿出来，命才算保住了。后来这件事被公安部门获知后，也把那几个人抓住处理了。这伙犯罪分子当中有一人是上溪村的村民，他是认识张志远的。

2001 年乡镇拆并后，我调到良渚管委会任文物管理局局长，了解到那几年因为盗掘和贩卖玉器，良渚、瓶窑、安溪一带总共被公安机关查处的违法犯罪人员有 100 多人。详细记不清了，最重的是判了 14 年有期徒刑，另外有很多人判了 3 年、5 年，最轻的拘留一个月。原来我们在桥北有下溪、安溪、中溪、上溪和石岭五个村，现在已经合并成一个大的安溪村。原来被抓最多的是下溪的，盗掘发生在这里嘛。后来有一部分是贩卖玉器被抓的，知道玉器值钱，其他村里和瓶窑镇的去盗掘贩卖，也有被抓的。

为了刹住盗挖贩卖的歪风，当时县公安局还到我们老的良渚博物馆门前停车场搭了台，开公开审判大会，现场宣传、教育当地的老百姓。

174

最早去瑶山上面挖掘哄抢的那些人判刑不重的，因为公安局来抓人的时候，我们乡党委、政府都给他们说情的。当时不要说他们群众不懂法，就连我们这些干部也都以为是地上的玉器，老百姓在劳动时挖到了带回家不要紧，不能算破坏文物，更不是违法犯罪。所以县公安局第一批来抓盗挖人员的时候，他们公、检、法的领导和我们乡党委、政府领导，在乡政府三楼一个会议室里面开会，统一一下思想，好做工作，当时乡党委书记叫林水根，听说要抓这么多人，都流眼泪了，他们到山上自己地里种番薯，挖出玉器，现在要被抓起来，想不通。后来几个月下来，大家由原来对村民的同情，到后来就有点憎恨这批文物贩子了。所以政府统一宣传，开了宣传车，沿路到每个自然村去宣传地下文物属国家所有，每个公民都要自觉保护，凡私自挖掘、贩卖文物的行为都要受到法律制裁。县公安局到我们良渚来开公审公判大会，通过这样从上到下大张旗鼓地宣传教育，盗挖和贩卖风气慢慢地刹下来了。

颜云泉（时任安溪乡文化站长）

我是 1976 年高中毕业到安溪公社工作，1982 年定编，到文化站当站长。那时我们安溪、良渚这一带的文化站的工作重点有两大块：一块是群众文化，一块是文物保护。因为良渚文化遗址分布在我们安溪、长命、瓶窑（当时北湖）、大陆这几个重点乡，开会、培训的时候，上面讲除了做好文化工作，还要注重良渚遗址的保护，所以当时我们就有这么一个意识，对地下的良渚文化要做一个有心人，发现什么情况马上要跟文化馆报告，因为当时文物部门还没有专门立编。

我们八几年的时候搞了一次文物普查，主要是通过一些热心文物工作的老同志口述。经过几个月的调查，我们对安溪范围内的情况写了一个调查报告。主要分两大块：一块是关于地下的良渚文化文物，曾经出土过良渚器物的地点；还有一块是地上的文物，寺院、庙宇这些古建筑和古桥。这两大块弄好，我们搞了一个总结报上去。

那么瑶山祭坛是怎么发现的？其实是1987年的5月2日早上，五一劳动节放假的，我在家里休息，结果这天在乡里值班的副书记郁金莲叫了联防队的几个队员到我家里来找我，说5月1日值班的林水根书记有重要情况交代给她，说是1日在下溪湾安溪第二石矿的窑山上面，好像有人挖什么东西，具体情况他们不知道，叫我马上到现场去看。那么当时我乡政府都没去，就和两个联防队员一起直接往窑山去的。去到现场一看，凭我掌握的一些知识，我觉得这个地方是良渚文化的墓葬，已经基本上被破坏完了，就是很大的一个坑，这就是后来发掘时编为12号的那个墓，里面器物还有的暴露在那。我马上就回到镇政府跟郁金莲副书记汇报。郁书记告诉我，1日那天，良渚化工厂来镇里挂职的乡长助理张祖兴正好到第二石矿来办啥事，发现有几百个人到山上去盗掘，声势很大的，所以他就联系了乡里分管政法的王寿锟副镇长。他们两人一个是部队里回来的，一个是政法副乡长，而且王寿锟就是这里人，瑶山就在他家房子的后面，乡联防队是他分管的，所以熟门熟路，下午上去以后马上就制止住了，现场马上封掉了，就叫人看管了。应该说在瑶山祭台的发现，第一次现场保护的时候，他们两位起到很大的作用。因为副乡长当时的官很大的，而且他是本地人，当时如果是外面的人去，老乡不认识的话，可能一下子还制止不了。如果他们两个人文保意识不强不上去，可能破坏得更厉害。

郁金莲副书记听了我的汇报以后，马上决定采取两条措施，比之前更加严厉：一是山道封掉，路口不让人进去；二是让我马上向县里汇报。那么我们县里汇报都一级级的，先要汇报县文化馆的文物干部。当时都是手摇电话，打过去，文化馆吴志勇老师值班，他接的电话。我说："吴老师，有个事情还蛮紧急的，沈德祥老师不在，你们两家住在一起的，你马上过去跟沈老师说，我们安溪良渚文化遗址发生个事情，叫他马上到办公室。"这个电话是 5 月 2 日上午大概九十点钟打的，那么沈德良老师是下午去办公室和我联系，听了汇报。然后他马上去跟王云路副主任讲，再跟局里王局长汇报。他们商量之后，5 月 3 日跟县里面做了汇报。当天县里打电话叫我做好现场保护，等他们下来处理，并把县里的意见转告乡党委书记和乡长。

五一劳动节是放假两天，5 月 3 日正常上班。我们在镇政府等，这个时候县里来的第一辆车子，看车牌居然是县委王国平书记的。当时看到的时候，这里乡长、书记以为王国平书记来了，很慌的。跑过去接，车上下来的是文管会的王云路跟沈德祥，乡领导不认识他们，我介绍了一下。他们解释说王国平书记在勾庄开农村工作会议，下午也会过来。因为文化局没车子，王国平书记就派他的司机先把他们送过来。这时候第二辆车子也到了，劳伟民副县长带着公安局、文化局领导来了。我记得蛮牢，我们文化局局长来了，公安局有常务副局长王志强，还有治安科科长沈成根，带着一批人到现场。来了以后，我们就马上请乡里面领导汇报5月1日发现的这个事情。

通过这个汇报，我也了解了更多细节。原来5月1日王寿锟和张祖兴两个人跑上瑶山去制止盗掘，这个时候已经快要晚上了，当时盗墓的人山人海，其中有个人被挤压在墓坑里压得缺氧了，拉出来的时候脸都发白，被送去抢救。看到这么个情况，估计当时镇领导首先考虑的还不是文物保护，那时候文物保护意识还没那么强，可能首先是怕闹出人命，死人就出大事了。后来相关部门来了以后，乡里面逐步引起重视。劳伟民副县长，工作能力蛮强的，马上采取四条措施：第一，保护现场，公安介入，调良渚派出所保护现场；第二，文化、文物部门和公安部门配合，收缴已经挖出的文物；第三，搞好宣传，发动群众；第四，要求公安马上开展调查。

正在这个时候，省文物局文物处和省、市考古所都来人了。有王明达老师、毛昭晰厅长，好像还有梅福根局长他们。省考古所得到这个信息是技工马竹山提供的，他家在附近，听到消息后去杭州跟考古所汇报了这个事情。那么还有个事情很有戏剧性的，当我们正在开会向区领导和区公安局汇报的时候，杭州市公安局七处侦查员也到了，他们不知道从哪里了解到消息，直接过来联系我了。原来发生盗挖这一段时间，实际上他们内部情报部门已经有信息，把他们领到这里来的，后来省公安厅都来了。

说起来这里还有一个插曲，5 月 3 日下午，王国平书记来了，就在我那个不到 10 平方米的办公室进行谈话。当时屋里除了我，最大的官是县委书记、县长，最小的是我们的乡党委书记和乡长。王国平书记对良渚文化这个事情，是蛮敏感蛮重视的，他当场问了一句话，书记、乡长那么多人，一个人都答不出。他问了个什么事情？他说："你们《文物保护法》在开干部大会的时候宣传过几次？"当时哪有领导会讲这个东西，不可能的事。停了很长时间，没人回答。确实没有宣传过。现在你要说没宣传，弄得不好乌纱帽要丢。这个时候我插了句话，说："王书记，你到余杭来当县委书记，你在全县的农村干部会议上面，有没有宣传过《文物保护法》？"我反正没有乌纱帽的，说话也是很直的。王国平书记听到这样一句话，当时就说："小伙子，我向你检讨，我是确实没说。"我说："你没有说，所以下面都没有说，这个事情不好怪下面。"这样以后，我到临平去开会，王书记骑自行车看到我，都要停下来跟我握手，跟我交谈的。

那么瑶山为什么会发生盗掘的呢？正如中央电视台广告说的那样，有买卖，就有伤害。其实我们良渚遗址在 80 年代被疯狂盗掘最主要的原因，是玉器有市场，有买卖！我们这里发生盗掘之前，德清跟我们交界的羊尾巴山，早就盗挖了很长时间了，那里盗掘以后有人来收购玉器，一个没有花纹的素面玉管 8000 块。那么羊尾巴山这地方跟我们下溪湾第四组是接壤的，那里"文化大革命"以前在大办畜牧场，农民打土墙，取土的时候挖掘出玉琮、玉璧、玉钺这些东西的。那时候，这种墓里面的东西被人当成不祥之物，都不会用手去碰，实际就是当一种废土打到围墙里面了。到了 1987 年 5 月有人来收购的时候，这些农民想起来了，当时不是在地上挖，是把墙推倒，找墙土里面的玉器去卖，后来才去原来取土的地方挖。那么有人听说瑶山出玉器，所以玉贩子就过来，引发了瑶山这里的盗掘。

事情发生后，我的工作主要有两块：一块是和县里的林金木一起配合公安做笔录。因为林金木做过省考古所的技工，有一点专业的。犯罪嫌疑人描述挖出的玉器的时候，公安不知道这形状的器物叫什么名称，做不来笔录，所以我跟林金木要配合公安做笔录。另一块是我要配合省考古所发掘，主要做好发掘的后勤工作。我和瑶山下面精神病管理所关系比较好，那么吃饭什么的大堆的事情都解决了。

因为瑶山是大规模盗掘，破案很容易的，公安一下子抓了 29 个人。那么这是一个大事件了，我们一个安溪乡共 1 万多人，一下子被抓去了 29 个人，这对我们文化站干部的压力是很大的。突然发生这么一个事情以后，老百姓肯定想不通了，我们的乡党委书记跟干部也都想不通，当时文物保护意识不强的。大家都说不知道文物保护法那么严的，老百姓不知道，干部也不知道。那么有人就说是我们文化站宣传力度不够。文化站只有我一个人啊，现在好了，有两个公安干警来了解情况，后来我才知道，他们实际上是认为我们文化站工作做得不到位才来查的。当时我是这样做的，所有的黑板报、墙报、做过宣传的稿子，当时没有拍照记录，我都有一个模板的，编好留档的。比方是拿一张白纸，题目是什么，内容下面附下去，我这个资料这会就带来了，当时两个老公安看傻眼了，说："颜站长，你这个工作做得比我们公安都仔细。"他们回去跟分管副局长汇报说，文化站工作没有问题，几年来宣传资料的全部档案都在的。公安原来是有一点倾向要调查我，后来他们自己认为他们都应该向我学习，那么原来那个想法就没有了啊。这是一个插曲。

后来还有一个插曲。当时考古发掘铺开了以后我也参加发掘的，我参加主要是学一点知识，不是到坑里面去看方的。他们在取器物的时候，会告诉我说这个器物是什么名字，墓葬里面如果有这个，肯定会有配套的啥东西，等等。把一般的常识讲给我听，这样我也学到不少东西。瑶山出玉这个事情引起省里面领导重视，李德葆副省长这一天来了。考古队带队的是芮国耀，王明达老师那天也来了现场，那天我有事没在工地。原来工地曾经出了个事情，当时被抓的人当中有个人的老爸是杀猪的，这杀猪的觉得都是因为我去报告才让他儿子被抓，知道我在参加发掘，拿着杀猪刀冲到现场要找我报复。后来被考古队他们几个人拦牢了。这个事情发生后，王明达、芮国耀他们没有跟我说，怕我紧张。他们把这事情跟李德葆省长说了，当时李副省长说，文物和遗址要保护好，工作人员也要保护好。就给身边的秘书说："回去以后马上跟省公安厅联系，文化站长人要绝对保护好。"那么他们回去以后，这一天的下午，我在办公室，王勇根乡长跟良渚派出所的陈利炎所长两个人来了，当时交通还是蛮差的，骑自行车来的。陈利炎以前也认识，他当过这里驻乡民警，和我同年，在乡里吃过饭，没有事情的时候，也常来文化站看看书啥的。那天他们来了以后，也不说啥事情，就笑嘻嘻，问这几天好不好，身体好不好之类，其实是向我了解有没有人威胁我。那么他们乡长、所长我平时也一直在接触的，所以当时我没意识到啥。好，第二天开始，乡里面两个民警，早上上班之前就到我办公室了，问我这天要到哪里去，说也跟我一起去。那么我骑一辆自行车，他们两个骑自行车跟在我后面。平时我们就有工作有配合的，联防队也是镇政府的，同个食堂吃饭，大家都打成一片的，然后我没有感觉到啥特别的，反正每天至少一个人跟我出去。后来才知道，其实是政府跟公安为了我的人身安全采取的保护措施。那个时候天天有两个民警跟着的，哪一个人会有这待遇啊！

　　所以在这个事情上面，后来我 1990 年调去临平，实际上是区里面领导在保护我。因为瑶山的事情，我当时有两个切身利益受到影响。一个是谈了五年的对象和我吹掉。因为当时 29 个人被抓起来的时候，是一个个叫到镇政府的广场上面，手铐戴牢，被公开逮捕。乡里面的镇长、书记都流泪的，他们很同情的，因为老百姓不懂文物保护法。所以你说我这个压力大不大？我对象是本地的，比我小几岁的校友，关系已经蛮好，到谈婚论嫁的地步了。瑶山盗掘和处理后，整个安溪乡都知道这事情了，那个姑娘也感觉压力太大，那么这样我们就好合好散，就分手了。现在我们都还联系，关系蛮好的，包括我老婆都认识她。那么这个事情是个人问题。另外一件事情是组织问题，我预备党员那时候应该转正的，没有给我转，后来我到临平以后才转的。

　　1990 年，劳伟民县长知道了我这两个事情，他跟我们文化局局长说，把颜云泉调到临平来，我拍板，所有关系我会处理好的。那么这个时候这么一说，因为之前破案的时候和公安打交道蛮多，我虽然不是公安，但在分析能力上面，以及做笔录上面比他们有些民警要好，所以公安局这时就想要我。公安局两个局长，常务副局长王志强想叫我到治安科，顾松根副局长是刑侦大队负责人，想叫我到刑侦大队。等他们把所有东西弄好，情况都了解清楚，要来文化局调档案之前，肯定要跟我们局长说的。局长说要调颜云泉走肯定不同意的，他说我们局里面要。那么后来我调临平到沈德祥老师那里文物办蹲了四年。1994 年调到文化市场。现在想起来我一生工作都在文化、文物这条线上，可能是我跟文化和文物有缘，所以我做了这个工作。后来做文化工作，压力没有，管舞厅、卡拉 OK 厅，我是科长，执法大队副大队长，那么人家都来求我的。而文物工作要去求人的，从轻松程度上讲，搞现代文化更轻松。后来退休后的两三年当中常考虑这个问题，觉得做文物工作更有意义，其实我们是遗产的守望者，良渚文化的守望者。

王明达（领队之一）[1]

瑶山那个时候属于南山林场，是余杭的一个国营林场，现在的东明山森林公园，包括瑶山这里都是它的，并不是农民自留地。一批林场职工在上面种杉树，早先没人认识，发现了玉器也没人要。在瑶山东边下溪湾村往东，直到与德清交界的地方都是夯土墙的土房子，农民很早已经搬掉了。1986 年反山发掘出土了很多玉器，大家才意识到玉器很珍贵。那些已经搬走的农民记得房子里的土墙里有玉器，就把墙壁敲开发现了

----

[1] 瑶山发掘申报为牟永抗、王明达双领队，实际由牟永抗任领队，王明达未参与瑶山具体发掘。

锥形器、玉管、玉珠等。之后就有下溪湾的村民到附近的瑶山去挖了。瑶山盗掘实际上是从 1986 年 4 月 27 日开始的。正好在瑶山上发现了后来的 12 号墓。12 号墓挖出了很多玉器，附近下溪湾的人知道有玉器后都成群结队拿着蛇皮袋和铁耙蜂拥而上了。到了 5 月 1 日这天，由于来盗掘的人太多，最多时聚集了 100 多人，看见出东西了都挤上去抢。人叠人，结果把下面的两个人都快压死了，昏过去了，村民就赶快把他们送到安溪卫生院去抢救。

事故发生这天恰巧是 5 月 1 日，我们都放假。下溪湾的老文保员姚今霆，是施昕更的小学同学，他听说后不顾年迈步行到安溪乡政府，报告文化站站长颜云泉。

颜云泉骑着自行车迅速赶到瑶山，后来按照他的说法，可能有点夸张，他说："啊呀，总有上千个人挤在那里挖。"他上去一看，哦，出玉器了！

他回去之后就直接打电话给余杭文管会的王云路。王云路听说后马上报告了县里和上级单位，杭州市园林文物局（简称园文局）告诉了我们。后来我们的技工马竹山也赶到环城西路的考古所，来报告了这件事情，我们知道后马上打电话给公安厅二处管文物的李处长。

5 月 3 日，我们所的人、杭州市公安局的人一共乘坐 8 辆车去了瑶山。那时瑶山条件很苦，需要从东边上山，一条山路弯弯曲曲要手脚并用才能爬上去。

我们一群人上来的时候，瑶山上面还有好几百个村民在盗掘。良渚派出所民警也来了，一大堆人上去，警车警笛呜呜叫，上面的村民看到警察之后就陆陆续续散开了。

那时每个村都有大喇叭，乡里就用大喇叭开始现场广播，要求村民把挖到的玉器交上来。当时的场景就是我们一边开会，边上有农民不断把挖到的器物交上来，放在铺了旧报纸的长条形凳子上。

现场总共上缴了 340 多件文物，其中有 6 件玉琮。公安部门把这些文物都移交给了余杭。前前后后一共抓了 70 多个盗挖文物的人。

后来老百姓知道了是颜云泉打的报告，于是拿着杀猪刀要杀他。颜云泉在村子里待不下去了，文化局就把他调去了临平工作。

12 号墓基本上被盗掘一空。收上来的有玉管、三叉形器等，但没有冠状器，有钺但少了组件，两端的镦和瑁都没有，后期清理的时候边上只有一点碎陶片。

后来我们了解到，其实除了这些，当时 12 号墓被盗的还有玉猪、冠状饰、刻画玉管等。当时文物并没有全部交出来，有些吓破了胆的村民是全部交出来了，有些狡猾的村民就把品相差的交出来，品相好的私藏起来，因此市面上流通的多是瑶山 12 号墓出土的文物。

我们知道收缴的文物不全，主要是因为后来发生了一些事。刻画玉管收缴的时候是 32 件，现在总数是 38 件，多出来的 6 件是哪里来的呢？

听瓶窑派出所的所长说，是有一次四个人赌博，其中一人输了钱不还，另外三人晚上就来绑架了他。绑架之后知道他还藏了玉器就让他把藏的玉器交出来，这个人不肯交，他家人还报案了。

警察把四个人都抓起来问被绑的这人是不是藏了东西。他交代说有，藏在了家里的蚊帐杆里。杆是竹竿做的，把竹节打通藏里面。所以又收上来了 6 件刻画玉管。

没有交上来的文物还有一件猪形态的端饰，是 1992 年上海博物馆马承源在纽约一个小古董店看到的，回来之后还把拍的照片给我看。结果这件器物不仅美国有，我国台湾地区也有。美国的那件据说是被日本人买去了。

一个偶然的机会，东京国立博物馆馆长写介绍信给国家文物局，说东京国立博物馆的评议员黑田风夫妇要来看玉器。他们夫妇二人到我这里看了之后，说东京国立博物馆收购的美国那件猪形态的端饰被他买去了。他回去之后还特意寄了几张照片给我。

瑶山发掘之后一直有盗墓现象。于是王云路申请了 2 万块钱请别人做一个高 1.1 米的石坎。石坎砌好后还要填上和石坎相同高度的土，干活的人发现土不够就去西边取土，取土时包工头发现了玉器。这个家伙悄悄留下了好的一件玉琮，只把两件残破的玉器交给颜云泉，颜云泉马上交给了余杭。

余杭文管办的王云路怕文物被省考古所拿走，就打算县里悄悄处理这事。因为林金木在考古所当过技工，所以王云路叫了林金木来处理。他在正式清理的时候墓已经被盗空了，但是他把北端的墓框清出来并把碎陶片带回去了。

我见过林金木整理陶片，跟他说要写标签，叫他写了个出土地点瑶山。据他跟我说，至少还有三个墓，是南列的。这是对的，因为在瑶山戴有玉琮的男性墓都在南列，北列墓是不出的。

此事一出，王云路之前做的事情瞒不住了，到我们办公室来。牟永抗从来没有发过这么大的火，他站起来"啪"地一拍桌子："你为什么不报？！"把王云路吓得脸色都变了。

这个包工头手上有一些完整的文物并没交出来，后来卖了 20 多万元，现在不知所踪。卖文物的时候由于分赃不均被下面的人发现，就把包工头举报了，结果包工头被判刑三年。

记得 5 月 3 日上山那天，浙江省文物局局长毛昭晰、杭州市园文局的贾玉芳副局长和文物办的姚桂芳、张玉兰（考古所芮国耀的夫人）都来了。杭州市那时候还没有考古所，叫园文局、文物办。他们说："你们省考古所已经挖到反山了，瑶山就让园文局来挖吧。"

毛昭晰居然同意了。我马上跟上毛昭晰，对他咬耳朵："他们没有领队资格，没有发掘权的。"毛昭晰一听就懂了，马上说那这个发掘还是要省考古所牵头，杭州市园文局参加。

芮国耀（执行领队）

王老师他们现场来过后，公安也收缴了文物，打击了盗掘，情况大致安稳下来。那天现场就已经定下来，由我们省考古所来做抢救性考古发掘工作，杭州市考古所和余杭县文管办派人参加。

所里这个发掘项目自然也就落到了我们第二研究室，当时的二室主要是负责全省新石器时代和商周时期的考古工作。我们在前一年刚刚发掘了反山墓地，取得了非常重要的收获。研究室主任牟永抗先生交代我尽快进工地进行发掘，他作为发掘领队向国家文物局申请发掘证照。

1986 年 5 月 5 日，牟老师带着我和杭州市考古所的桑坚信到了安溪。余杭文管办的王云路主任及林金木与我们碰头。我们一起跟乡政府接头，取得他们的支持和帮助。当晚，我和桑坚信、林金木就留在了安溪。

发掘前的准备工作，摆在我们面前最大的问题是无法租到下溪湾村民的房子作为考古队的驻地。由于公安和文化文物部门打击盗掘，下溪湾村里有不少人因参与盗掘或盗卖而被抓捕，因此村民对我们有很强烈的敌对情绪，乡文化站的颜云泉一进村口，还被村民拿着杀猪刀阻拦威胁。

开始两天，我们三人只好住在安溪老街上的小旅社。在当时乡镇上的住宿都只有供销社开设的旅社。后来，余杭文管办的王云路主任帮我们联系了瑶山旁边的杭州市安康医院，他们可以为我们提供空房子。

那是一所杭州市公安局所属的医院，对外也叫精神病医院，主要收治那些触犯了治安条例或刑法的患有精神疾病的人。

起初几天，我们三人临时借住在医院一间腾空的医务室。随着工地人员的增加，医院将一处暂时不用的病区院落清扫、整理、粉刷后给我们用。

住宿条件稍微有点改善，但生活上最大的问题是伙食。由于不能自己开伙，就搭伙在医院的食堂，就餐环境和伙食太不理想。

不过也是没办法的，有时候就让德清博物馆的朱建明骑摩托带一点榨菜、咸萝卜干之类的，他过来比较近一点。

后来，在工地的值班房支个小煤炉，让别人代买一点猪肉、油豆腐之类的，红烧来吃，解解馋。那可真是美味。

刚到工地，现场一片狼藉。几十个大大小小的盗坑，深浅不一，分散在一排排松树林中。南边还涉及一溜茶树。在处理好青苗作物赔偿后，我们清除了残存的松树和茶树，并清理干净了盗坑。万幸的是，大部分盗坑没有破坏到良渚墓葬，只有南边居中的一个大盗坑，据传是挖出了大量的玉器。发掘过程中我们进行了确认，也就是后来考古报告中记录的 M12。

刚开始，牟老师没住在工地，而是住在吴家埠工作站里，偶尔来一下工地。工地刚开工时，我们所的技工陈欢乐也来参加发掘，但还是明显感觉人手不够。后来，所里沈岳明参加了。他当时要在德清参加一处德清窑的发掘，结果当地出了一点状况，未能开展发掘而收摊，在回杭的途中顺便到我们工地看看，在我的邀请下，他很快就到工地上来参加发掘了。

牟老师和我商定了大致的发掘范围，初步为 400 平方米的样子，后来逐步扩开去，最终差不多挖了 600 平方米的面积。

开始我们布的是东西向的探沟，探沟长度基本上依据山顶的地形，拉了很长的探沟。先清理盗坑，表层耕土很快清完了，刮了之后迹象就出来了。先是中间红土台平面上有点显现出来，部分探沟里耕土下貌似墓葬的坑口线也显现了。

牟老师不在工地的时候，我就决定清除探沟之间的隔梁，从整体平面上来看看发掘区的墓葬开口和遗迹现象。灰土沟的平面出来了，红土台面范围也确定了，也有特别新奇的砾石斜坡和平面的堆积。

良渚墓葬也不断确定了墓口，开始清理。首先是清理最西端的 M1，这个墓的随葬品最早发现的是那件四龙首镯。工地上墓号的编排是以清理的先后为序，被盗掘破坏的那座墓葬在确认残存墓坑壁后，将其紧随已经清理的 11 座良渚墓葬之后，编为 M12。

随着发现的墓葬增多，需要尽快清理完，以保证安全。于是牟老师又安排刘斌和技工费国平从吴家埠过来参加发掘，主要是清墓。

瑶山的发掘速战速决，从第一天去到安溪，到撤离工地现场，前后正好一个月时间。总共清理了 11 座良渚墓葬，根据清理先后次序编号

图 3-12　瑶山发掘现场 1

为 M1—M11，被盗的那座墓葬编号为 M12，在石坎外的后期墓葬编号为 M13。（图 3-12、图 3-13）

非常遗憾的是，当时我们没有发现 M5 与 M11 之间存在的那座墓葬，遗漏了。一直到十年后才发现清理，做了弥补，这是后话。

那次发掘，是我第一次在现场负责大规模重要的田野发掘。好在通

图 3-13 瑶山发掘现场 2

过前一年刚刚经历的反山发掘，自己有一些心得和经验，而且后阶段牟老师基本上都住在工地，在他的统一谋划下，我们的发掘也进行得比较顺利。

我特别钦佩牟老师的工作精神，那个时候他正在生病，但大部分时间都跟我们一起住在安康医院。生活条件这么差，吃的中药开始还是由技工在吴家埠熬好送来，后来就在值班房的小炉子上熬药。从驻地到工地上山的路有点陡，每天爬上爬下是有点累的。晚上他有的时候还一定要跟我一起上工地安全巡查。前辈的精神对我们有很大的激励，是我们学习的榜样。

发掘结束后，面临的重要问题是如何保护面积范围近 400 平方米的祭坛遗址。这个时候主要都是牟老师在操心了。他提出的想法是发掘区回填，在上面再覆土，一米厚，然后封砌石台，将遗址做现场保护。而且，要在石台表面用青砖、卵石勾勒出红土台、灰土沟、砾石台以及良渚墓葬的平面范围。想法特别好。在 20 世纪 80 年代具有这样的遗址保护理念还是蛮有前瞻性的。后来就由省里出钱，余杭县负责实施了这个保护措施。（图 3-14）

工地工作结束回到吴家埠，我们就着手进行资料整理，然后为简报绘制线图。当时《文物》月刊编辑部已经约好反山的发掘简报在第二年

图 3-14　牟永抗（右一）在瑶山讲解

的第一期刊发，在得知瑶山的重要发现后，编辑部希望能同期刊发瑶山的简报。牟老师让我负责简报的编写。那年的 9 月，我要入学吉林大学读研，匆匆忙忙在走之前完成了简报初稿，交给牟老师修订。

　　再讲讲遗漏的那个墓葬。反山、瑶山发掘之后，良渚文化的研究进入了一个新阶段。但同时，良渚遗址群的保护也面临十分严峻的局面。瑶山遗址不断被不法分子盗掘，且屡禁不止，封砌的石台也受损严重。

196

遵照上级领导的指示，为进一步确定已经发掘的中心区域与周围的关系，弄清瑶山遗址的整体面貌和遗址的堆积结构，1996—1998 年，我负责主持了四期发掘。在 1997 年上半年度的发掘中，我们切开了封砌石台，自红土台往西做了探沟，对祭坛遗迹进行了局部解剖，在这个过程中发现了一座良渚墓葬，处在 M5 和 M11 之间。我们编号为 M14，弥补了当年发掘的缺憾，墓葬的布局也就完整了。

刘斌（考古队员）

瑶山发掘由牟永抗担任领队，参加发掘的主要有我、芮国耀、沈岳明、桑坚信、林金木、费国平、陈欢乐等。于 5 月 5 日开工，至 6 月 4 日结束。

当时的发掘条件相当艰苦，在山顶上风吹日晒，吃住也十分不堪。瑶山的东面有家杭州市公安局下属的安康医院，我们就借住在里面，这样也省了自己开伙烧饭的麻烦。

记得住了十天以后，各屋都闹起了臭虫。大家又是喷药，又是晒床垫，折腾了数日，总算把臭虫"镇压"了下去。

后来牟永抗先生派我去吴家埠加强值班，因为反山的玉器放在那里不放心。我每天早出晚归，骑自行车沿着苕溪走十几里路，虽然辛苦，

图 3-15　刘斌在瑶山 M7 绘图

心里倒也觉得挺痛快的。(图 3-15)

瑶山的表土不深,仅有 20 多厘米,所以发掘进展得很快。短短一个月时间,就挖了近 600 平方米,发现并清理了 11 座良渚文化的大型墓葬,出土玉器上千件。

瑶山的发掘不仅又一次获得了 10 余座大墓的大量精美玉器,而且还第一次发现了一座良渚文化的祭坛。祭坛的发现为良渚文化的研究增添了一项新的内容。若不是因盗挖发现，我们一般是不会到这样的山上去寻找遗址的。

祭坛就修建在瑶山的顶上，依山势而建。祭坛的西北角保存完好，用山上风化的石块砌了整齐的覆斗形护坡，护坡的垂直高度约为 0.9 米。

12 座墓葬整齐地分两排埋在祭坛的西南部。与反山相似，南排居中的 7 号墓、12 号墓与北排居中的 11 号墓，等级最高。瑶山的墓葬排列更为整齐有序，随葬品的规律也更加明显。经考古发掘出土的玉琮、玉钺、三叉形器、成组的锥形器等，均出自南排的墓中；而玉璜、圆牌形串饰、玉纺轮等，则仅见于北排墓中；另外带盖柱形器，除北排的 11 号墓随葬一件外，南排的每座墓均有随葬。

瑶山与反山的墓葬，出土时墓主人的骨架都已基本没有了，仅个别墓葬残留有牙齿。因此无法对墓主人的性别和年龄进行鉴定。

从瑶山墓葬的随葬品规律看，作为武器的钺只有南排墓葬才有，而纺轮和织具等则仅见于北排墓中。所以我们推测南排墓可能是男性，北排墓则可能是女性。玉璜应该是女性专用的佩戴品，而三叉形器和成组的锥形器等则属男性专有。南北两排墓应该既有性别上的区分，也有职能上的不同。

　　瑶山的 11 座墓，也大致属于同一时期，其年代与反山相仿。

　　高等级的墓葬居中，处于边远的墓葬相对级别较低。墓葬排列的顺序和位置，可能反映了墓主人生前的位次。

　　另外，瑶山的墓葬中，竟没有一件玉璧随葬，这又给我们提出了一个新的问题。玉璧本是大墓中最为常见的随葬品，并无身份地位的严格限定，仅反山的 23 号墓就随葬了 54 件玉璧。制作规范、打磨精良的玉璧，往往放在墓葬的中部，而制作粗糙的玉璧，则成堆地放在脚部。

　　瑶山无玉璧，这是不是祭祀上的限定呢？还是这个部族没有得到适合制作玉璧的玉料？如果玉璧是祭祀中不可或缺的礼器，那一件玉璧都没有显然是不合情理的；如果玉璧是财富的象征，那么这些地位显贵的墓主人，又怎么能一件玉璧都得不到呢！无论哪种解释，都无法让我们自圆其说。

　　关于墓葬与祭坛的关系，有一种观点认为两者是复合的，即建立祭坛既是为了祭祀，同时也是为了埋墓。这些埋葬在祭坛上的墓主人，同时也是被祭祀的对象。从祭坛和墓葬的迹象分析，我认为祭坛本是一种专门的祭祀场所，当祭坛原初设计的使用功能被废弃以后，才被作为一块圣地，而成为巫师和首领们的墓地。并且在作为墓地之前，还应该有一次覆土加高的过程。既然祭坛原初另有实际的功用，那又是用来做怎样的祭祀的呢？

第四节　莫角山发掘

良渚古城中心宫殿区。遗址呈长方形，东西长约 670 米，南北宽 450 米，面积 30 余万平方米，人工堆筑最深达 14 米。上部人工堆筑三个土墩，呈三足鼎立之势。三个土墩间有 7 万平方米的夯筑广场。为新石器时代最大体量的土质单体工程。1987 年首次发掘，1992—1993 年发掘。

1993 年度全国十大考古新发现。

"八五"（1991—1995 年）期间全国十大考古新发现。

赵晔（1987 年、1992 年发掘队员）

关于莫角山，我做过两次发掘。第一次是 1987 年。那时我刚刚分配到浙江考古所工作，7 月报到。前面几个月我在古荡库房协助牟永抗老师整理反山和瑶山的玉器。到了 10 月，因为莫角山上面的老 104 国道有点弯曲，有点呈 S 形，公路部门就想把它拉直，再加宽一点。这个台地当时我们知道是个遗址，但是不知道它是什么性质的遗址，所以公路部门要拉直，我们就跟他们交涉，说这个地方要进行考古工作。

公路取直的部位在莫角山东南部，上面有几个土包包，我们判断是汉墓。因为这个地方原来都是果园的场地，上面种满了桃树、梨树什么的，当初他们在平整土地的时候，就发现过很多汉墓，包括六朝的墓也有，所以判断这几个土包包应该就是汉墓。

当时考古队里面请了二室的胡继根来做实际主持，主要就是针对这些汉墓。我印象中共有 4 个土包，里面总共清理了十几座汉墓。这些墓葬清完了以后，往下我们就布方发掘了，探方规格是 5 米 × 5 米，挖了 13 个探方，这样面积就是 325 个平方，然后就往下挖。当时牟永抗老师是领队，但是因为他身体不是太好，让胡继根实际主持。他算是老同志了，还有朱琼华、孟国平都参加了。表土挖下去以后，马上就出来了大面积的红烧土堆积。

之前我们没碰到过大这么大面积的红烧土。当时也觉得很纳闷，于是胡继根请示了一下牟老师，牟老师说："你们挖下去好了，看看是什么东西。"后来我们有一个探方直接就挖下去，挖穿了这个探方。

挖穿以后发现不对，烧土越来越厚，最厚的地方有 1 米多。那这层烧土太奇怪了，因为它有点倾斜，呈坡相堆积，像是倒下来的东西。

牟老师到现场看了以后也惊住了，说这么厚的烧土块堆积一定有名堂，就这么挖掉太可惜了。

他自己也意识到可能挖错了。然后他让我们把整个烧土面揭露出来，看看上面有没有什么遗迹。

后来我们把全部的红烧土面都给它剥剔出来了，发现上面坑坑洼洼的，不是很平整。后来延伸出去再打了几条解剖沟，确定这个东西是一个坡相的废弃堆积。它的范围还蛮大的，大概有 20 米×20 米的样子，有部分超出了发掘范围。

所以这是一片至少有三四百平方米的椭圆形的堆积，总体上由北往南倾斜，但中间局部比较低洼，呈坑状。堆积的最厚处有 1.1 米，层次非常明显。红烧土块大小不一，有的全红，有的全黑，有的外红里黑，有的外红里黑而且呈长方形，非常像砖坯。

这个东西我们不太看得明白，牟老师也弄不明白。

后来北京大学的严文明先生带了当时的研究生李水城过来，看了以后，严先生说这个是次生堆积，是房屋毁掉、窑址废弃或祭祀行为产生的堆积，而且时间长，规模大，是非常重要的遗迹。

牟老师比较认可是祭祀遗迹的说法，并称是燎祭遗迹（夜晚烧一堆东西或多堆东西，红光冲天）。

这么定性以后，我们就把它整个做了记录。画图、拍照弄完之后，想想这里是不是光这样一个堆积，于是又往下挖。

挖了大概几十厘米，下面好像都是青灰色团块土了。这个土很像自然沉积，但是又感觉像人扰动过的。所以我们后来挖了大概一两米，觉得有点深了，再在这个范围里面往下钻探，钻了一米还是这个土，两米还是这个土，后来钻了十几米还是这个土。这个土始终不是很纯净，都是团块状的青胶泥。我们觉得应该还是熟土，不是自然的沉积。

所以说红烧土下面有十几米厚的团块状青胶泥的熟土堆积，这是我们在这次发掘中获得的一个重要信息。

因为整条线路边上有好几个地方都发现有红烧土堆积，所以牟老师觉得祭祀遗迹的规模会很大，觉得有必要做更大面积的发掘。于是我们所领导就跟公路部门商量，说莫角山遗迹很重要，要大面积发掘，让他们提供适当的经费。

据说最初跟他们谈的时候，谈得还可以，大概是我们答应半年之内把这个地方都挖掉，他们则提供 35 万元左右的发掘经费。但是后来到正式谈的时候，据说我们所里主要领导忽然提出来说要 90 万元，然后工作时间要三年，一下子把对方整懵了。公路部门觉得时间太长，经费数额太大，划不来。最终他们决定放弃，就说："保护重要，我们不改造这个地方了，那么你们考古也不用挖了。"

所以后来这个地方就停掉不挖了，把原来挖好的回填也恢复原状了，就是这么个过程。

我们很难想象，当时如果继续挖的话会是什么结果，会不会提前确认它是宫殿性质的权力中心？按照当时的认识，我个人觉得可能会造成比较严重的后果。因为我们当时的认识可能还没到那个程度，有可能会把遗址挖破或者造成无法弥补的损失，所以现在回头想想这未必是坏事。

另外一次是在 1992—1993 年，我又一次到莫角山进行发掘。那么这次做发掘的原因是什么呢？是因为大莫角山南面，当时有一个长命印刷厂，占地 28 亩，有一些厂房，厂里打算在门口进去的地方扩建一些厂房。

1992 年 6 月，所里派了刘斌去试掘了一下。他和周建初去试掘了两条沟，发现表土下面就是一层很厚很结实的沙土。按照常理来说，沙土都是冲积形成的，这么高的地方发现沙土一定不是自然冲积或沉积的东

图 3-16　莫角山发掘人员（左起：葛建良、费国平、赵晔、杨楠、张忠勋、陈欢乐）

西，可能是人工堆上去的。所以这个东西需要进一步地考古一下，我们就提出来要做一次较大面积的发掘。

　　正式的发掘由王明达老师领队，杨楠来现场主持，我是主力队员。队员还有葛建良、陈晓立、方忠华他们。在这个印刷厂的厂部里面，当时我们布了十几个探方，加上局部扩方，然后在小莫角山南面也挖了100 平方米，最后总共大概揭露了 1400 平方米的样子。（图 3-16）

这次发掘我们得到了非常令人震撼的一个收获，就是原来认为的沙土，其实是一个人工精心夯筑的大台基。

我们想了很多办法，最终把这个基础剥剔了出来。因为上面一层沙土特别硬，当时挖这层沙的时候，铁耙的齿都要弯掉的。可惜那层沙土大部分被当地农民给取沙挖掉了，只剩下一些挖沙坑的边界。大概 20～30 厘米厚的一层硬结的沙土，但挖出来在水里泡泡，打碎后它会变成很多沙子，可以卖钱。他们挖沙的时候是你挖一块，我挖一块，中间留一条垄作为边界。我们根据这个边界就知道它是一种什么样的结构，什么样的硬度。

这层硬沙土下面还有约 50 厘米的夯土，一层沙一层泥夯起来的，共有十几层。应该是在泥面上夯，夯了以后，就有像蜂窝一样的夯窝，然后铺一层沙再铺一层泥，接着夯。这层夯土里面尽管有沙，但是也有泥，挖这个土来卖沙并不划算，所以下面这层就没人挖了，都保存得很好。

上面那层被农民挖掉的比较纯净的沙土，我感觉掺杂了糯米浆之类的东西，有点像三合土。它的硬度就相当于我们高速公路最上面那层硬结面。你要开坦克车一点问题没有，像天安门广场一样搞个阅兵我觉得也没有问题。所以这个很厉害。

图 3-17　莫角山夯层清理（右一为赵晔）

　　我们当时勘探到的面积大概是 3 万平方米。最近几年又做了很多工作，据说这个沙土广场有 7 万平方米，那就大一倍了。即便是当时认为的 3 万平方米，这么大的礼制广场在史前时期已经是不得了的大型工程了，是不是？

　　这么大的广场，这么考究的工序，一定跟权力有关，一定是个礼仪性的场所。所以这个发现就非常重要了。因为本身它是一个人工规划过的巨大的长方形台子，然后台子上面又有人工规划的三个小台子，小台子上面后来我们了解应该是主要的建筑基址，而巨大的沙土广场就在这三个小台子中间，礼仪的性质应该是非常明显的。（图 3-17）

　　说起来牟老师最开始对我们做的这个夯窝还不太愿意相信，或者说不太认可，还带了我们所考古室的同事都来看了看。因为我们南方的史前考古从来没发现过夯土，更没夯窝做出来过，所以都不太相信。那个时候可能还没有整个阶梯状剥剔，只是刚刚面上揭出来一点点，所以他们不太敢认情有可原。

　　后来我跟杨楠仔细分析了一个水沟边的剖面，看到沙层和泥层之间的锯齿状痕迹，越看越觉得是夯窝，然后就琢磨怎么把它揭出来。既然有十多层夯土，那我们就设计把它一层一层阶梯状地给剥剔出来。

　　于是我们就一点一点剥剔：一个夯窝面，一个沙土面；再一个夯窝面，一个沙土面。一共揭了 6 个面出来。这时揭出来的夯窝就非常清晰了，是用一种小棍子夯的，直径大概 3～5 厘米。

　　后来严文明先生和张忠培先生都来看了，他们认为这个确实是夯窝，而且是一种非常特殊的夯筑方法。

　　这个遗迹实在太重要了，严先生当时就说，以莫角山城为代表的良渚遗址区，是不是可以看作整个良渚文化最大的中心？假定莫角山城是某个统治集团的权力机构所在地，是否就可以称之为都城？当时莫角山是叫台城，因为当时城墙还没发现，所以把这个十多米高的覆斗形的大台子叫台城，我觉得也很贴切。这么一个规整而宏伟的台城，作为一个政治中心，是可以解释得通的。

因为很重要，又是独一无二的重要发现，加上我们做的工作也比较细致，所以就评上了 1993 年度全国十大考古新发现，也被评上了"八五"期间的全国十大考古新发现。可以说，这次考古发现，确认了莫角山是良渚文化最重要的中心遗址的地位，那么它的重要性就不言而喻了。

另外，我们在挖夯土基址的时候，在边上小莫角山南面也做了个小范围的发掘，只有 100 平方米。那里面同样有夯筑的基址，但是也发现了 26 个柱坑。其中有十几个比较大，分两排。可惜因为面积不够，当时我们没有挖到完整的柱坑分布。但从柱坑排列来看，有可能它是类似亭子一样的建筑，是露天的，通透的；也可能是列了一排图腾柱之类的东西，可能是仪式广场上一个背景性的东西，重要仪式就在那个地方举行。

这些柱坑后来也没挖全，单元和结构没有最终搞清楚，如果搞清楚一定会更有意思。

最后说说莫角山遗址为什么叫莫角山。1987 年和 1992—1993 年发掘时，这个地方叫大观山。其实它是大观山果园外场，并不是正宗的大观山。真正的大观山是果园内场，在大雄山丘陵那一带。所以遗址叫大观山不太合适，叫大观山果园也不太合适。后来想想，因为它上面有一个大莫角山，一个小莫角山，那么我们索性把整个遗址叫莫角山。莫角山的名字就是这样来的。

但是说实话，这个名称后来觉得也不是太合适，因为我们后来打听到一个更好的名字，当地叫"古上顶"或者"古尚顶"。这两个名字都挺好，它的字面含义跟古代是很契合的。所以我们曾经一度想把莫角山的名称改过来，但是因为莫角山已经被正式报道了，文章和文件什么的都这么叫，叫顺了再改过来其实很难。那就这么叫了，不再去折腾了，所以申遗时也用了莫角山这个名称。

杨楠（1992—1993 年发掘执行领队）

我们现在都知道，莫角山遗址是良渚文化的一座巨大的人工营建的高台遗址，它对认识良渚文明的形成和发展具有非常重要的地位。但是长期以来，大家对这座位于大观山果园，以大莫角山、小莫角山、乌龟山及周围一带高地为主体的长方形巨型遗址一无所知，直到 1987 年，因为 104 国道取直工程进行的考古发掘，才认识到这是一处良渚文化的遗址，由此掀开了这座"冰山"的一角。

1992 年浙江省文联印刷厂（长命印刷厂）要在大莫角山南侧扩建厂房。实际上已经挖了地基，面积挺大一片的，表土之下的几十厘米都挖下去了，然后铺垫了很多的塘渣和大石块。知道消息后我们制止了厂方施工。

1992 年 6 月，所里派刘斌到那儿先看看情况怎么样。1987 年，在这座高台遗址上面的东南部发现厚厚的红烧土遗迹，那么在靠西北面的这一块地方又会有什么发现呢？他开了两条 2 米×10 米的探沟，把厂房铺垫的塘渣去掉了以后，下面就是沙土层了。因为没什么陶片，无法知道沙土层的年代。后来因为天气炎热，就暂时停工了。

关于沙土现象，牟永抗老师说，80 年代初他就注意到乌龟山北侧有农民大规模捞沙的情况。实际上这种情况一直持续到 90 年代，村民在这一带田地劳作时，经常发现耕土层下有厚厚的沙土。因为它不是纯沙，所以农民要架起筛子把沙子筛出来用来造房子。

牟老师提出疑问，就是在大观山果园这样的高地上为什么会有沙层？如果说不可能是河水作用的话，那一定是人为造成的，要是这样的话，其年代及性质如何？为了解决这样的问题，所里决定下半年进行正式发掘，王明达老师担任领队，让我当执行领队，考古队成员有赵晔、陈晓立、方忠华和葛建良。

我们 1992 年 9 月 25 日进驻工地，准备在印刷厂围墙范围内布方。不过对于是用探方还是打探沟，大家有不同看法。

张忠培先生说应该做一个南北—东西向十字形的百米长探沟，把遗址好好解剖一下。

牟老师也同样主张打百米长探沟，希望确定沙土的边界。

王老师认为打长探沟恐怕不太合适，因为这个遗址太重要，如果都把它挖穿了，就缺少了一个与平面相结合的观察角度，很容易把遗址做坏。我完全同意王老师的看法。

后来再征求严文明先生的意见，严先生也不主张挖十字形的大探沟，他还举例子说："有的地方六七十年代也是用这种方法，在大遗址的重要区域东一条探沟，西一条探沟，把好端端的大遗址给破坏得差不多了，却对遗址的整体情况还是不了解，是吧？所以你们千万别这么干。"

王老师的想法和严先生是合拍的。因为王老师是领队，到底怎么做当然由他来拍板。最后决定还是使用探方法。

布多大的探方？是 5 米×10 米还是 10 米×10 米的探方？大家讨论了一下，觉得还是 10 米×10 米大方更合适。因为发掘区域范围内，印刷厂地基除了大量塘渣，还有好多大石块，探方小的话，不好清理，也容易把探方壁给破坏了。另外就是从已知情况看，探沟的沙土中没什么遗物和遗迹，探方大一点的话可能有利于发现新情况。

经过一段时间的发掘，我们终于把厂房的塘渣和大石块都清掉了。露出来的一层所谓的扰乱土，有汉代砖块、宋元瓷片什么的。这层清掉了以后，就到了比较干净的沙质土层面上了。又浅浅地挖了一层，没有发现晚期的东西，说明沙质土层的年代至少不晚于汉代，但要说它更早也还没有证据。

是否接着再往下挖？我觉得应该继续。不能仅仅满足于知道它的年代下限就收摊了，还是要看看是不是有比汉代更早的遗物和遗迹，当然最好是找到良渚时期的。我想这应该是本次发掘的一个主要目标，是吧？另外，还想搞搞清楚沙质土的性质。

10月22日那天上午，根据我的汇报和想法在所里开了个小会，王老师、牟老师、我和赵晔一块儿讨论了这么几个问题：首先，他们同意我提出"沙质土"这个概念——不能叫沙土，因为它不完全是沙，泥土成分不少，所以农民要筛沙子。其次，就是决定继续下挖，进一步观察沙质土的性态——这是牟老师的主张，重点寻找遗迹现象和包含物。再次，对这样一个巨大的高台遗址考古要有一个总体的长远规划，决定采用坐标法将整个高地划分四象限四个大块，就是像北大在山西曲村遗址考古那样的做法。每一个象限再划分出若干小块，每一小块就代表一个固定的发掘区域，这个小块的面积就是100米×100米。中心基点根据整个高地的地貌情况，定在印刷厂围墙的西北角附近，以此为中心，第一象限以大莫角山为重点，第二象限以小莫角山为重点，第三象限以乌龟山为重点，第四象限就以长命印刷厂及东南一带为重点。这个编号就是从 0 点起，四象限各小区自左向右，依次编号。最后，讨论遗址的定名问题。刚一开始我们进驻工地的时候，把发掘区叫大观山果园一区、大观山果园二区。一区就是 1987 年发掘的那一块，二区就是 1992 年发掘区。后来觉得这样不规范。叫大观山遗址也不太确切，为什么？因为大观山实际上是在南边好几里之外。叫果园遗址也不太好，因为有不少地方都叫果园遗址，缺乏特征性，也容易重名。

赵晔提议叫莫角山遗址怎么样。我一听觉得可以啊。因为这块高台地上面的大、小莫角山显得非常突出，能代表这个遗址的重要特征。这个命名也可以避免重名。

我还认为，莫角山遗址带个"山"字，在一定意义上也反映了该遗址的特点和性状，比如说反山、瑶山、张陵山、福泉山等也都是这样。

王老师提醒说以往大家都习惯了叫大观山果园了，一下子叫莫角山遗址是不是不大容易叫得响？我说叫得响叫不响，关键在于考古发现。反山、瑶山不都驰名中外了吗？

最后，牟老师、王老师又经过仔细考虑，觉得那可以，就叫莫角山遗址吧。

随着发掘的继续展开，我们陆续发现零星的细小陶片。我要求全部都收集起来，发现这里面不再有晚期的东西了，我感觉应该就是良渚的。后来稍微大一点的陶片也有发现，根据陶片特征和灰坑与沙质土层的打破关系，完全可以肯定沙质土层就是良渚文化时期的。

接下来必须要想办法搞清沙质土层的形成原因和性质问题。11月26日，我们开始发掘沙质土层，感觉越来越困难。土色也非常斑驳，一团一团的，沙多的地方是铁锈一样的褐色，非常坚硬。用小锄头都没办法，不得不用十字镐才能刨开。把坚硬的部分除掉了以后，它旁边连带的是那种青灰色泥层，相对软一些。好不容易才铲光了平面。

我仔细观察着情况，忽然发现斑驳的层面上有一些圆形或椭圆形的褐色沙质土，它们周边连带着青灰色淤泥。这些圆形大小都差不多，直径接近10厘米，显得非常规整。

这下有意思了！我决定先别整个铺开，只在14号探方5米×5米内先做2米×5米，控制面积，以点带面，仔细精心去做，完了再看看到底怎么回事。

我觉得这个迹象肯定是人为造成的。会不会是跟夯筑活动有关系？我脑子闪现出这样一个念头。我就跟赵晔说："这些圆形或椭圆形沙质土遗迹说不定和夯窝有关，咱们试试吧，看看能不能剥剔出来。"

赵晔说"好的"，就带着两个民工认真地干了起来。由于沙质土很硬，用手铲很难剥剔这样的小圆窝，劲儿大了就会把小圆窝的淤泥壁面毁得差不多了，劲儿小了也不行，那个壁面剥不出来。

用什么办法才能保证清理出遗迹的原貌呢？我觉得不能再依赖小手铲了。我说："咱们这样，去买一把不锈钢的小汤勺和西餐刀。这两样东西小巧实用，剥剔壁面时捏住靠近头部的小汤勺或西餐刀，可以控制手上的力度。"

结果证明用这个效果非常好，能把夯窝光洁的壁面剥剔出来，完全揭示了夯窝的原貌。

为了验证一下到底是不是夯层，我就利用发掘区内原来农民挖的一条排水沟铲了一个剖面。结果发现一共有 13 层，是由一层沙一层泥间隔构成的。泥层都是波浪式的，下凹处应该就是夯窝的剖面了，刚好和平面上发现的成片夯窝相对应。

毫无疑问，我敢肯定这就是良渚文化时期的人工夯筑遗迹！我叫赵晔过来看了剖面，他完全同意我的判断。

当天上午，牟老师、王老师、芮国耀来到发掘现场。我说我们发现夯筑遗迹了。王老师看过遗迹后思考着什么，并未明确表态。牟老师看了之后却不以为然，认为这些遗迹不大可能是夯窝，倒是很像水牛一类动物的蹄子踩踏之后的印记。他强调说，这和中原地区龙山文化的夯窝不一样，这要是夯窝，5000 年以前的良渚文化社会的发展水平恐怕要重新认识了。他的意思很明显，良渚文化要早于龙山文化，其社会发展水平不会高于龙山文化。

我心想，为什么江南和中原的夯窝非要一样？我们首先应该从遗迹现象出发，而不是囿于传统观念！

我跟牟老师解释我的理由："江南和中原的夯窝形态不一样，是因为两地夯筑的土质和夯筑的工具不同。中原是在干土上面用平头夯具夯筑，江南则是在湿土层面上用圆头夯具夯筑，所以夯筑迹象当然不会一样。至于说这些夯窝像水牛一类动物踩踏的蹄印，其实那是在湿土上连续夯筑使得夯窝挤压变形的结果。"我说："牟老师，您看那些很规整的圆形夯窝不是更多吗？"

为了进一步增强说服力，我们又在 14 号探方采用台阶式发掘方法，剥剔出 6 个夯窝层面来，每个层面都是密密麻麻的圆形夯窝，更清楚地反映了夯窝特点和夯层结构。（图 3-18）

12 月 3 日，王老师仔细观察了我们剥剔出来的 6 层夯窝，非常认可。他说做得很清楚，这是夯筑遗迹应该没什么问题了，中原的夯层大多发

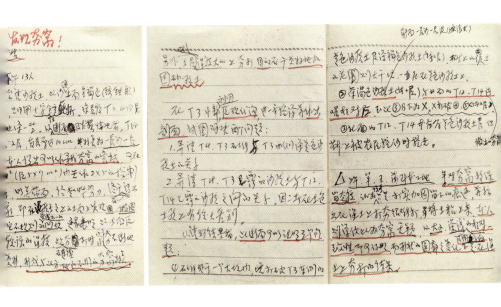

图 3-18　杨楠 1992 年 11 月 26 日关于夯窝的日记

现于龙山时代、夏商时期，咱们这儿的良渚文化也发现夯层，意义非同寻常！

12 月 4 日，牟老师又来看发掘现场，似乎默认了夯筑遗迹的发现，但他又给我提了一个问题，说这些夯窝是在泥层上夯还是在沙层上夯？我说应该是在泥层上夯。他摇摇头说："不可能，如果在泥层上夯会把泥带上的。"我说："南方的这种淤泥黏性并不大，不像北方那种黄土，只要有点雨水黄土便黏性十足。"（图 3-19）

我在杭州郊区插队时经常光脚下水田干农活，上来时黏在脚和小腿上的泥土很少，在池塘边的淤泥上面常见水牛的清晰脚印，要是把泥都带上来也就看不清牛脚印了。

如果按牟老师意见，是先铺好泥层，上面再铺一层沙子，完了在沙层上面再夯筑的话，那么最后在泥层上留下的夯窝壁面一定很粗糙，因为许多沙砾都会嵌进去，但并没有发现这样的考古实例。相反，从泥层上面的夯窝形态和剥剔出来的光滑的夯窝壁面来推测，我认为当时是使用光洁的圆头夯具直接在泥面上进行夯筑的可能性更大。

考虑到发现莫角山遗址夯筑遗存的重要性，刘军副所长让我们除了拍好野外发掘照片，就是把正片、负片、黑白片这三套做资料存档之外，再准备一套彩色照片，然后写上说明，交给国家文物局专家组成

图 3-19 杨楠工作照

图 3-20 杨楠给严文明和王明达讲解

员，也希望他们来现场考察并确认这一重要发现的性质。

后来严文明先生 12 月 26 日到工地，到的时候临近中午了，天下着毛毛雨。牟永抗老师、王明达老师、任世龙老师，还有所里很多同仁都到莫角山遗址看发掘现场。严先生边看边听我介绍发掘情况，并不多说话。午饭之后，我在汇报会上放幻灯片对遗址的整个发掘过程包括发掘方法、层位关系、遗迹性质、年代判断等方面做了具体汇报。（图 3-20）

28 日，野外工作人员都回到所里，听严先生做关于良渚文化研究若干问题的报告。

严先生重点谈到莫角山遗址这次的发掘，认为大片夯土基址的发现是良渚文化极为重要的突破。他说："你们的工作很认真、很细致，国内有其他地方做出了夯层，也做出了一些夯窝，但是到目前为止没有一处能做到如此细致，分层剥剔，恢复原样的。"

然后他也提出一个问题："有没有可能是用石头夯筑，夯窝是不是石头夯筑留下来的迹象？比如山东东海峪就有用石块夯筑的情况，主要是遗迹旁边发现的石头可以和夯窝相吻合。"

严先生的提醒对我很有启发。不过这边至少在发掘范围之内没有发现这样的线索，不能肯定它是用什么材质的夯具，所以我只能说确实是使用圆头夯具，这是比较保守的说法，因为留下来的夯窝遗迹就是个圆底的，不是平底的。至于夯具是石头还是木头，都有可能，期待今后能有新的发现吧。

关于莫角山夯筑基址的发现意义，严先生说相当于良渚这个时期，还没有其他地方发现如此规模巨大、水平之高的夯筑台基。他说原来估计莫角山是一个中心，是殿堂一类的遗存。他这个说法是根据 1987 年他认定这个地方烧土坯跟大型建筑有关，而牟老师一直认为那是燎祭坑，所以他们俩看法完全不一样。严先生认为我们这次的发掘，让他的看法得到了初步的证实，莫角山遗址应该是良渚遗址群的中心，也可能就是良渚文化的中心。这样才能够理解反山和瑶山墓地所反映的情况和意义。这是严先生的评价。

1993 年初，得知在小莫角山南侧也就是印刷厂外西北面农田又有农民在挖沙，被制止后，我们在那儿开了一个探方进行抢救性发掘。在被破坏的地方做了个剖面，发现了非常清楚的夯层。和印刷厂发掘区的情况完全一样，都是沙层和泥层相间隔的夯层。然后我们在铲光的平面上发现了成排的大型柱坑遗迹。柱坑大者直径超过 130 厘米，柱洞的直径 60 厘米左右。可惜的是上部都被农民挖掉了不少。

由于牵涉赔偿等多种原因，无法扩方进一步发现和了解建筑结构和布局特点，这真是非常遗憾的。但不管怎么讲，这一发现证明，夯土台基并不是孤立存在的现象。它和修建在它上面的大型建筑都是良渚社会复杂化的突出反映。

说到莫角山遗址考古发现的重要性，一方面，5000 年前的良渚文化就有这样精致的夯筑技术和大型的木构建筑，在同时期的考古学文化当中应该是独一无二吧，说明良渚文化的发展已经达到了很高的水平。莫角山遗址的重要性也体现在它和周边遗址的关系上。西北侧有反山王陵，西面和东北面分别有汇观山和瑶山良渚大墓和祭坛，是吧？莫角山周边还有很多同属于良渚遗址群的中小型墓地、手工业作坊、居址等，这些都充分地反映了莫角山遗址的中心地位。我老喜欢做这么一个类比，如果把反山比作明十三陵的话，那莫角山就相当于故宫，对不对？

另一方面，2006 年发现的良渚古城，还有后来发现的水利设施等重大考古发现，更加凸显了莫角山遗址的重要地位。因为你从平面分布上看，莫角山刚好处在良渚古城中间偏北一点的位置，对吧？那么这样的分布格局，毫无疑问是良渚文化当时复杂有序的这样一个社会形态的真实反映。所以莫角山遗址不会是一个一般的场所，而应该是良渚社会最神圣的礼仪中心。莫角山遗址的考古发掘先后被评为 1993 年以及和"八五"期间（1991—1995 年）的全国十大考古新发现，这是对它的学术价值的充分肯定。

莫角山遗址的发掘虽然过去快 30 年了，但所有这一切就像是刚发生过一样历历在目，值得回味。和王明达老师在一起，我真没什么压力。工作中他对我完全放手，始终信任和支持。

王老师是位个性十足、特爱较真的人。

王老师说："我就不信邪，我就要坚持合理的做法。"

他还说："我们要坚持实事求是，必须要讲真相。"

　　王老师为人处世的风格让我深受感染，我想这应该是做人、做考古工作必须坚守的底线。

　　其实见到牟永抗老师我也没什么压力，我倒是挺喜欢他的质疑和挑剔。他越是这样，我就暗下决心越是要让他无话好说。好在牟老师对我很宽容，只要他觉得我回答他的问题在理，几个回合下来就这么着了。

　　牟老师的质疑精神让我受益匪浅，促使我不断提升问题意识和解决问题的能力。

　　最后需要指出的一个问题是，《余杭莫角山遗址 1992—1993 年的发掘》（《文物》2001 年第 12 期）在"遗址的认识和发掘过程"中称，"1992年 6 月，印刷厂扩建，经试掘后发现人工夯筑的地层"，这是不符合客观事实的。实际情况是，当时的试掘挖到含沙地层就停工了，对沙层的年代和性质都不清楚，所以才有了 9 月开始的正式发掘并解决了相关问题。至于 1987 年的发掘，当时讨论的焦点是那些红烧土遗存到底是燎祭坑还是红烧土坯一类的建筑遗存。虽然意识到这是一处人工营建的大型遗址，但并没有发现有关文章中所谓夯层的任何确切证据。真正发现并确认莫角山遗址夯筑遗迹及其证据的时间是 1992 年 11 月 26 日。有关莫角山遗址发现夯筑遗迹及其证据的文章《余杭莫角山清理大型建筑基址》最早刊发在 1993 年 10 月 10 日的《中国文物报》上。

第五节　汇观山发掘

汇观山良渚文化墓祭坛与墓地的发现，是继反山、瑶山后，在良渚文化遗址群范围内的又一次重要发现。它进一步丰富和完善了我们对良渚文化祭坛及其与显贵者墓地间关系的认识，对于从整体上把握和认识良渚文化遗址群的规格、形态、聚落布局等，提供了新的重要资料。

——浙江省文物考古研究所、余杭市文物管理委员会：《浙江余杭汇观山良渚文化祭坛与墓地发掘简报》（《文物》1997 年第 7 期，第 18 页）

1991 年度全国十大考古新发现。

刘斌（执行领队）

汇观山当年的发掘比较复杂。

大概 1989 年、1990 年的时候，瓶窑供销社的高德全家要盖房子，因为他是本地居民，原来是分到房子的，只是面积比较小。由于宅基地很难弄，于是村里就在汇观山山顶上的一处拐角给他弄了一块地。他家是盖在最顶端的，前面几家是瓶窑老镇的镇领导。而山顶上是很荒的一片无主的墓地，当时称为瓶窑义地。瓶窑是东苕溪上较大的镇子，水路货运较为繁忙，自古客死瓶窑码头的外乡人多葬于此，后来我们发掘时还出土了一块石碑，上书"瓶窑义地"几个字。老高家盖房是在汇观山的西南角，他们把高的部分切掉了一块，这个活当时是包给北村的民工做。

后来这个房子是盖起来了，但是在盖房挖地基的时候挖出了玉。民工没有告诉他，老高那时候并不知道。这些村民没有马上把挖到的玉卖掉，后来隔了一段时间去卖玉。不知怎么就联系上了一个收购文物的老板，结果这个老板是公安的侦查员假扮的。

当时双方约定在现在良渚博物院前面那个桥那里，当时有个叫良化仓库的地方看东西。因为公安人员无法判断玉器的真假，所以让我们单位一个年轻同事假装成他的马仔，拎个包跟着。当时现场看出的确是良渚玉器，不过我同事现场是不说话的，回来告诉公安东西是真的。所以后来公安就把人抓了。

之后让这批贩卖文物的人指认玉器出土地点，于是他们带我们到汇观山上去，说玉器是在这个房屋后面挖的。那我们就知道位置了。

当时去看现场的有王明达老师和我。我们是从吴家埠工作站过去的，还有余杭文管会、余杭博物馆的王云路、林金木这些人。

因为老高家的屋子是把高的部分切掉了一块，所以大家到现场一看是很明显的两个墓挂在断坎上。当时现场只有我们几个人看到，考虑到临近春节，于是我们商定好暂时不声张，春节期间请余杭方面把墓看好，等过完春节我们就进场发掘。

不曾想，看过现场后，余杭博物馆和文管会的人就去偷偷把两个墓挖了。

这时候我们单位有个技工陈欢乐，家住在反山这边的，每天骑自行车到吴家埠工作站上班，要路过汇观山下的老街。有一天他路过菜场门口，文管会的林金木和费国平他们在路边一个小饭馆吃饭，看见他就叫他一起吃，告诉他说汇观山在挖墓。因为年前我们看现场时是从吴家埠过来的，陈欢乐当然知道有汇观山这事。

实际上他们就是要把文物留在余杭，所以才抢先匆匆忙忙把墓挖了，挖的时候墓连照片都没有留，也没有正规的图。后来只有费国平补了一张图。

那么陈欢乐看见他们在挖，当然要报告考古所。当时考古所在杭州环城西路 22 号，办公室用的还是公用电话。陈欢乐打电话到所里的考古室找我，芮国耀接的电话，陈欢乐也没说，只说找我有事。等我回来之后，他们跟我说欢乐找我，后来再打过来就跟我说了余杭偷偷挖墓的事情。

听后我就很恼火，马上赶去现场，因为他们不守承诺，还破坏了文物，还跟我们说，这样做是怕文物不安全。我说："担心不安全也要跟考古所说一声，你不能和盗挖一样的，因为之前我们是一块来看的，我们对此也很放心，如果不放心，那我们第二天就来掏了对不对？"

到现场看见 1 号墓和 2 号墓已经挖完了，东西也已经被他们拿走了，照片、图纸、文字什么资料也没有。他们在东面还发现了灰土沟，一开始以为是墓，往里一挖发现跟瑶山一样是灰土沟了。

这种情况已经无法收场了。于是我就把这件事情汇报给文物局。当时我记得毛昭晰局长发火了，说要按盗墓处置！结果后来也不了了之，并没有真正打击业内这种破坏文物的风气。其实他们就是本位主义，怕文物不能留在当地。但是因此擅自草率清理，对文物信息破坏很大。

那已经是春节前了，没几天就要过年了，所以待到春节后发掘。当时是 1991 年，我们还没有专门成立良渚工作站，只有分别负责江南、江北（钱塘江）工作的考古室。过完年的 2 月，由浙江省文物考古研究所组队，开始对汇观山遗址进行抢救性发掘，王明达担任领队，我实际主持。参加发掘的有胡继根、蒋卫东、费国平、陈欢乐、周建初、马祝山、张克西、陈小利等。发掘，租的就是老高家的房子。后来听人家说，北村那些卖玉的农民后来被判了刑。

发掘前汇观山完全是一座乱坟岗，共有荒坟 60 余座。我们进场之后的第一件事就是清理上面的乱坟。

我记得当时是买了十几个瓷坛子，请了一个他们村里边专门迁坟的人先将乱坟中的尸骨收了，再编号画图，埋在旁边，以便清明节上坟时有人认领。

我们还是第一次遇上这样的事，以往挖的都是几千年前的坟。搬迁这些近代坟，是包给陈欢乐、马竹山、吴国强几个技工的。虽然不用我们亲自动手，但心里也还是有些异样，毕竟是因为考古发掘，才来打扰这些孤魂。所以我们也按照当地习俗，买了些香烛纸钱，请民工们拿去祭奠。大家花了个把月才终于把这些乱坟清理干净。

后来在寻找灰土沟的过程中又发现了 3 号墓和 4 号墓。墓葬东边下去是斜坡，由于水土流失和后代盖房子的缘故，墓就被破坏掉了，因此就找到了两个墓，加上之前被他们挖掉的两个，总共是四个墓。其中 3 号墓和 4 号墓是比较晚的，1 号墓和 2 号墓跟瑶山、反山的时期差不多。出土随葬品近 200 件，其中主要是玉。玉器的种类有琮、璧、钺、三叉形器、冠状饰、锥形器、带勾、玉镯以及管珠等。此外呢，在祭坛的中心位置我们发现灰土框的东面灰土底部有横着的小沟，原因还不太清楚。

　　这个时候我们发现，汇观山的南面是一个陡坡，当年的边很直，并没有遭到什么破坏。在清理北面的过程中发现，这一面原来是在自然的山上开凿的，凹下去的地方补了一段石坎，这段石坎到灰土框跟南面剩下的生土的边是基本等距离的，所以我们也更加断定南面基本上没被破坏。

　　我们还在汇观山的西头阶梯状的边缘下面发现了排水沟。排水沟是在山上开凿，开凿之后用黄土覆盖。这个结构跟瑶山是一样的，瑶山也是先修了石头的护坡，后来埋墓的时候再用黄土覆盖。其实 1987 年瑶山祭坛发掘结束时总共只找到三个边，对此我一直耿耿于怀。所以在汇观山西面找到排水沟之后，我就想在东面找一找。比较幸运的是，我们在东面找到了排水沟，里边也是覆盖了黄土。这样的话就复原了汇观山的四个边。

　　我当时还特意去找了牟老师，说汇观山是四个边，东西宽度有 40 多米，南北宽度和瑶山差不多，是 20 米左右。我一直认为瑶山还是应该有东面的，所以在申遗之前的 2017 年恢复瑶山祭坛的时候，在祭坛的东面又找出来一个拐角，这样的话跟汇观山的结构还有面积基本上一致了。

　　在相距只有 7 千米的范围内，修筑两座形制相同的祭坛，而且还都与大墓联系在一起，这既说明了这种祭坛的重要性与高规格，同时也再一次向我们提出了问题：这种祭坛究竟是做什么用的呢？为什么精心设计与修建后，又轻易地废弃了呢？

另外，汇观山出土了多件玉璧，向我们证明瑶山墓地未发现玉璧的现象，应该与这种祭坛无关，与祭师身份的限定无关，可能只是一种偶然的特例。

1999—2001 年，我们用了一年多的时间，对汇观山的祭坛做了保护性的复原和展示。在这一年多的时间里，我一直在想着关于祭坛的用途，天天站在祭坛上观察日月的变化。终于有一天我想明白了，原来祭坛是用来观察天象、进行测年的场所。

汇观山发掘的时候周围还有很多农民的坟，这些坟不好去动，我们赔不起，所以当时只是把一些无主的、被破坏掉的坟清理掉就算结束了。挖了之后就这样搁置了。当地村里希望我们单位把这块地买下来，因为我们光跟人说不能乱动，不能搞破坏，村民也因此不敢去动，但是我们放在那里也不挖也不买，就这样僵持着，荒在那儿没人管。将近十年过去，一直到 1999 年，国家文物局提出来搞良渚遗址公园的六个片区，随后才拨款把汇观山买下来了。有了国家经费支持，我们就可以尽最大的努力去挖了。

在汇观山南面的高台下面进行解剖之后，发现这里当年是一座石头山的山谷，是凹下去的，后来才被人工填平了。所以当年修汇观山时，实际上是把山顶的烂石渣削平后堆填到南面的山沟处，从而形成一个平台广场。大概有 10 米宽，跟现在瑶山南面主要祭坛下面的那个平台差不多。

西面到山边也都是人工开凿过，修得很平整。在西面还有房基，当时在祭坛边上应该还有房子的。

在它的北面是地质队的围墙，那个地方的山头相对矮一点，但没法挖。

继续往东找过去发现也是人工修过的。在山的东北角是一个被开掉的石矿，还残余了一点。因为想着修建汇观山应该跟瑶山一样是从山脚下修上来的，于是我们就在东北角挖一条解剖沟到山脚下，证明这些坎确实是从山脚下由人工修过的，建造过程中把汇观山挖掉了。

我们清理结束之后，祭坛中间的主体部分就用三合土进行了恢复。后来是在当年挖的最高处找了一个水平面，就把汇观山恢复成今天的样子。（图 3-21）

本来按照当年规划的六个片区的设计，是要在汇观山遗址公园南面

图 3-21 汇观山发掘场景

的小工厂处做一个入口,设计一个小展厅,从南面登上来。但是搬迁小工厂当时一直没谈判下来,后来就搁浅了,一直到今天都没弄好。这就比较可惜。

第六节　庙前发掘

丁品（第二次执行领队）

施昕更在 1936 年调查的遗址大部分都在东边良渚镇的荀山周围。新中国成立后大部分的考古工作则集中在西边的瓶窑和北边的安溪。良渚镇因为被城镇所压，开展的工作相对较少。其中庙前是良渚镇进行过的最大发掘项目。

庙前遗址发掘过六次。

遗址第一次发掘是因为王明达老师和胡继根有一次坐公交车从吴家埠回杭州，路过良渚镇时看见路边围栏围起来，明显是要搞建设的样子，就下车去了解，知道是工商所、财税所、邮电所三家单位要盖房子，于是和当时镇上管基建的人武部梁部长商谈，决定每家单位出 8000 块钱，进行配合基本建设的发掘。

于是有了 1988—1989 年的第一次发掘。刘斌是执行领队，队员有吴国强、周建初、张克西、费国平等。1990 年是第二次发掘，我实际负责。人少一些，队员有孙国平、徐新民、陈云根、吴国强、张克西、陈欢乐、费平。这两次发掘的领队都是王明达。

现场是南北向的三家单位，北边两家连得紧一点，南部邮电所稍微隔了点距离。挖的时候实际上是比较被动的，因为是三家单位围墙围起来了，准备建房子了，就对他们盖房子的位置抢救发掘了一下。面积加起来大概 1000 多平方米。遗址面积不大的，南部的邮电所堆积已经比较边缘，所以重点发展区域就北面两家单位范围之内。北部财税所范围内的比较好，发现就在河道边有房基，有小的墓葬。

第二次发掘是有点意外的。1990 年原来打算到跨湖桥去，我因为啥原因迟了几天去。然后王明达老师就临时说有这么个任务，第一次庙前发掘财税所西面有一条机耕路，机耕路要拓宽，去打个小探沟试掘一下。所以这次地点和财税所附近的墓地是连牢的，中间就隔着一条马路。结果小探方里面就有四五座墓葬。那么后来就扩大面积。（图 3-22）

1990 年的发现就我个人来说，是我第一次发掘良渚墓地。然后比较有意思的，就是墓葬的早晚期跨度很大。另外还发现了一个木构水井，里面东西都是良渚晚期的，边上有一个土坑窖藏。

这个木构水井保存很好的，和现在良渚博物院陈列的那个一模一样。但是博物院那个是第五、第六次发掘时方向明挖出来的。当时照片拍好，解剖图也画了，我们要准备编号给它取走的时候，整个垮掉了。我们还只是切了外部坑的 1/4。井只是平面清理了一下，里面东西当然也掏掉了。所以就很遗憾了。水井清理出来以后很漂亮，颜色比后来那

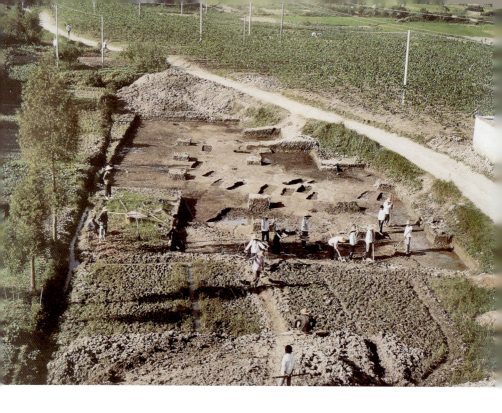

图 3-22　庙前第二次发掘场景

个要深一点，保存得要好一点。然后北面 1990 年发掘的墓葬年代跨度
也很大，有一座 M31 独木棺很清楚。

　　如果将两次发掘的原貌复原一下，这里曾有一条东南—西北走向的
小河。我们在河西侧发掘，发现了濒水而居的房子 F1，然后是五组小
墓。小墓有良渚最早期的，里边用玉器边角料做的小挂饰还挺多的。还
有一个窑址，就剩下一个窑底，不规则的近圆形的，直径 1 米多。

　　第三、第四次庙前发掘是芮国耀领队，队员有我、方向明、马竹山。遗迹种类比较少，堆积也不是太好，不厚，墓葬数量也不多，下面就是马家浜地层了。

1999 年下半年第六次发掘，方向明负责，我也参加了。

方向明（第五、第六次执行领队）

1989 年我到考古所工作。报到不久，我第一次到吴家埠，是徐新民带我去的，武林门上的公交车。那时候 104 国道经常修，去趟吴家埠，很费劲。当时孙国平等正在整理庙前第一次发掘资料，统计陶片，一堆一堆，就在吴家埠大间。

不久，吴家埠工作站出了点事，我与也刚分配到考古所的陈云根在那里值班了一个多月。值班结束后，我们就随王海明去奉化名山后发掘。1989 年下半年名山后发掘和 1990 年上半年名山后整理之后，我们几个年轻人向王士伦所长提出不愿意总在一个地方挖，希望所里能让我们多挖不同的地方，多挖不同的时段，得到了王士伦所长的支持，所里当即改变了原先的工作安排。1990 年下半年，我随芮国耀去了萧山跨湖桥发掘，陈云根则参加了丁品（阿丁）负责的庙前第二次发掘。

1990 年度跨湖桥遗址发掘后，实际上我就再也没有去钱塘江以南地区做发掘了。1991 年，除了负责良渚幼儿园、良渚五金厂试掘外，主要是在吴家埠工作站做跨湖桥遗址的整理，绘制所有器物标本，并在芮国耀的指导下完成了简报。1992 年上半年，参加湖州邱城遗址的试掘和发掘。1992 年下半年，庙前遗址第三次发掘开始。

1988—1989 年、1990 年庙前遗址考古是第一、第二次发掘，领队都是王明达。第二次发掘的负责人是丁品。1992 年，良渚粮管所在荀山南部的当地俗称馒头山南征地，也就是在庙前第一、第二次发掘区的西南，是为庙前第三次发掘。围绕荀山周边遗址密集，荀山南部的小岗丘馒头山，已知的庙前遗址范围很大。为了保持工作的连贯性和资料记录的完整性，我们曾将第三次发掘的区域定为Ⅳ区，但是不久就认识到，这样的分区，还不如以年度发掘的次序更好。

1992 年庙前发掘揭露面积 1000 平方米，应该是当时考古所揭露面积较大的。那时候常拿河姆渡遗址考古面积做比对。河姆渡第一次发掘仅 700 平方米，第二次为了进一步了解建筑，才 2000 平方米。那时布方就是一个简单的罗盘，扩着扩着，探方就不整齐了。我们一般差不多的时候就用绳子拉直，统一铲边。

庙前第三次发掘的情况与之前有所不同，依馒头山山脚的大片区域以居住区为主，仅南部零散的三座小墓。M2 记得最牢，当时填小件登记表时，我顺手就把位于耳郭部位的隧孔珠写为"耳饰"。芮国耀还问我为什么。我说就在耳朵这里，应该就是耳饰。最后觉得头骨那么完整，起取后原封不动包了回去。后来我对良渚玉器有了兴趣，意识到这类位于头骨部位的隧孔珠往往是一对。2000年庙前整理时，我有意亲自剥剔头骨，果然在右耳郭部位又发现一件。

陶片面印象最深。陶片面下面还有柱坑和堆石。根据有垫板立柱的柱坑和可能作为柱础的堆石的平面分布，至少明确了两座房子，长方形，彼此挨得很近。

陶片面，我们清理得很认真，一直希望能追到边。但是有一次牟永抗先生到工地，给了我们大大的意外。他一到工地就默默地蹲在地上拿手铲剥剔。我们以为他不满意我们的田野水平，不愿意理他，只有文保员吴国强陪他蹲在那里。后来明白了，牟先生是想确认"路土"，他是想找居住面或生活面，确认陶片面上有没有那种灰白色的淤泥层。

庙前第三次发掘，当时建设方说仅以块石填埋，不打桩，所以探方多未挖到生土。1993年良塘公路改道，要从第三次发掘的西部穿过，是为庙前第四次发掘。我们也从原先良渚照相馆的驻地搬到104国道以南的村庄。第四次发掘的区域就是一个纯粹用黄土堆筑营建的墓地。

当时，工作条件不是很好，无法从整体去把握从馒头山东部到南部遗址的总体分布格局。馒头山岗丘，我也走过好几遍，现在看来，也不会是空白地。

1993 年庙前第四次发掘后，1994 年我还分别参加了良渚金鸡山和茅庵里发掘。1995—1998 年，除了期间瑶山、良渚塘山（金村段）发掘，主要是参加中日合作桐乡普安桥遗址考古。

1999 年，在吴家埠工作站，那时精力好，我有好多份活同时或前后干。5 月，开始画瑶山玉器，芮国耀按墓葬单元，一个墓一个墓把玉器从杭州古荡库房运来工作站；参与整理普安桥报告整理，把中方负责的墓葬都写完了；还负责调查良渚遗址群莫角山片，当时分为苕溪以北、莫角山、荀山三片，我负责莫角山片，其他基本上都是赵晔带头跑。1999 年下半年，良塘公路要拓宽改造为东西大道，涉及庙前第一、第二次发掘的北部区域，其实也就是馒头山的东北部，发掘分为 1999 年 10 月—2000 年 1 月和 2000 年 2—7 月，是为庙前第五、第六次发掘。

中日合作普安桥遗址发掘，对我影响很大。发掘一个遗址，一定要弄清楚遗址的堆积过程，一定要在历时的过程中观察遗迹的共时关系。庙前第五、第六次发掘所在的区域，北部是埋在良塘公路下方的土墩，南部也是土墩，中间是水田。为了准确判断遗址的堆积情况，我们一直保留了南北向的关键剖面。1999 年底的发掘，中间的水田表土挖去后，暴露了大面积的红烧土堆积，吓了我们一大跳，堆积太丰富了。

图 3-23　庙前第六次发掘场景

　　1999 年当时良渚工作站站长是芮国耀。芮国耀跟大家说："反正我们就这么几个人，队伍现在也不要太分散，大家还是互帮互助。那么今年比方说张三可能负责哪个发掘，那么大家协助他；明年李四负责哪个，那么大家也帮助他。"1998 年瑶山发掘，就是丁品具体负责，我、赵晔、楼航等协助。瑶山 1998 年以后就基本结束野外。要挖庙前了，芮国耀说这个就叫老方来具体负责。2000 年庙前发掘，集中了当时良渚工作站的所有人员，赵晔的石前圩考古队也一起投入。（图 3-23）

　　庙前红烧土堆积的遗迹很大，差不多 100 平方米。局部可以复原的红烧土面，最大的约 1 平方米。红烧土的性状也非常多样，统计时分了单面体、双面体、多面体、一面呈凹弧、不规则等。采集后装了满满一拖拉机，运到吴家埠工作站。

我们当时画了不少大比例的红烧土分布图。我很重视，现场都还打电话给赵辉老师。我说红烧土块好像是原地塌陷在那里的，要么就是铺路的还是怎么。然后赵老师说会不会是房顶塌下来的。记得张学海先生也与我通过电话，他那时刚带一批技工钻探莫角山周围结束。

牟先生专门到工地。他那个时候就跟我讲，光叫红烧土堆积太笼统了。他是结合 1987 年莫角山发掘出土了大量红烧土堆积来说的，希望能与当时良渚的居住建筑联系起来，要改个名称，称之为坯料型红烧土。

我查核了 2000 年 1 月 8 日的工作记录，还记载了那天严文明先生、张忠培先生，以及乔梁、关强，在省文物局吴志强、许常丰的陪同下到工地。

严先生说，现在良渚考古工作，这样零敲碎打是搞不明白的，希望能够挖大一点。他看了这一大堆红烧土说："这个红烧土不像次生的，就是原地堆在那里的。"

张先生讲的跟他的性格完全一样，他说："良渚要制止城镇化，这个路不能修，这条路是谁批的啊？"

可惜，我没有记录省局领导吴志强、许常丰那时的态度。

庙前发掘应当也是郑云飞博士第一次到我们考古所来提取稻作有关的遗存。他好像那个时候还在日本奈良国立文化财研究所进修。后来他到我们所里成立了科技考古室。当时他对我们红烧土里面的稻壳很有兴趣，我印象非常深刻。

1999 年度发掘最重要的收获，就是那口木构水井了。木构井其实刚开始的时候还是有点疏忽的，为什么说有点疏忽？是我在负责的探方（那时除了做执行领队，自己也还管方），第一时间就确认了，但是没想到它坑挖得比之前阿丁挖的那口井要大得多，所以外面的坑口是在后来找剖面的时候才最后确定的。

木构井清理了之后，我倒还比较在意，包括当时的水位线在哪里，海拔是多少等。海拔约 150 厘米的水位线就很明确。井清理的时候已经是 2000 年 1 月，天气特别冷。良渚遗址发现者施昕更的孙子施时英，当时在良渚博物馆工作，他也在天寒地冻里穿个短裤和棉毛衫去清理井底，还从烂泥里摸出一个很小的陶玩具鼎。

2000 年 1 月 20 日，星期四，天气晴，我有工作记录："上午冰冻，早到工地，民工就开始大叫，塌方了。"我跑去一看，就非常心酸，原话是"很心酸"，马上回到驻地拿相机，途中眼泪都快要掉下来了。当然还是先清理，然后拍照，整个井架倾斜，从东向西，有些木构已经插入生土。马竹山掀开塑料布的时候，我们都不忍心看。

我当时还记载，中午吃饭精神很差，赵晔、阿丁还特地跑来看，大家都一语不发。

当天下午，方忠华到工地来，大家一起合力将所有的木构井架全部拆除，复原后一一编号，从两米多深的大坑里，把倒塌的百余斤重的木构扛上来，非常累。（图3-24）

我还特地记录了一位旁边看热闹的，说了四个字："你们勇敢。"

为什么说我们勇敢？当时天气很冷，我们自己就跳下几米深的大坑里面。因为民工大妈肯定扛不动，我们吭哧吭哧就把它扛起来，当场就运到良渚博物馆去。

施时英在井底扛特别重的那几根木构，后来扭伤了腰，一直落下了病根。

当时良渚博物馆已有准备，施时英做了一些马口铁的盒子，准备盛放井架。我们曾提前跟良渚博物馆盛正岗馆长讲："你们要的话赶紧做好准备。"

图 3-24　2000 年 1 月 20 日庙前木构井起取过程中

　　因为第一口井挖出来的时候，阿丁他们是给浙江省博物馆打过电话，他们也来了人，来了人之后就迟迟没有采取措施，没有了下文。后来，那口井的木头一直就放在我们吴家埠工作站水井的洗衣槽边上，用塑料布盖起来，到最后没有去脱水，就变成麻花一样。再后来，南京大学黄建秋带了几个林业大学的老师，还切过几个片回去。后来那些麻花一样的木头就朽坏不见了。

　　用马口铁盒子注水保存木器，很有用。1990 年我们从跨湖桥挖出来的木器就一直放在铁皮盒子里面，泡了水，到后来去脱水，啥事都没有。

现在展览在良渚博物院的庙前木井，施时英出了很大的力。

脱水后，良渚博物院贾昌杰他们还发现井架内壁还有一个刻画符号，这是后话。

我觉得现在回过头去总结庙前发掘，还是有很大遗憾。当时良塘公路拓宽，遗址东部是水田，遗址范围没有到边。我也自己背着探铲去钻过几次，啪啪打个二三十厘米就是小粉土，小粉土再往下打个四五十厘米还是粉土，没变，然后就不再打了，以为就是生土，就扛起探铲回驻地了。我们还在靠近良渚镇最东边那条马路边上挖了一个小探沟，揭去水稻田表土后下面也差不多。现在我们知道，这层是良渚以后堆积在上面的一层水相沉积土。如果手上的探铲再往下打一打，可能效果就会不一样了，这是一个大遗憾。

庙前遗址北头我们也认真做了，有堆了石块的基槽遗迹，局部还被压在现在的东西大道下，《庙前》报告称之为"积石沟"。回过头去看良渚古城遗址的类似发现，可能就是排水盲沟。我们当时觉得还像墙，但也不太像一个什么固定单元。如果庙前遗址这样的聚落，在一些建筑形式或局部处理上与莫角山高等级聚落类似，说明良渚社会在那个阶段的建筑工艺或者是建筑水平很高。

庙前第五、第六次发掘区的南部是一个海拔五六米的大土墩。为了了解南部土墩的情况，我们还小心翼翼地打了一条延伸探沟。可惜，这一区域，后来被当作良渚停车场和营业用房，没有继续进行考古工作了。

庙前前后的发掘虽然有点支离破碎，但是从第三次发掘开始，我们就计划做成一个报告，否则也不会考虑分区，考虑按年度发掘为序。整合报告时，也有同事表达过担心，说这样子前后相关的地层剖面没有可能衔接上。我说不要紧，这个空间是固定的，空间就摆在那里，相对时间可以通过遗物分析做判断。《庙前》报告就没有采取"一体"的形式，而是"报告集"的方式，并把荀山周边已试掘的点一并收录。

庙前整理过程中，我和楼航还在《东方博物》第七辑发表了《庙前及其相关遗址的聚落考古学探索》（2002）。当时还以荀山南部馒头山周边为中心，对聚落格局做了判断，界定了庙前遗址的范围，还对第五、第六次发掘区域以 G3、H3、G1 为主要遗迹单元的聚落变迁做了讨论。（图 3-25）

庙前发掘最大的争议，是关于房子的建筑形式。第一、第二次发掘的 F1 大房子，外排柱范围，长约 10 米，宽 5.5 米；内列柱范围，长约 8 米，宽 5.5 米。阿丁认为"可能是一种重檐设回廊或大跨度屋内设柱子的建筑形式"。我认为黄土硬面延伸到 F1 范围外侧，还主要分布于各个

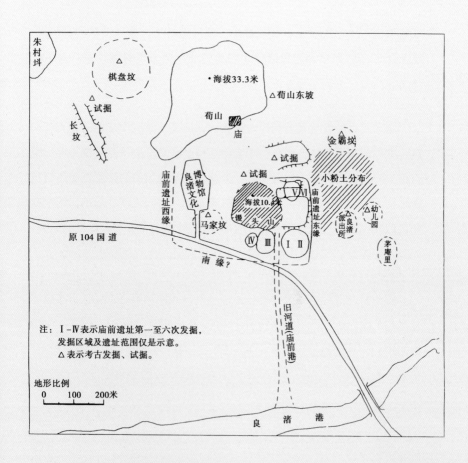

图 3-25　2002 年对于庙前遗址的判断

柱坑的附近，不能明确就是 F1 的居住面，也可能是干栏式建筑的地层建筑面，或与 F1 相关的当时地面。记得有一次在考古所讨论良渚时期的建筑形式，我和刘斌还有争论，牟先生都没有站位。

良渚时期的建筑形式到底如何？都是地面，还是地面和干栏共存？还是以干栏为主？还需要好好讨论，更需要在野外取得突破。

第七节　卞家山发掘

位于莫角山南侧东西向土垄上，后发现为良渚古城外郭城的一部分，反映了当时人们居住生活的场景。

中外城邦——卞家山

赵晔（领队）

卞家山的发掘很有趣，算得上是一波三折。事情的起因是，2000 年前后，卞家山西边的一块地被一个老板看中，建了个杭州中联内燃机配件厂，面积估计有二三十亩。先是在西面建了四座并排的厂房，东面空在那里。2002 年底，他想在东面也建点厂房，但那个时候我们已经把这里定为遗址了，要打报告进行考古勘探。良渚管委会就委托我们去试掘。

考古所最初派的是王宁远。他和陈欢乐两个人去打了条南北向的探沟，位置就在这长条形大台地的边缘，即台地跟南面低地交接的地方，目的是了解一下堆积过程。挖下去以后，发现这个地方有文化堆积，而且下面有一些木桩出来了。但是十几天后，王宁远他们两个就到海盐仙坛庙发掘去了，单位就派我过来。我带了葛建良接手继续试掘。我们顺着木桩清理，往南面再延伸5米，后来又延伸了10米。这条探沟最后是挖了20多米长。

我们发现木桩很密集，东西向排列的特征比较明显，感觉这个地方还是有点名堂的，所以需要正式发掘。2003年，厂里再出钱让我们扩大面积进行发掘。我们就开始扩方，本来只是想往东、往西把木桩走向给搞搞明白，看看什么性质，发掘面积不会很大。很明显，这些木桩是顺着长条形台子外围东西向排列，很有可能是护堤，我们要想办法把它们揭露出来。

后来我们往两边扩方了以后，发现还是蛮有意思的。它有三排木桩是沿着台地平行排列的，然后有一垄很密集，一簇簇木桩是垂直往外面延伸的。所以我们当时觉得，边上这些木桩可能是河埠头之类的东西。但是一簇簇垂直往外这个东西是啥，因为挖的面积小，还不太清楚。后来我们接着往南面再扩了下探方，判断可能是一个码头性质的东西，即由河埠头跟栈桥构成一种L型的或者T字型的码头结构。（图3-26）

图 3-26　卞家山码头复原图（赵晔绘）

　　那么这个就很重要了，因为良渚时期水系很发达，但是当时的交通工具我们从未发现过——当时茅山独木舟还没发现，木桨什么的也几乎没发现，更不要说码头了，所以这是很重要的一个发现。

　　我记得那年年底，国家文物局的文物保护司司长顾玉才到现场看过。因为当时已经在筹划良渚申遗的事情，他看了以后就说："这个很重要，你们要好好保护，如果这个东西保护好了，是可以给申遗加分的。"这句话我印象很深。这个码头既然那么重要，当时管委会也很重视，就想把这个码头拿来做一个现场展示。而且管委会张炳火主任跟当地的瓶窑镇书记姚建华都谈好了，让他另外再弄块地，把厂置换掉，这个地方我们要拿来做保护展示。

　　但是张主任也很慎重，觉得还是要请专家来论证一下这个方案是否可行。于是就请了一批专家开了个研讨会。我记得有当时文物局的副局长陈文锦，文物处处长吴志强，然后是古建筑设计研究院的黄滋，我们所是曹锦炎所长、牟永抗、王明达、刘斌，我肯定也要参加的，主要就这些人。地点是勾庄良渚遗址管委会的三楼会议室。

　　会议的目的很明确，就是讨论卞家山码头遗址能不能做现场保护展示。但是讨论来讨论去，最后的结论是，当时世界上还没有在地下水位那么高的地方做现场展示的先例。因为你首先要做隔水，水要断开，这批木头才能够做保护加固处理，可能还要搭个大棚，露天根本就不行。水隔开以后还要 24 小时不间断抽水，然后里面的木桩要做化学处理，还有日常的维护，反正很复杂，经费可能也是个无底洞。

经这么一说，张主任觉得这个事情没把握成功，做了以后可能会得不偿失，所以他后来就打消了这个想法，这个事情就黄掉了。

所以最后发掘结束的时候，曹所长就让我把这些木桩全部取出来。我们侧面掏空把木桩一根根露出来，拍照、测量、画图以后做了记录，然后取出来全部弄到了良渚博物馆。博物馆专门为此在水泥地上建了个水池，就浸泡这批东西，一共 100 多根木桩。然后遗迹现场用沙土铺垫，再在上面覆土回填了。

本来这个事情就算完了。结果 2004 年的时候，曹所长参加了全国的文物局长会议，各省考古所所长也要去的。曹所长汇报了一下 2003 年浙江的考古工作。结果把卞家山这个事情一说，大家都说："这么重要的遗址，你们就这么轻易地放弃了？"

其实 2003 年的发掘不仅仅发现了木构码头，还有很多精彩的文物。因为码头北面的台子里还有个大型灰沟，里面出了很多东西。码头边上本来就是淤积区，因为是饱水环境，里面保存的文物也很丰富，像黑皮陶就特别好，而且很多是带花纹的，或者有刻符的。这批东西是一个非常大的亮点。

还有一个是漆器。主要出自内侧的大型灰沟，这里出来的漆器也是从来没见过的。可以说良渚的漆器因此就震惊世界了。之前我们挖到的漆器都是没有形的，只有干瘪的痕迹；而卞家山这个漆器是饱满的、立体的，大部分是可以拿出来观摩的。

当时出来的时候鲜艳得就跟新的一样，表面有红的，有黑的，有的还有纹饰，所以这也是个特别重要的发现。

而且首次发现了漆觚这个造型。因为良渚的陶器里没有觚这个器形，但是漆器有觚，所以这又是一个很重要的发现。

除了觚，还有豆、盘、筒形器之类的漆器。

另外，灰沟出了个陶质的房屋模型也很重要。因为我们平时挖到的都是一些残缺的柱坑、基槽什么的，它的空间结构特别是屋顶，你根本就不知道是什么样子。这个陶屋模型一出来，就完全可以还原当时的建筑样式是什么样子了，所以这个也是突破性的重要发现。（图 3-27）

所以这批材料也是曹所长在那次会议上汇报的一个让人家感兴趣的地方。大家说："你发现了这么好的黑皮陶、这么精美的漆器，你就这么算了？还有码头什么的你就算了？"

说得他有点难为情了，然后他想是不是考虑继续做点工作。

图 3-27　卞家山陶屋模型

　　后来他就找我说："大家都认为这个很重要，我们是不是再把灰沟挖一下。因为码头我们基本上清理干净了，已经回填了，但是你这个灰沟里面还有那么多好东西，我们再挖点，把能够证明良渚文明很精湛、很伟大的文物再挖一点出来。"

　　因为曹所长是古文字专家，卞家山出了那么多刻符，要是能挖到成组的文字，那就太对他的胃口了。

　　所以当时的目的还是想以挖东西为主的，当然也是针对灰沟挖的，因为这条大沟刚好是在两个探方中间，而发掘面积基本上给我限死了，不能挖大，好像只让我挖两三百平方。那我就没办法，将灰沟南面的台地揭露出来之后，就挖一个探方的北半部跟另外一个探方的南半部，合起来变成两个方。灰沟就在这个范围内，宽度约 10 米，深度将近 2 米。

结果挖下去东西还是很丰富的，又出了一些漆器、黑皮陶什么的，特别是出土了一个漆绘器盖，上面画满了变形鸟头的花纹。漆觚也有花纹发现，还有鹰脸陶器盖，以及很多带刻画符号的陶片。

2004 年这么挖完以后，其实也算是告了个段落。因为没有惊天动地的大发现，也就没人再盯着它。

转眼到了 2005 年，管委会要想建新的良渚博物院，但是原来良渚博物馆的文物实在太少了。良渚博物馆之前的东西都是江南水乡博物馆（余杭博物馆）划拨过来的，总共大概就 100 多件东西，很可怜的，也没有什么好的玉器，主要是一些陶器。我们那个时候反山、瑶山文物也没移交。所以要建一个博物院的话，需要大量文物来支撑，总不能建个空壳子吧。

于是张炳火主任就跟曹所长来商量，说："卞家山看起来东西还蛮不错的，我们出钱，你们再挖一下，尽量挖大一点，东西多弄一点。东西我们也不叫你们移交，就算借给我们博物馆做一个基本的陈列。"

曹所长想想也就同意了，跟他们签了个协议。这样就又有了 2005 年的发掘。这次因为有了经费保障，就挖得比较大了，基本上北面台地整个把它揭开了。当时我们考古人员也多了一点，我记得有葛建良、祁自立、孟小玲、张淑云、侯虎勤，还有良渚博物馆刚分配的大学生孙海波，他也被派到这里来实习，现在已经是管委会文物局的领导了。这一年，基本上把北面整个台地都挖掉了，一个主要的收获是把整个墓地揭示了出来。

这是一个良渚文化墓地，总共挖了 66 座墓，但是它可以分好几个阶段，包括墓地的建构，也是有变化的。墓地先是建在东北面，然后再往西面扩，后来又往南扩，最后把整个灰沟这块也填掉了，变成了墓地的一部分，总体有这么个过程。而且墓坑的中间留有一个空白区，大概几十平方米的样子，我们推断应该是墓地内具有祭祀性质的公共空间。每个阶段都有这么个空间，然后墓葬就围绕那个空间埋设，这个特征比较明显。

墓葬的规格总体不高，等级差异也不太明显。M44 和 M49 的人骨架保存得很好，考虑到良渚博物院需要展览，我就想整个给它提取出来。

当时为了保险，我拿保存稍差的 44 号墓先做试验。先把边上掏空，然后在墓底下大概 20 厘米的位置，用木板插进去，再整体打包，然后叫了一帮民工扛出来，大概有八九个人。墓葬离水泥路有点路的，因为没有经验，抬出来的过程中，底部被隔梁擦碰到，那个墓就折断了。骨架散了，就失败了。有点可惜。但是好在我们有备份，还有骨架保存更好的 49 号墓。

总结经验教训后，我们提取 49 号墓时就留了更厚的土，然后护板和挡料也粗了一点，反正都弄得很结实了。那段碍事的隔梁也把它削去不少，我们能想到的所有障碍都排除掉了，然后抬到外面放到拖拉机上。

当时用的是那种运五孔板的拖拉机，自身带有吊机的。那个拖拉机开到厂房边的水泥路上，用自带的吊机把墓吊上车。博物馆派人跟车、押车，咚咚咚开过去。我再三关照要慢慢开，别震碎了。大概开了半个多小时，终于运到荀山边上的良渚博物馆。

博物馆在入口大门边上，临时弄了个石棉瓦搭的棚子，墓就存放到那里面去了。后来请杭州化工研究所的周文林工程师他们去保护处理。

2008 年良渚博物院开放时，这个墓陈列出来了。2018 年重新布展后，又把它放在了第二展厅。这个墓成了一个比较重要的展品。

还有一个 61 号墓也很好。好在哪里？它的棺木保存得很好，而且是盖板跟底板都有。我们知道良渚的葬具大部分都是独木棺，我们叫刳木，就是一根大的木头劈开以后，下面掏空，上面掏空，然后扣合在一起。但是一般我们看到的墓葬都烂光了，基本上看不出木质的痕迹。但这个墓它树皮的纤维都看得非常清楚。最先清出来的盖板的纤维就很清楚，而且因为它往上拱的盖板中间断了，塌下去就变成了两个弧形，像个字母 M。

盖板清出来以后，我们就想，光是露着棺盖拿出去展览可能还不好看，多多少少也得展示下里面人骨头有没有，随葬品有没有，然后再把底板也露出来。这样的话，有盖板，有底板，然后随葬品和人骨都有，那是非常完美的一个展品。

最终我们决定要清理一半出来，但是做北边一半还是南边的一半，我们当时也纠结了一下。按照常理来说，良渚墓基本上头是朝南的，那么好的随葬品也在南面是不是？但是卞家山有一半的墓是头朝北的，我们就吃不准了。

后来我们想来想去，还是按照常规的挖南边碰碰运气看。结果南面这么一清理，腿骨露出来了，就知道这个墓是朝北的了。没办法了，腿骨就腿骨，反正肢骨是有了。然后底板也出来了，它边上还有个朽掉的漆觚，漆觚头上还有个陶纺轮，说明是女性。这样看来也还不错，棺盖板、底板、人骨、陶器、漆器都有了。

　　这个墓我们也打算把它提取出来，弄到博物馆去展览。之前提取的 44 号墓和 49 号墓其实是很小的，大概也就是一个人的宽度，40 厘米左右吧，长度也不会超过 1.8 米，所以体量是很小的。但这个墓的长度有 2.2 米，宽度有 70 厘米，深度有 60 厘米，加上四周及底部要多留的土，体量比前两个大了好几倍，重量估计也有好几吨。所以就跟领导请示，最好请外面专业机构来做这个事。

　　曹所长建议叫南京博物院来做，他们有资质。良渚管委会就跟南京博物院的文保所联系。当时请了所长奚三彩和一个姓张的副所长来现场看了看，觉得可以，就把活接了。谈好经费，他们就派人过来。

　　清理的时候，南京博物院、我们考古队，还有良渚博物馆，三方的人都在现场。按照南京博物院的要求，墓坑外围大概留了 20 厘米的泥土，比方说墓宽原来是 70 厘米，两边各留 20 厘米，那就变成 1.1 米宽了，对不对？然后墓长 2.2 米，两头各留个 20 厘米，就有 2.6 米长了。外面掏空，然后底下留 30 厘米的土，再插板进去。

　　记得当时先把四周包裹好箍死，然后在下面把钢板打进去，再将钢板和外面的侧板连接起来，反正弄得非常扎实。

　　最后是叫了个很大的长臂的起重机把它吊起来，装到卡车上，运到博物馆去的。然后经过周文林工程师处理了一两年，最后运到博物院去展览了，现在还在博物院的第三展厅。

　　良渚博物院里面，第一展厅的文物，其实有 50% ～ 60% 的展品都是卞家山出土的。然后第二、第三展厅分别放了这两个墓的实体。整体提取的墓葬在博物馆其实并不多见，所以卞家山这批东西确实是给良渚博物院提供了很大的展品资源。

　　回顾卞家山遗址三年的发掘，我们基本上弄清楚了长条形遗址厂区那块的结构：南面是码头，中间是一个人工的台地，北面有一条大型灰沟，灰沟北面就是个墓地。整体从北面往南面发展，大概从反山墓地那个阶段开始，一直延续到良渚晚期，时间跨度应该有五六百年。

　　复盘一下遗址的形成过程，大概是这样的：从良渚中期偏早一点的时候，就开始有人在这里居住和埋墓了，然后在水边建了台地，有了跟外面水域联通的曲尺形灰沟。这条灰沟应该就是小型的港湾式码头，停船是它主要的一个功能。后来灰沟淤塞填平，它上面变成了墓地的一部分。而在外侧岸边，又建了个正式的木构码头。里面这条灰沟延续的时间很长，所起的作用很大。它的北边是墓地，东边是居址，南边是木构码头，因此是时空架构、聚落变迁里面一个重要的纽带。

　　除了停船，灰沟还有另外一个功能。它的北坡有好几个用石块和木桩做起来的埠头，说明沟内的水是有人使用的，或者说这周围是有人生活的。一个很重要的证据，灰沟的东侧有很多倾倒的生活垃圾，包括食物垃圾，里面有很多像螺蛳壳、蛏子壳、蚌壳，甚至还有鱼骨头之类的，都是人吃过后扔掉的食物残渣，所以很明显这个地方是有人生活的。

因为面积有限，虽然在我们发掘区没有挖到居住址，但是在厂区的外围东侧，我们去做过调查，下面有很多红烧土堆积，包括有些炭屑、草木灰什么的，感觉那个地方应该是一个居住区。也就是说墓地的东侧原来是居住区，它跟西南边的灰沟是衔接的，灰沟就是它的一个生活设施，进出的船就停在那里，洗东西就在那里，然后也倒生活垃圾。

这跟我们以前农村的池塘很像，这边在淘米洗菜，那边在倒垃圾。

灰沟里也发现少量玉器，可能是平时洗东西不小心掉的。对考古人来说，灰沟就是个聚宝盆。里面挖出来大量珍贵文物，像刻纹黑陶、精美漆器、房屋模型，还有方形四足的烧烤炉一样的东西、带有鹰脸装饰的器盖、带穿孔的人头骨容器。反正奇奇怪怪的东西有很多，有些还是头一次发现。

就说那件人头骨容器吧。把人的头盖骨切下来，然后两头各钻一对小孔，可以穿绳子，有点类似西藏的嘎巴拉碗。我当时推测这玩意是干什么用的，可能是把敌人首领的首级砍下来，然后做成容器，随身携带，一方面是侮辱对方，一方面是炫耀自己的战功。应该是这么一种东西。

这条灰沟它不是挖出来的，而是拦出来的。卞家山南面，这边的水域原来可能还要大一点，后来良渚先民在水边用人工堆台地的方式，围成了一条弯曲的灰沟。台地的基础部分，我们后来挖下去，发现是用草裹泥堆筑的，非常清楚的草裹泥。

良渚水坝那种草裹泥，其实最早发现是在卞家山。我们后来在报告里把标本的照片也发了。当时草裹泥取出来后，就是坑坑洼洼的样子。但是我当时没去细究这个东西，比如用什么材料包裹，怎么包裹。它里面基本上都青淤泥，垒砌后一块一块咬合得非常紧密。现在知道草裹泥有很好的隔水效果，它作为基础材料是很好的。

这个台子的基础用草裹泥堆起来后，上面再用黄土覆盖。后来灰沟被填平之后，这个台子就成了一个岸边，也就是后来码头所依托的一个岸边。因为灰沟填完了以后，还是需要码头，而且可能需要规模更大的码头，所以就依托台子建了这么个木构的 T 字形码头。这个码头当然是良渚考古史上很重要的一个发现。

总体来说，尽管卞家山的等级不高，但是反映了良渚遗址群区域里面的基本生活状态，衣、食、住、行方方面面都牵涉到了。因此，要了解良渚社会的基本生存状态，其实在卞家山遗址，基本上都可以得到解读。

How We
Found
Liangzhu Sites

Oral History of Liangzhu
Archaeological Excavation
and Research

我们这样发现良渚

良渚考古口述史

下

王宁远　主编

ZHEJIANG UNIVERSITY PRESS
浙江大学出版社

本书为国家重点研发计划课题"长江流域文明进程研究"（课题编号2020YFC1521603）和"中华文明起源进程中的生业、资源与技术研究"（课题编号2020YFC1521606），以及国家文物局"考古中国"重大项目"长江下游区域文明模式研究"的阶段性成果。本书出版得到浙江省委宣传部良渚考古系列图书出版经费的资助。

王宁远　主编

我们这样发现良渚

良渚考古口述史　下

良渚文明丛书
Liangzhu Civilization Series

How We Found Liangzhu Sites

Oral History of Liangzhu
Archaeological Excavation
and Research

ZHEJIANG UNIVERSITY PRESS
浙江大学出版社
·杭州·

目 录 Contents

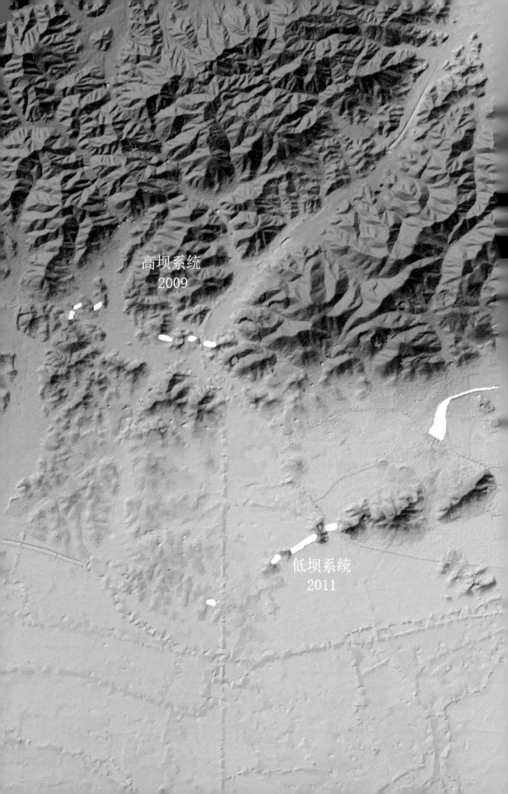

高坝系统
2009

低坝系统
2011

良渚古城
2007

外郭
2009

官井头
2011

第四章

合（2007—2021 年）

　　以 2007 年良渚古城发现为标志，良渚考古进入"合"的时代，从遗址群视角跨入了都邑考古的阶段。一方面，以古城为线索，把遗址群里的几百处遗址点视作都邑整体中的不同功能区。另一方面，开始大量利用各个学科合力对良渚进行全面的研究，进入"全考古"阶段。同时，考古所与良渚管委会联合成立"良渚考古与保护中心"，标志着良渚研究与保护的省地合作新模式的形成。

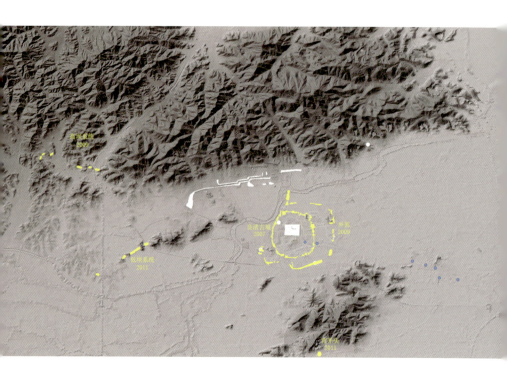

题图　良渚古城及水利系统结构

第一节　良渚古城的发现与发掘

这是目前中国所发现同时代古城中最大的一座，称得上是"中华第一城"；它改变了原本以为良渚文化只是一抹文明曙光的认识，标志着良渚文化其实已经进入成熟的史前文明发展阶段。

——严文明：《良渚随笔》（《文物》1996 年第 3 期）

2007 年度全国十大考古新发现。

2007 年中国社会科学院考古学论坛年度中国考古新发现。

2011—2012 年"世界考古·上海论坛"世界十大重大考古发现。

2007—2008 年度田野考古二等奖。

2009—2010 年度田野考古一等奖。

良渚古城的发现与价值　　发现良渚古城　　良渚古城城墙　　城墙的结构

刘斌（领队）

良渚古城的发现，源自 2006 年葡萄畈的一次不起眼的发掘。

这年 4 月，管委会为了安置莫角山搬迁人口，在莫角山西边一个叫葡萄畈的地方选了块地准备进行住房建设，所以让我们去调查发掘。当时并没有太多期待。发掘过程中从河道里挖出来的东西却非常好，陶片很丰富。莫角山边出了块玉料，还出了卞家山时的那种漆杯的残片和刻纹陶片，当时我意识到这条河太重要了。红线范围内项目结束我还是舍不得，于是把河的对岸也找到了，河宽大概是 40 米。

我萌生了一个想法，想解剖一下看看河岸到底是生土还是人工堆的。但由于周围全是房子，实在没有余地，又担心距离人家墙基太近，所以后来解剖了很小一块，只有 2 米 × 4 米。但其实这一块也是超出管委会安置项目的范围的，再加上时间延长，导致管委会对我很有意见，说我太认真，一天到晚不肯结束。

当时我只是想了解一下河岸怎么弄的。但是解剖发现土太纯，啥也没有。中间确实也没有房子，都是一次性堆上的，这时怀疑到生土了。但由于它西面是河，我觉得不太像生土，于是再往下挖了大概二三十厘米。

　　后来应该是到了 12 月了，我在四川开会时，技工齐自立发照片给我，说挖到了石头。把石头清出来后看到它们分布稀稀拉拉的，第一反应想着如果是地面就好了，但那不是地面。想想石头上面是 3 米高的堆土，堆土中间也没有间隔层，我就觉得这个东西是地基。

　　过了两天就是平安夜，我还在琢磨这件事，如果是鹅卵石我就不惊奇了。于是我突然想到这些石头和土会不会是从瓶窑那边的山上运过来的。

　　我突然会想到这个问题是因为当时余杭文管会陆文宝他们在修瓶窑南山石刻造像，前两天拉我去现场看了一下，想让我做专家。去的时候因为瓶窑老街那条路没通，我们是从瓶窑中学后面绕过去的。山那边有个石头断坎的剖面，石头就这样一块块裸露着，应该一撬就能撬下来很多，还可以把这些石头运到其他地方使用。于是我就想到我们钻探出的石头会是从哪个山上运过来的，万一这底下都是石头地基的话，那得是多大工程啊！

　　第二天我就带着老祁他们沿着东苕溪往上走。苕溪差不多对着凤山的位置过来有分叉，南面就是良渚港。我想这些石头肯定是保卫莫角山的大工程，要是整条都是的话那就不得了。原生的地层肯定没有石头的，想到这个我就想去问老乡，看有没有谁家挖井挖到过。

当时我们的民工有个叫陈圣顺，附近村子也很熟，就很热心地带着我们去问。这一问就问到有两家打井就打到过这个样子的石头。那我就觉得十有八九了。后来我越想越激动，觉得这个东西肯定是个大工程，应该是重大发现了。但当时管委会和曹所长都催我赶紧结束，于是我想找一些人来帮忙说说话，延缓这个事情。

我第一个电话是打给孟宪民的。他原来在国家文物局担任过司长，对良渚很熟悉，跟我比较要好，当时他是中国文化遗产研究院的书记。我跟他说莫角山应该是大工程，希望他来帮着呼吁。

后来我还给张忠培先生和赵辉老师发了短信，结果恰巧他们二人都要到龙泉开会，说开完会就过来。

后来张先生和赵辉老师都过来了。我跟他们说，虽然只挖了一个葡萄畈，但我根据目前已经调查的情况推测这个地方很重要，这个河有40米宽，里边出土的东西也很好，希望允许我继续调查。

他们看了也听了，就说这个确实很重要，于是去跟管委会领导和曹所长说，就这样调查被批准了。

但还是面临着经费问题，因为原来挖葡萄畈是管委会项目出的钱，现在挖完了就没有经费支持了。到了第二年，这个地方就列入国家文物局调查项目，同意我继续调查。

　　第二年一开年，我们省里边的经费先拿了一部分给我调查用。考虑到南面因为有村庄压着基本上有保障，所以就不太着急。而 104 国道北面很浅，于是就先钻探了北面。没用几天时间，探铲一打就打出来了。

　　光打探孔我又担心不保险，所以在北面又挖了四条解剖沟。开头在靠近国道处先挖了一条比较小的 2 米 × 10 米的沟，发现的石块都比较小。后来又选了一块面积比较大的比较规整的地方挖了两条大一点的探沟。本来解剖 2 米宽就够了，但我解剖了 10 米宽，因为我要让现场看的人感到震撼，而不会有不确定是不是城的疑虑。最后一条探沟是在一小块没被取土的高地上，解剖下去发现也有石头。最后就保留了其中一条大的探沟的发掘原貌，其他就回填了。

　　随后我去跟管委会领导建议，说把这些石头地基和反山圈到一块做遗址公园很好。如果不租下来就面临着要马上回填、赔偿的问题，这样后面来的人就看不到了。张炳火书记当即就同意了，于是从西墙往北山那块 40 多亩地就先租下来了。

　　稳定了之后我就请国家文物局领导、张忠培先生和孟宪民来看。孟宪民当时是在文化遗产研究院做水利工作和公园规划的，那次我们还讨论到塘山长堤的问题。搞水利研究的就说塘山这是多此一举，洪水从西头又流回来了。

之前浙江省文物局鲍贤伦局长也来过，我给他汇报说这个石头地基有两种可能：一种是围绕着莫角山的城，另外一种就是水坝。

吴立炜主任说不可能是水坝，水坝是不能用石头的，因为会漏水。我说它跟苕溪走向平行，也不能断言不是水坝。

后来我就设想，接下来在莫角山周边这么大个地方怎么找，钻探一遍的话估计要花两年时间。

此后有一次张忠培先生到宁波考古所开会，会后他说没去过普陀山，结果在普陀山只住了一晚，第二天就说无聊，没事干，于是逛也不逛就从普陀山来到良渚。到了这边已经天黑了，吴主任安排他们住在东明山的白庐艺术馆。杨晶一起来的。第二天他们说要去爬山，并跟我说爬山完了要我汇报现有的认识和工作计划。于是我就写了几点，跑到白庐去跟他汇报目前推断的两种可能，还说打算花两年搞明白。

到了 2007 年上半年，我们通过钻探确认了南起凤山，北到苕溪，宽约 60 米，长约 1000 多米的石头遗迹分布。为了验证我们的钻探成果，我们选择了在旧 104 国道北部的白原畈段进行解剖发掘。因为白原畈段的高地靠近苕溪，高地的堆土在历次修筑大堤时已经被取掉了。钻探发现的石头地基距离地表只有 40 厘米左右，在水稻田耕土的下面就是良渚文化的堆积。在这里发掘不仅见效快，也可以尽可能地减少考古发掘所造成的破坏。

根据钻探所反映的堆积状况的不同，我们在此分四段进行了探沟解剖。通过解剖我们进一步肯定了这一遗迹在分布和堆筑方式上的连续性，而且在遗迹的内外两侧都有河沟分布，河沟边缘普遍叠压着良渚文化的生活堆积，陶片特征与葡萄畈段所出陶片一致。这使我们对钻探的手段和成果充满信心。

在体会初战告捷的心情的同时，我们也迎来了新的挑战和困惑。经过半年的钻探发掘，发现的这段城墙，南端连接到了自然的山体凤山上，而北端则叠压在了现在东苕溪的大堤下面。这到底是城墙还是良渚时期修筑的苕溪大堤呢？这是我们接下来必须要回答的问题。我们做了几种可能性的推断，如果是围绕着莫角山的城墙，那么北墙可能在哪个位置，南墙可能在哪个位置？

我们开始兵分两路，一组沿着凤山向东寻找，另一组沿着河池头的南面向东寻找。

我记得西城墙挖了还没找北城墙的时候，工作已经进行了半年了，于是我请牟永抗老师和方向明他们都来看。我汇报了后说计划还要再找，往北找。牟老师说这个石头早就知道了，农民也说耕地的时候把犁都能绊住，只是没继续找。赵晔说以前也挖到过石头。后来我让他们看了之后留下点意见，其他人也没说话，牟老师说目前这个情况把这块弄清楚就已经不错了。

随后的几天下来，一点苗头都没有。当时我推测河池头是城河，于是我们改变策略把老祁、老郭两人集中到一块，重点寻找北城墙。河池头南面没有，我们又到河池头北面寻找，结果钻来钻去也找不着。

有天我跟他们一起去河池头那个村调查。我说还是向老乡打听谁家挖井有挖到过石头，后来果然问到了有一家挖到过石头。就在那家出来路北面有突出去一块，比较浅的地方钻到了石头。

功夫不负有心人，我们终于在 2007 年 6 月 9 日发现了河池头村高地下面的第一块石头。西墙的断线终于又看见了一线光明，这是何等的让人激动啊！

我们沿着新发现的目标，向两端延伸，一个孔接着一个孔地寻找，目标是黄土和下面的石头，以及边界外面的洪水层和淤泥。

6 月 19 日那天，张先生又考察了白原畈段的发掘现场并听取了汇报。听后他兴奋地说："这个发现的意义，不亚于当年反山、瑶山的重大发现。这大型石砌遗迹规模如此宏大，在中国同时期中还没有第二个。下一步的考古发掘工作要通过钻探等手段，了解这一遗迹的结构、营建过程以及其中的石头和黄土来源等问题，认识遗迹的功能，理解这一遗迹与莫角山遗址的关系。"

到了 9 月 28 日，我们钻探确认了从苕溪大堤到雉山的 800 多米长的墙体。北墙找到了。可这真的是北城墙吗？我们又面临着同样的问题。我们找到的北城墙在接到雉山上之后，又消失了。此时还是不能排除这是古代苕溪大堤的可能性，因为这一段还是与北面的苕溪大堤相平行。

从 2007 年 10 月 1 日开始，我们在雉山东面设定了几条钻探目标：一是沿雉山一路向东北方向，如果找到了，那就是苕溪的大堤；二是沿着雉山向南钻探，把雉山设定为城墙的转角；三是沿着雉山东面的前山向南的高地钻探，把前山设定为城墙转角。

第一条在雉山和现在的苕溪大堤之间，来回寻找，一直钻探到安溪的杜城村，也未能发现可疑目标。

第二条在前山南面的高地下面，未能找到我们要寻找的石头地基。而雉山向南的钻探也迟迟未能发现石头的踪迹。

难道真的是古苕溪的大堤吗？到 10 月下旬，我们几乎探遍了从雉

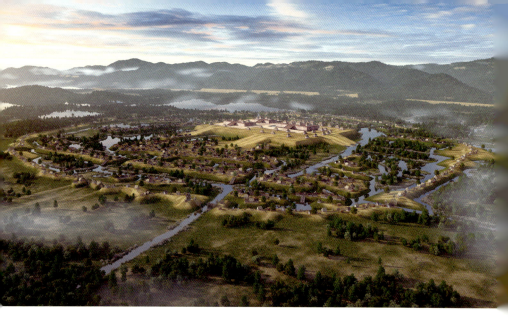

图 4-1　良渚古城复原图

山、前山到旧 104 国道之间的南北 1000 多米长的范围，最后终于在金家弄村北面的一块叫"外逃顶"的农田里钻探到了下面的石头。

有了目标，我们迅速向南北扩大。北面连接到了雉山的东面，南面一直到小斗门村。当确准无疑是东城墙后，我就开始理直气壮地向考古队员们宣布："这回可以肯定是城墙而不是苕溪大堤了。"

剩下找南墙就容易了。果然 10 月 27 日南城墙被顺利地确认了：东起小斗门村西，西至东杨家村，与凤山东坡相连，全长约 1600 米。至此，一个东西约 1600 ～ 1700 米，南北约 1800 ～ 1900 米，总面积约 300 多万平方米的四面围合的良渚古城，已经真真切切地摆在了我们的面前。真的不敢相信它竟是那么的庞大，远远超出了我们以往对于良渚文化的认知。（图 4-1）

　　为了尽快证实我们的钻探成果，我们同时在北城墙开了两条探沟，东城墙和南城墙各开了一条探沟，进行解剖性发掘。发掘的结果证明，四面城墙在结构上、堆筑方式上与生活堆积的年代上都是完全一致的。底部普遍铺垫石头，上面主要用黄色黏土堆筑，四面探沟中叠压着城墙坡脚，均有良渚文化堆积。从堆积中所包含的陶片看，也都是良渚文化晚期的相同阶段。这为证明四面城墙的整体性和同时性提供了可靠依据。（图 4-2）

　　11 月中旬，张忠培先生又来过这边一次，我就和他商量着要开新闻发布会。张先生说不要着急，先捂一捂，暂时先不发。他想的是我们考古界的很多教训，就是担心一旦弄出个大工程，当地就可能不支持后续工作的继续开展了。

　　不过因为目前调查和发掘已进行一年多了，这么多探沟都开在那，事情也捂不住了，而且我感觉不公布的话，接下来的工作和规划也都无法进行。当月下旬请了严文明先生来现场看，和文物局领导商定后就决定召开新闻发布会。

　　关于古城叫什么名字，也是跟张先生、鲍局长、高蒙河等一块商量过的。山西有个平遥，叫瓶窑古城听起来就不对头。也想过叫莫角山古城，不过叫良渚文化莫角山古城绕来绕去的麻烦，干脆叫良渚古城。

图 4-2　刘斌在北墙解剖点

　　于是 2007 年 11 月 29 日，由浙江省文物局与杭州市人民政府正式举行了新闻发布会，宣布良渚古城的重大发现为"石破天惊""中华第一城"。

　　发布会由杭州市副市长主持，然后我做了报告。严文明先生参与了发布会，最后他进行了点评。

　　那时也考虑了要不要再请张忠培先生来，不过想到老人家还要来回辛苦折腾，两个老人家坐在上面也不太合适，而且严先生的普通话更好一些，张先生湖南口音别人听不太懂，因此就没有考虑太多，就没有请张先生来。

　　我当时真没有太在意这方面。现在回想起来真是不妥啊。古城发掘他帮了那么多忙，发布会的关键时刻却没请他来，也没听从他说的"捂一捂"。想起来一直很内疚、很自责。

　　良渚古城发现后，在张忠培先生的指导下，按照"三年目标，十年规划，百年谋略"的方针，认真梳理了良渚遗址已有的资料与存在的问题，制定了良渚遗址考古的短期任务与长远目标。

　　2008 年，为了给建遗址公园提供资料，管委会委托陕西龙腾公司对古城外围进行了大范围精细勘探。2009 年，利用地理信息技术（GIS）

制作数字高程模型（DEM）发现外郭城，发现原来发掘的卞家山实际上是外郭的一部分。从而证实良渚古城从内到外具有宫城、内城、外郭的三重结构。

良渚古城的发现也是我们对良渚遗址群概念的深化和发展。以往良渚遗址群，是在三四十平方千米的范围内多个遗址的集合，虽然也关注到不同遗址的性状，但是因为材料的限制，还难以明析其结构功能，主要是从遗址空间分布角度，分成了几大片。而良渚古城的确认，我们得以从功能角度认识这些遗址的真实作用，认识到遗址群实际上就是良渚古城及其郊区聚落的遗存。这也标志着良渚考古从遗址群时代进入了以结构功能为研究视角的都邑考古的新阶段。

良渚古城是"周老虎"吗?

王宁远（队员）

良渚古城发现之后，因为它规模超出很多人的想象，那么任何一个新的科学认知或者新的事物出现都会有引起很多不同的声音，这个也是可以理解的。

提出质疑的主要是浙江省社会科学院历史研究所以及浙江大学的学者，其中不乏德高望重的前辈。

2008 年 1 月初，也就是古城发现新闻发布会一个月后，浙江省社会科学院历史研究所所长林华东在浙江电视台《新闻超市》栏目中对良渚古城提出了质疑。2008 年 1 月底，林华东又以《良渚发现的并非古城》为题，在《观察与思考》上发文，指出对于良渚古城的八大疑点，如判断城墙年代的证据并不充分，城墙为何如此宽大，为何没有发现城门等。

和林华东同在一个办公室的历史研究所研究员罗以民，又在下一期的《观察与思考》杂志上发表了长达 1.5 万字的《证伪"良渚古城"》一文，直接否定了良渚古城的存在。当时，正值陕西"周老虎"事件发生不久，他认为良渚古城是个"周老虎"，提出了"城墙只是宋代以后的水坝"的论断。

罗以民没有考古学背景，他文中很多关于地层学、年代学的观点都是错的。他质疑的发端是对城墙垫石开采方式的疑问。他判定城墙垫石都是有棱角的人工开采的石头，而良渚时代没有金属工具开凿，也没有发现火烧水激法破石的痕迹，因此不可能是良渚时代的工程。

他文章发表后的第三天，对于罗以民认为的"石器时代根本无法大量开采出如此坚硬的石头"的论断，北京大学严文明先生称"作者太缺乏常识了"，"新石器时代开采石头的事例很多，作者会有这种想法，只能证明他的考古知识很欠缺"。

关于垫石开采方式这点，我们后来做过一个垫石来源的专项课题，虽然研究的动机是开展资源和工程研究，并非为了回答这一质疑，但其结论还是可以很好地回答这个问题。因为最关键的是，这些石头绝大部分都是捡拾的散石，而不是人工开采的。

然后还有浙江大学搞沉积学的一些学者，说是一看那个土就是 Q3、Q4 的，然后是几万年的，这不可能是 5000 年。他们不知道这实际是人工搬过来堆筑的土，土自然形成的年代和用土筑墙的年代，是两个概念。

这些人说了之后，我们也没有去过多理会，也就是这样。

后来 2008 年三四月，有报社记者为此去采访浙江大学著名的教授陈桥驿先生，陈桥驿先生说：

去年 11 月底，"良渚古城"刚被报道的时候，就有人请我去看，但我没去。不是没空去看，而是我根本不想去。几个月过去了，我还是很生气，怎么可以在这样重大的课题上做出如此轻率的结论。不用看城墙造的如何，仅凭我的常识判断，这个"良渚古城"就不能成立。它是个"伪城"。

……洪水和咸潮在（良渚）初期仍是严重的威胁，因此，在饮水的来源、薪炭的取得、冬季避风御寒以及制敌自卫等方面，孤丘都发挥着重要作用。所以，重大的良渚考古发现都是在小山丘上，比如反山遗址、瑶山遗址、莫角山遗址，等等。

但是今天这个"良渚古城"就值得怀疑了。越族先民的确会将一些小的田地围筑起来，但那都是小群体的行为，主要目的是保养淡水、防止土地盐碱化。当时不可能存在以防洪、军事为目的的大型城墙。①

因为陈桥驿先生是著名的历史地理学家，所以他说的话领导就比较在意。那么报道省里边看到了，省政府就要求文物局做出回答，并给省政府写报告。那天鲍贤伦局长把刘斌叫到省文物局办公室，结果发现浙江卫视的工作人员也在那等着，问说有这么多质疑，包括陈桥驿先生也质疑，你们为什么不正面出来回答。

刘斌说："考古是一个可验证的东西，我们做过那么多的解剖，已经挖了两年，是最终有 100% 的把握才公布的。我们开了全国的论证会。但电视台却想要我们来打擂台，目的是看热闹博眼球。'华南虎事件'最终是有人承担责任的，那么如果林华东也罢，陈桥驿也罢，他们一定要说是假的，你电视台让我们这样来接受采访，我不接受！如果要我

---

① 寒笙：《"良渚古城"拷问学术良知》，《社会科学报》，2008 年 3 月 27 日。

们接受采访，需要你找来公证处，设一个公正的平台，我们可以开任何形式的论证会，如果最后证明他们是故意造谣，那么是他的学术道德问题，就要追究责任。你要肯搭这个平台，我就接受你的采访；你不搭这个平台，我就不接受你的采访。"

后来电视台不敢弄。

刘斌跟省文物局解释说："我们开过论证会，考古也不能儿戏的，是吧？四面城墙都做过解剖，整个地钻探过，是100%，对吧？那么像陈桥驿先生这样没有来过就下结论，首先我觉得这是一个科学态度问题，对不对？你说这个平原地势低，要受咸潮影响，但是良渚平原地区遗址现在发现都有200多处，这些居址墓地它不能在海里面的，是吧？对于自己的学术太自信，没有来过就下结论，这种态度科学吗？而另外一些人，我觉得是故意蹭热点找茬的，这种人是有学术道德问题。"

所以这个事情最后省文物局给省政府也做了汇报，良渚管委会出面在媒体上做了一个正面的回答。一是强调年代可信：在城墙四边共六个地点，经过发掘，无一例外，都发现了叠压城墙的倾斜状良渚晚期地层堆积，证明城墙堆筑的年代早于良渚晚期。二是针对林华东、罗以民两位学者提出古城墙上的泥土很可能是明朝时期后人"挖土来堆"或"洪水冲积"所形成的"次生堆积"，指明地层分布的广泛性及其堆积相，充分表明了其"原生性"。

　　与政府部门相比，考古所的发掘者显然比较淡定。以单位的名义在媒体上做了个简单的声明后，便不再理会，而是一头钻进库房进行遗物整理，并以最快速度编写了考古简报，以《杭州余杭区良渚古城遗址2006—2007 年的发掘》为题，刊登在 2008 年第 7 期的《考古》杂志上。

　　简报详细介绍了各解剖点的地层关系和典型出土物。从我们的角度，这个简报足以回答之前社会上对古城的各种质疑了。

　　报告发表后不久，遗址几个地点的碳 14 测年数据也出来了。毫无意外，都落在良渚文化晚期阶段，印证了我们此前的判断。

　　意外的是，在报告发表后，质疑的声音依然不减。浙江省社会科学院历史研究所还在 2008 年 12 月以国际良渚研究中心的名义开了一个会，组织了好多人写批判文章。会后内部材料印了一大本，刘斌还看到过。

　　林华东又撰文质疑叠压在坡脚的地层是二次堆积。所谓的二次堆积，就是早期的遗址堆积在晚期因自然冲刷或人为搬运等原因而形成新的堆积，里边包含早期的陶片等遗物，本质上却是晚期的堆积。

　　实际上，二次堆积必然出现早晚期遗物叠压关系的颠倒、混乱。解决这个疑问的最简单的办法，就是走出书斋，来良渚管理所的库房看一眼摊在地上整理的各解剖点的几万块陶片，看看它们中有无夹杂任何晚期的遗物，看看其从早到晚的各层陶片的年代顺序有无颠倒。

我们相信，只要具备考古的基本知识，来现场看过，自然可以得出结论。

林华东先生毕业于厦门大学考古专业，原来在我们考古所工作过多年，是我们的前辈，显然是具备丰富的田野考古理论和实践经验的专业人士。据他文中自述，他曾三次去过古城发掘现场，但是从没联系我们，这是让我们疑惑的事情。后来了解到，他是找了良渚管理所的费国平所长开车带他去工地的。

一般我们参观考古工地，总要和发掘领队联系一下，看看发掘陶片，听发掘人讲讲地层吧，林华东先生和刘斌是很熟悉的。听说他来过几次工地都没有找刘斌联系。真是令人疑惑。因此他的结论和推断肯定带有很多个人的先入为主的偏见。

第二节　官井头发掘

入围 2013 年度全国十大考古新发现终评。

赵晔（领队）

2009 年，丁品在临平茅山挖水稻田和聚落址，因为面积很大，丁品忙不过来，所里就安排我过去支援。2010 年我过去了。挖了两年，我负责的茅山西区，两年总共挖了一万多平方米。丁品挖的时间比我长，面积还要大。可见这个遗址规模有多大。

2011 年底的时候，因为良渚文化村有两个楼盘要动工建设了，所里决定要我来，配合这些个基建项目做一些考古工作。西边的楼盘叫"金色水岸"，东边的叫"绿野花语"，后来建成后改名为"七贤郡"了。

我带着考古队过来之后，首先调查金色水岸，发现了十几座历史时期的砖室墓。然后再调查绿野花语，同样有汉代、六朝、唐宋等历史时期的墓葬发现。但保存都不好，因此清理得比较快。不过很快就在这里发现了一个一万多平方米的史前遗址，也就是官井头遗址。而且听说，2008 年我在良渚博物院见到过的一批玉器（有玉璧、玉镯、玉梳背等），就是这个遗址出土的。所以我们当时挖的时候，其实还是寄予很大希望的。

　　我们的发掘从西面往东面推进。西面先是挖了三列探方，但是第一批探方挖下去并不理想，基本上都是些战国和唐宋时期的扰乱层，没什么重要发现。一个多月下来连墓的影子都没有，所以当时有点心灰意冷。

　　但是第二批探方开挖后，很快就发现墓葬了，而且是一座良渚文化的贵族墓。墓里有 30 多件随葬品，主要有玉璧、玉梳背、琮式管、锥形饰等。不久又挖到了一组石构遗迹，是由水井、水池和排水沟组成，按照地势由高到低这么排下来的，应该算是良渚时期十分罕见的比较科学的高级用水设施。从工程量和复杂程度来看，它应该比庙前的木构水井还要高级一点。（图 4-3）

　　然后又陆续发现了一些墓葬，有个残墓还出了一件人面纹玉琮。最后我们开了四批探方，经历一年半时间，总共挖了 6600 平方米，清理了 106 个史前墓葬。这在良渚遗址群里面算是数量最多的墓地了，到目前为止还是。除了少数几个是良渚中期和晚期墓，大部分墓葬都是崧泽晚期和良渚早期的。其中崧泽墓葬数量是 55 座，良渚墓 51 座，两个阶段的墓葬其实相差不大。

　　这个墓地的结构也比较清楚。它中间有一条斜向的自然冲沟，在崧泽晚期它是个分界线。冲沟两边都有墓，但是排列方式稍微有点区别。

水井

水池

排水口

图 4-3 石砌水井、水池与排水沟

西边的墓葬围绕一个中心排列，东边的墓葬则基本上东西向略为倾斜地成排分布。到了良渚时期，冲沟填平了，但两边两个墓区的结构依然还在，并且又多出一个墓区。有一个现象，崧泽时期的西区和良渚时期的三个墓区，墓区内都有建筑遗迹，一至三处不等，应该都是公共祭祀场所。就像卞家山墓地，虽然没有保存下建筑遗迹，但是墓葬围绕一个空间分布的特征还是很明显的。

官井头墓地有个比较重要的现象是，从崧泽晚期就有贵族墓出现了，到良渚早期开始出现成组的佩挂玉器，比如管串和玉璜，玉璜和圆牌串。有的随葬一串；也有随葬两串的，脖子上一串，胸前一串。璜和圆牌是女性贵族标志性的高级随葬品，说明早期贵族还是以女性为主，即社会权力可能集中在女性手里。像官井头 64 号墓就是很典型的有两套由管串、璜和圆牌组成的串饰，它跟瑶山的 9 号墓就非常相似了。官井头 51 号墓也是这种配置，跟瑶山的很像。

我当时就想，这里在崧泽晚期就已经有贵族墓出现了，然后一直延续到良渚。而瑶山只是从良渚开始的，所以我的推论是，瑶山的贵族很可能是从官井头分流出去的，或许是它里面的一支过去的。而瑶山晚期的贵族墓又跟反山早期的贵族墓很相似，所以我就觉得，良渚遗址群的贵族势力应该是从官井头到瑶山、从瑶山再到反山，这样逐渐传递和放大的。

另外，官井头墓地里面，崧泽和良渚的衔接是比较紧密的，它们的陶器发展脉络是比较清晰的，玉器变化的脉络也是清晰的。这就是说，它是研究崧泽向良渚转变的一批很重要的考古资料。

在官井头遗址发掘过程中和发掘以后，我们对周围也做了调查，像张家墩，包括你们以前挖的石马兜，还有后来我调查出来的官坞里、火叉兜之类的。大概有六七个点，基本上围绕大雄山丘陵南麓呈等距离的分布。这么一串遗址，而且年代从马家浜晚期开始就有了，然后是整个崧泽时期，再到良渚就没有间断过。所以说大雄山丘陵应该是良渚文化发祥地性质的一个地方。

　　我后来挖了张家墩。主要是马家浜晚期的聚落，应该是目前为止马家浜时期非常好的一个聚落遗址。它有个环壕，边缘有栅栏，有出入口，里面有十来间紧挨着的房子，房子有大有小，像一个很复杂的套间。这个发现当然也很重要。良渚地区的吴家埠、庙前、官庄等地，都有零星的马家浜和崧泽文化遗存，但没有大雄山这边成规模，有系统。因此我个人认为，良渚遗址群后来的崛起，跟之前的文化积淀是分不开的。

　　为什么良渚遗址群能够成为良渚文化的政治中心？因为它的地理位置特别好，群山环抱，相对独立，山丘高低起伏，周围又有河，能进能退，周围的自然资源又很丰富。谷地内虽然是湿地环境，不宜生存，但经过水坝等人工干预，这个地方逐渐变得宜居，而且它回旋的余地也比较大。还有一个原因，就是当地一直有土著民在生活、在发展，并逐渐成长为一个贵族集团。

　　从现在的考古线索来看，我觉得是这样的。最后的落脚点就是以莫角山为核心的良渚古城，而官井头应该是良渚遗址群前后衔接的一个很关键的节点，所以我觉得它的意义很大。后来它是入围了 2013 年度全国十大考古新发现，但是很可惜当时没评上。

第三节　水利系统的发现、研究与保护

良渚的十大发现以往已经评过很多了，如果是一般重要的遗址，就不会评给它了，但是良渚的水坝实在是太重要了。中国原来有大禹治水的传说，现在良渚水坝比它还早了 1000 年，那不评给它，还评给谁呢？

水利系统的发现与价值

——严文明

令我印象最深刻的是它的规模之大，它的水利系统之复杂，水坝之多。——这是一个具有世界级重要性的遗址，不只对中国重要。

——杰西卡·罗森

王宁远（2015—2021 年领队）

良渚外围水利系统的整体揭示是继 2007 年良渚古城之后，良渚考古的又一次重大突破。这一发现证实，良渚古城的宫殿、内城、外城的三重结构之外，还包围着规模宏大的水利系统，其控制面积达 100 平方千米。水利系统的发现在国内外学术界产生重大影响。2019 年 7 月 6 日，良渚水利系统作为良渚古城遗址的重要组成部分成功列入世界文化遗产名录。

良渚外围水利系统可分三个部分：塘山长堤、低坝系统、高坝系统。从初见端倪到局部了解，再到整体格局的揭露，经历了两代考古人近 30 年的漫长历程。

从"土垣"到"塘山"——塘山长堤的发现与认识

这个系统的发现和研究首先是从塘山遗址开始的。（图 4-4）

1981 年吴家埠遗址发掘之后，浙江省考古所在遗址现场建立了工作站，成为良渚遗址考古的常驻基地。吴家埠位于瓶窑镇西侧，处在大遮山南麓延伸的一个孤丘西坡。从吴家埠向北，有一条乡村土路翻过孤丘，下坡穿过一片池塘低地，复上行五六百米有个湖北坞水库。1987 年夏天，因自来水水质太差无法饮用，考古队遂用三轮车到水库运水，队员傍晚亦常去水库游泳。

有一天，路过此地的王明达开始注意到，孤丘北侧这片连续的池塘南部有一东西向的长垄。从土路的断面观察，应属人工营建。登上长垄眺望，见其东西绵延甚长，形态规范。这是塘山留在考古人眼中的第一个印象。

1987 年正是反山王陵发现的后一年，瑶山祭坛因盗掘而在该年清理。其后 1991 年汇观山祭坛墓地、1992—1993 年莫角山宫殿区等不同

图 4-4　塘山的发现历程

类型的高等级遗址，因为各类建设而发现。可谓高潮迭起，全部入选
"七五"和"八五"期间全国十大考古新发现。于是，这连陶片都不见
的一丘土垄一直没有获得更多的关注。因其整体结构、时代无法判断，
遂以描述性的名称"土垣"来命名。

　　由王明达 1986 年首次提出"良渚遗址群"的概念，在此期间渐成

金村1996、2002

毛儿弃1996

学界共识，标志着良渚考古研究的视角，从各自独立的"遗址点"向整体性的"遗址群"转化。在此种思路下，划定了良渚遗址 33.8 平方千米的保护范围，并在 1995 年公布。因此，尽管土垣的性状不明，考古工作者还是很敏锐地将其整体划入建设控制地带范围内。

而土垣的正式考古工作与 1995 年的一次破垣造路事件相关。据王明达回忆，当时安溪北侧大遮山上在大力发展石矿，当地就在金村那里的土垣上开了个缺口，造了条南北向的机耕路，方便用拖拉机把石块拉到苕溪边的船上，当时也没有啥有效的保护措施，我们考古部门都不知道。这里离吴家埠工作站太远了，当时考古队只有自行车，也不大去那边。1995 年，有一次日本的中村慎一正好带着一帮人来安溪考察，所里派了一辆面包车开到那里，王明达这才看见。王明达当时就发了通火："哪能这么随随便便就在土垣上开路！"从断口估算，土垣宽度有 50 米。然后仔细一看，断口东侧断面上正好暴露一个战国土墩墓，壁上还挂着两件原始瓷盅。土垣下部断面上也零星发现良渚时期的碎陶片。王明达回忆："啊呀，这一看我是高兴死了，证据来了！绝对要早于战国，那应该就是良渚的！中村先生当时问为啥就能判定是良渚的呢？我说你看，战国土墩墓压着它，非常清楚。战国之前这里商周遗址很少的，几乎可以肯定是良渚的遗迹，对不对？"虽然话是这么说，但是考古终归是要由发掘来证实的。

第二年即 1996 年，良渚遗址群被正式列入全国重点保护单位。为深入了解遗址分布，确立重点保护地段，考古所展开了新一轮的考古工作。土垣的年代判断顺理成章地就成为工作目标之一。

1996 年 12 月—1997 年 1 月，由王明达领队，在土垣的金村和西中村毛儿弄两个地点做了三次试掘。

毛儿弄先由丁品在村道断面东侧的土垣南坡进行试掘，发现它由人工逐层堆筑而成，但是未见包含物。其中有一层灰面，王明达和丁品讨论了很久，怀疑是夯土，但是没有找到夯窝。后来北京中国建筑历史研究所的高工傅熹年来，看见这个，说："这个不是夯土是什么？它就是夯土！至于是不是和北方一样有板夯，那就不清楚了。"

其后赵晔和陈欢乐接手在道路西侧的土垣北坡进行试掘，发现底部有块石铺底的现象。

与此同时，方向明在金村的试掘则有重大收获。金村段所在的东西向土垣，也有叫"塘山前"的。其南部，当地称"羊后棋（圩）"。12 月 17 日，先在土墩南部的水稻田布 2 米×5 米南北向探沟 T1，其第二层为良渚文化层，陶片碎，与生土的结构、色泽基本一致。

据方向明回忆："12 月 20 日，探沟 T1 结束，为了与土墩地层衔接对照，决定先清理土墩南部断面。那里灌木丛生，我动用山锄，在高出水田约 70 厘米发现异样石块。可惜被我挖破了一点点，在水田里清洗后大喜过望，原来真是玉料！连忙拍摄场景。收工时天色已晚，费国平和我一起回吴家埠工作站，一进门我就向王（明达）老师报告意外消息。王老师也甚喜。当晚，大酒。"

透过文字，我们今天仍然可以感受到当时的惊喜之情。

　　次日，遂沿着探沟 T1 向土垣上延伸布方发掘。1997 年 1 月 2 日，出露良渚文化层。之后发现不少玉器残件、玉料残块和石质工具，并清理出局部的红烧土面和埋设陶器的灰坑。春节过后，1997 年 4—7 月，王明达领队、赵晔具体负责对金村的探沟进行南北贯通的扩大发掘，总揭露面积增至 120 平方米。在表土层下发现两座战国土坑墓，打破含有良渚晚期陶片和残玉件、玉料等的第三层，并在第四层下（深 1.6 米）发现两座良渚墓葬。其中一座随葬玉钺、玉璧等重器。另外，还对塘山中段现有缺口和取土断面进行了观察。

　　此次试掘一举解决了此段土垣的年代问题，还意外获得了良渚玉器加工相关的重要线索，收获多多。

　　在试掘过程中，考古队对土垣沿线和周边环境进行了调查，了解到当地村民把土垣称为"塘山"。据王明达回忆："在毛儿弄发掘时，有一天我和丁品等人沿着路向山上走，在龙头水库那边，碰到一个看林的老头，个子小小的，老党员。他听了我们在南边发掘，脱口而出说那就是外塘山啊，还说靠山上这边是里塘山。"得到这个信息之后，以后就正式把"土垣"改称为"塘山"了。话说老头提到的里塘山，当时大家没放在心上。后来 2021 年我根据遥感影像发现康门水库西侧山里还有一系列的短坝，其中石塘山坝经过测年证实就是良渚的。王明达到现场时，想起来曾经听到过的"里塘山"这种称谓，可惜当时没有重视，这当然是后话了。

当年代问题解决之后，土垣的功能自然会成为考量的问题。1996 年，王明达申请塘山的发掘执照，写的发掘地点是：瓶窑镇毛元岭村—安溪罗村良渚遗址群北侧"城垣"。（图 4-5）他在器物小件标签上也曾将地点标注为"良渚遗址群'城'（塘山罗村段）"。写了城，但加了引号。而蒋卫东则撰文认为塘山可能是遗址群外围的城墙遗迹。[①] 说明考古学者已经开始在良渚遗址群的整体框架中对其进行了功能分析。

图 4-5　塘山 1996 年发掘执照

---

① 蒋卫东：《余杭良渚遗址群内的良渚文化古城》，《中国文物报》，1999 年 1 月 13 日。

图 4-6　金村发掘

　　2002 年 4—7 月，王明达主持对塘山金村段再次进行发掘。发掘的目的是要彻底解决塘山的性状问题。(图 4-6)

　　1996—1997 年，方向明发掘的位置和赵晔清理的那两个良渚墓都位于塘山的南侧，要确定塘山整个 50 米宽是否都是良渚的，还要进一步发掘。这时王明达已经临近退休，这是他最后一次担任田野发掘的领队，成员有方向明、徐新民、方忠华以及余杭文管办的费国平等。王明达回忆因为当时经费很紧张，塘山上又都是茶树，和农民谈赔偿不知道费了多少周折，农民看你们是省里来的，有钱，一开口要价，跟你的心理价位不是差个百分之一二十，是要差好几倍，就是要敲竹杠。其实那时考古最大的障碍不在于技术，而在于交涉用地赔偿、遗址保护这些事情。因为赔偿的事情，王明达考虑利用 1996 年已经发掘的那块地，当时挖完几年这里就都荒着，没再种啥，土也比较松。所以就继续在这里挖。发掘向原探沟两侧布方，一直扩方到北头。当时芮国耀和楼航、胡继根在东侧挖姚家墩，也在附近。为了节约成本，塘山发掘住宿单独住在金村，中午、晚上吃饭就和芮国耀他们并在一起，那里条件比较好。

2002 年塘山的这次发掘共揭露清理 458 平方米，获得了 460 余件玉石制品，发现了与制玉有关的石砌遗迹三处。有很多的边皮玉料。有一个琮的射口切下来的玉料，形态肯定是晚期，鸡骨白的玉料几乎没有，基本上都是那种像蛇纹石一类的材料。但是石质工具很多，品种也比较多。包括打磨用的工具，这些将来都可以做进一步的研究，比如砺石就有粗细不同的多种，有的摸上去就砂岩，很粗，有的非常细，但是感觉也是砂岩，还有好多凝灰岩的箭头的残件，但是在一端或者另一面都打磨得非常光滑，磨得非常好，可能用来做工具，就是用水沙在琮的沟槽或者表面打磨。同时确认金村段的营建是一个连续堆土加高的过程，并在南部斜坡处用大量块石筑成护坡。[①]

王明达回忆说："2002 年发掘塘山的目的很清楚，是要解决塘山营建的年代问题，这个目的完全达到了。这个玉料作坊的发现真是意外之喜。因为良渚玉器如此精美，是哪里加工的，浙江始终就没有解决。江苏有个丁沙地，他们好多东西是不确定的。那么金村这批材料就很重要。只要有加工痕迹，我们把每件细小的标本都采集了，挑出去的土堆在南边田里也都仔细翻过，大大小小几乎没有漏掉。"

发掘期间，严文明先生和张忠培先生来参观过工地。他们后来经常来的，但是两位先生同时到工地，这是唯一的一次。王明达回忆说："那次还有个插曲，严、张两位先生似乎对塘山发掘的必要性，观点不太一致。他们来工地那天天气很热，我们所曹锦炎所长陪同，看了塘山工地，张忠培在前面，说了一句话，声音很大的：'你们要保护！不要挖了！'我在他后面也很大声回答：'我不挖，你来看什么？'曹锦炎马上在后面拉我的衣服，我就没再说了。后来他们又看了姚家墩工地。再到

---

① 方向明:《良渚塘山金村段遗址的发掘》,载于《浙江考古新纪元》,科学出版社,2009 年; 王明达、方向明、徐新民、方忠华:《塘山遗址发现良渚文化制玉作坊》,《中国文物报》, 2002 年 9 月 20 日; 方向明:《杭州市良渚塘山遗址》,载于《中国考古学年鉴·2003》,文物出版社, 2004 年。

我们住的地方看挖出的文物，方向明拍了很多照片。这时候严文明先生有一个很具体的指示：'王明达，你要去报十大考古新发现！'后来也没去报。但是后来台湾的江美英在北京大学念博士，论文写良渚玉器，严先生特地关照她到杭州一定要看塘山的材料，说研究玉器，这是最好的材料。"

为了了解塘山的整体年代，除金村外，2003年1月，考古所又派方向明和方忠华在西侧塘山河中村段的北侧进行了小规模发掘，这里的塘山北侧有个断坎，刮光后发现一块良渚文化陶片。另外，还发现堆土有斑块状的迹象，当时不认识，后来明白那就是草裹泥的痕迹。探沟可能没有挖到底，没有发现底部垫石。

在金村2002年的发掘中，王明达等对塘山遗址的性质、功能有了比较明晰的判断。《中国文物报》2002年9月20日第一版发表了王明达、方向明、徐新民、方忠华联合署名的《良渚塘山遗址发现良渚文化制玉作坊》一文，认为塘山是一处良渚先民人工修筑的防洪堤，其上的制玉作坊是利用塘山地势较高、相对安全的条件选择的地点。

这一观点得到了多位学者的认同。费国平、张炳火等先后撰文提出类似观点。[①] 鉴于塘山多处地段发现了墓葬、灰坑、夯土、积石等遗迹，赵晔认为"塘山的文化内涵具有多重功能"[②]。

但是塘山遗址如果作为防洪堤，有一点疑问一直无法解决，即其西部连接到毛元岭山体之后，往南被一条名为吴家堰的渠道截断，再往南经过多次调查没有发现山体或坝体，水流又从坝内流向了东苕溪，似乎起不到截流防洪的作用。因此，对塘山的研究一直也没有更大的进展。

2007 年良渚古城发现后，为了解古城的外围结构，于 2008—2009 年上半年对塘山遗址进行了新一轮的调查，并由我负责，和芦西燕、张晓平等在秀才弄（河中村）双层坝体中间的渠道内进行了首次试掘。布设南北向探沟一条，连接北坝坡脚，意图了解渠道的结构和用途。结果探沟内没有发现任何人工遗物，只是发现渠道底部地层夹杂大量卵石等，无法判断是人工还是自然形成，没能实现预期目标。

2011 年 1 月，因为当地想整治湖北坞水库下段渠道，我曾经让技工陈欢乐在塘山西段上毛元地点做过试掘，发现坝底和毛儿弄一样铺有块

....

① 费国平：《塘山遗址初论》，《南方文物》，2002 年第 2 期；张炳火：《良渚先人的治水实践——试论塘山遗址的功能》，《东南文化》，2003 年第 7 期。
② 浙江省文物考古研究所：《良渚遗址群》，文物出版社，2005 年。

石，后来做了回填保护。

此后一段时间，塘山遗址断断续续进行过局部调查，系统的工作并未更多展开。

从"大墓"到"大坝"——高坝系统的发现与认识

如果说塘山的发现是顺理成章、水到渠成的话，高坝系统的发现过程则一波三折，颇具戏剧性。

2009 年 9 月中旬，有群众向公安部门举报，瓶窑镇彭公村岗公岭有人"盗墓"。

岗公岭地属瓶窑镇彭公村，位于良渚古城西北约 8 千米的山间。宣杭铁路和新 104 国道在此处转了个近 90 度的大弯，沿山谷朝东北方向上行通往德清。这个山谷南端最窄的位置有个东西向的"小山"，夹在铁路转角和公路转角之间，表面长满植被，与两侧的其他自然山体浑然一体。

2009 年，彭公村有人将其租用，拟开办竹器市场，结果平整后暴露出大量的青膏泥。因为青膏泥非常致密，战国到汉代的大型墓葬常用作填土，以隔绝空气，达到防腐的目的，如著名的长沙马王堆汉墓即是如此。

盗墓分子的嗅觉一向非常灵敏，紧贴新 104 国道的这处青膏泥很快引来了几个不法分子。他们到彭公找当地村民，请他们帮忙挖墓，挖出来分钱。

当地村民说："这里肯定挖不出古董的，如果挖不出，你们工钱付不？"盗墓的说："那是不付的。"

那么就没有谈成，后头村民就打电话给公安举报了。实际上盗掘还没来得及动手。

公安机关立刻进行了查处，抓获了犯罪嫌疑人。审讯得知，他们都来自江西某地一个以盗墓出名的村庄，全国到处流窜作案，甚至还有盗完此处后移师海南的计划。

2009 年 9 月中旬，文物部门接报后，浙江省文物考古研究所刘斌、余杭区文化广电新闻出版局（简称余杭区文广新局）林金木、良渚遗址管理所费国平等，会同公安部门的同志进行现场踏勘，发现该地地貌为一西北—东南走向的"小山"。顶面大部已经被推平，仅东南存一断坎，高达 7 米多。断面可见其表面覆盖一层 2～3 米厚的黄土，内部全是青淤泥，结构类似豆沙包。可知"小山"实是人工堆土而成的遗迹，与两旁自然山体的石质构造判然有别。其西端被宣杭铁路破坏，东部被新 104 国道西侧旧的岔道叠压，岔道东面已为山体基岩，可见破坏很小。

图 4-7　岗公岭剖面暴露情形

东西向残长约 90 米，南北宽约 80 米，体量巨大。从迹象判断，其性质并非墓葬。（图 4-7）

　　刘斌联想到 2000 年距此几千米处发掘的"彭公战国水坝"，推测两者功能类似。当时整个施工现场都没有发现陶片等遗物，应该是挖掘淤泥和山体的生土堆筑，年代无法判断。

　　北侧有户村民家门口发现有完整的弦纹罐等东汉墓随葬品，摆在屋檐下当储水罐，询问得知是小山顶部出土，可知其年代不晚于东汉。考虑到即使是战国或者汉代这么早期的水坝也极为重要，当即要求停止施工建设，保存现状，开展进一步考古调查。

其后，省考古所委派技工祁自立负责，对周边区域开展地面调查。彭公离八角亭工作站近 10 千米，往返必须坐车，所以请良渚管理所费国平等也参与了这项工作，平时调查可以搭他的车子。

根据岗公岭这处坝的走向和位置特征，主要向其东西两侧山谷寻找可能的坝体。至年底，又发现了附近有五处类似坝体。根据所在位置周边的山体，分别命名为老虎岭坝、周家畈坝、秋湖坝、石坞坝和蜜蜂垄坝。这些坝体皆位于两山之间的谷口位置，构成水坝群。

关于坝体的断代，有一个现象引起了关注：一次调查时，在岗公岭断面上偶然发现一块很碎的良渚时期的夹砂陶片。从考古地层学的角度看，这条水坝的营建年代上限不会早于这块陶片所处的良渚时期。其顶部又被东汉墓葬打破，所以水坝的年代就是良渚到东汉之间的某一个时点。

这虽然不足以证实水坝就属于良渚时期，但是考古人根据土质土色等一些细节，已经隐隐地产生了这种直觉，只是彼此心照不宣，因为这实在是太伤脑筋了，考古毕竟需要证据。

凑巧的是，这期间因雨水冲刷，岗公岭坝的地面和断坎暴露出大片保存很好的草茎。2010 年 1 月 18 日，我和刘斌等到岗公岭现场，发现这些草保存相当之好，现场可以用手把每块草裹泥掰开。

刚暴露草的部分呈黄褐色夹杂一些蓝色，很快氧化成黑褐色。可以分出一根一根的草茎。仔细观察发现，每一包的草茎都是顺向分布的，并没有相互交错叠压，说明这不是编织过的草袋，而是用成束的散草包裹淤泥的。这些草后来经过鉴定，是南荻之类沼泽上常见的植物，就是苕溪名称里的这个"苕"。

有了这些草，就可以进行碳14测年。当时采集了三个样本送到北京大学进行年代测定。一般北大的测年结果出来需要几个月到一年时间，所以我们还是按部就班地进行着考古调查。

这年7月的一天，刘斌忽然接到北京大学考古文博学院赵辉教授的电话，告知岗公岭的测年数据出来了，三个数据树轮校正后都在5000年左右，属于良渚文化早中期，对水坝要引起高度关注。

记得那天刘斌是在八角亭办公室门口接的电话。我们非常兴奋，藏在心里的直觉果然被验证了。毫无疑问，这是良渚考古的又一个重大发现！尽管只有这一个坝的年代数据，根据形态和系统分布特征，其他坝体也有极大可能属于同一时期。

我们决定立刻加大力度，再一次进行深入调查，以探明整体布局，并进行功能研究。

通过分析，我们发现高坝的六条坝体可以分为东西两组，其中岗公岭、老虎岭、周家畈构成东部一组，坝高约 30 米，共同控制了一个山谷的来水；其西侧为奇鹤村的谷地，没有发现水坝；再往西的秋坞、石坞和蜜蜂垄又构成另一组水坝。

在这组水坝中，蜜蜂垄需要特别解释下，因为它就是曾经闹得沸沸扬扬的"彭公大墓"。

2000 年 9 月，201 省道（彭安线）在扩建施工，有个安吉旅客乘车途经此处，发现路边暴露出大量青膏泥，认为是墓葬，遂电告浙江省有线电视台。文物部门获知后进行现场踏勘，推测为春秋战国大墓，决定由省考古所组织进行抢救发掘。消息传出，一时各路媒体纷纷报道，社会反响热烈。发掘结果却让人大跌眼镜，原来它并非大墓，而是一个水坝遗迹。向来沉稳低调的考古所因这次误判，一时显得颇为尴尬。

公允地说，除了错将坝体堆土当成墓葬封土而处理得略显粗糙外，这次发掘的清理、记录等流程，完全符合田野操作规范，最终的水坝定性也准确无误。如果没有媒体前期的过度热炒，这就是一次再正常不过的考古发掘。考古就是要"大胆假设，小心求证"。很多遗迹都要等最终完成清理，甚至长期研究之后，才能确认性质。因此，此事件中发掘者的疏失，主要是发掘前过于自信地做了性质预判，并草率地对社会做了公布。

对遗迹的判断，包括性质和年代两方面。据我所知，发掘开始阶段，几乎所有的学者，包括国内著名的专家，都对其春秋战国墓葬的推测没有疑问，所以考古所委派商周考古室主持发掘。因为青膏泥的确是这时期墓葬填土的重要特征，同时在蜜蜂垄的顶部又发现了硬纹陶片，更是大大强化了发掘者的判断信心，将坝底的基槽当成墓道清理。在发掘进行了半个月后，因为"墓道"一直延伸到南侧山体并消失，墓室却了无踪迹，才有人根据当地的民间说法，提出水坝的可能性。在发掘结束后，发掘者也公布了水坝的最终认识。而在此之前，国内考古界从未发掘过类似的遗址，没有经验可以借鉴，所以性质的误判情有可原。

遗迹的年代判断，一般通过地层学以及碳 14 测年的方法进行。蜜蜂垄坝顶上发现有商周硬纹陶，坝体堆土内发现过零星几片良渚陶片，底部是生土地面。所以从地层学上讲，它的相对年代只能卡到良渚到商周这么个很长的时间范围内，无法更精确到某个时点。坝体堆土内还发现一把完整的木臿，但这类遗物在当时各良渚文化遗址中从未发现过，所以无法根据器形断代。但木器是有机质，可以通过碳 14 测定其绝对年代，可是偏偏我国历史时期考古中，根据器物演变规律做出的年代推定可以非常精确，而碳 14 断代的精度较低，所以很少采用。尽管在发掘结束时，领队考虑过要进行测年，但实际并未实施。一直以来，也从未有人对其春秋战国的年代判断有过怀疑。实际上，当时发掘者已经发现周边有若干类似坝体，还去过周家畈等现场。

图 4-8　水坝野外调查（左起：刘建国、王宁远、王辉）

　　今天回想起来，如果当时做了碳 14 测年，则良渚高坝的发现或许能提前十几年。同时从结果上来讲，这种爆炸性的发现完全可以盖过误判为大墓的尴尬。错失这个机遇，才是那次发掘最大的遗憾。

　　水坝发现确认后，我们对其性质和作用进行了多学科研究。中国社会科学院考古研究所刘建国、王辉等参与了调查，并利用 GIS 手段对该系统进行了分析。（图 4-8）

原先我们推测水坝的作用可能是雨季阻挡北侧山谷的洪水，将其导向山北侧的德清，防止对下游的良渚古城造成威胁。刘建国通过遥感（RS）和地理信息系统（GIS）分析，认为坝体会在山谷间形成一个山塘水库，而不可能分洪到北侧的德清地区。另外，还通过集水面和降雨量的分析，推测高坝可以防住 890 毫米的短期集中降水，达到百年一遇的防洪水平。

良渚水坝发现的意义不言自明，但是省考古所却在发现高坝后的几年内非常低调，只在业内做过简单介绍，极少向公众透露详细信息。这其中有两个原因：一是除岗公岭外，其他坝体没有测年数据，证据链不够完整，尚不足以最终断代和定性；二是良渚当时已经确定申遗，范围界定在良渚古城及周边 9 平方千米，良渚管委会要求我们先集中力量配合申遗，不要急于公布水坝的消息，避免申遗范围扩大，增加拆迁整治等压力。我们很理解余杭方面的顾虑，那就先不发掘，而是利用发掘间隙，对该区域进行了不下十次的短期调查踏勘。

在良渚古城发现以后，张忠培先生又担任落户良渚的"中华玉文化中心"主任，来良渚次数很多。刘斌作为他教过的学生，经常要和他汇报良渚的考古工作。结果有几次讲起水利系统的调查，被他骂了一通，意思就是没有把精力集中到良渚古城的申遗工作中来，分散了注意力。

刘斌和我当然觉得水利系统超级重要，所以决定只干不说。凡他向张先生汇报时，光汇报别的发掘，水利系统的部分隐而不说，实际调查勘探工作一直就没停过。

2011 年 2 月，全国第三次文物普查进行百大新发现评选，我们和余杭区普查队共同撰写了《彭公水坝遗迹可能与良渚古城外围防洪系统有关》的消息，发布在《中国文物报》2011 年 2 月 25 日第 4 版上。其后，良渚管理所的费国平和陈欢乐根据调查资料抢先写了篇《余杭彭公大坝的调查报告》，刊登在《东方博物》第四十辑上。同年 11 月，彭公水坝系统顺利入选第三次全国文物普查百大新发现。但是总的来说，除了业内，当时知道水坝细节的人非常少。

上帝之眼——低坝系统的发现

尽管塘山和高坝系统发现的诱因不同，但都是通过传统的考古调查勘探方法找到的。而低坝系统则是运用遥感技术从卫星图像上找到的。

2011 年初，刘斌拷给我一个良渚地区 60 年代的美国间谍卫星影像，是美国加利福尼亚大学洛杉矶分校考古学副教授李旻赠送的。

这是以 TIFF 格式存储的电子文件，有 239 兆大小。当我在八角亭办公室电脑上打开，顺着苕溪熟悉的转折找到古城的位置，连续点击放大，呈现出来的景象给我的感觉只能用"震撼"两字来形容。

这张黑白照片中，我们花费几十年千辛万苦才找出来的良渚古城的各结构部分：莫角山及其上的三个小高台、城墙、外郭等，塘山以及西北部岗公岭诸水坝皆历历在目。

只要是做良渚遗址考古的，几乎所有的遗址点都能在上面轻易找到。也就是说，如果研究者早一点看到这张卫片，很可能良渚古城的结构在当时就能发现。

其实在此之前，谷歌高清卫片已经覆盖这个区域，我们还请专业公司用无人机制作过整个片区分辨率高达 8 厘米的正射影像。但这些影像对于遗迹结构的显示都很不理想。这是因为谷歌卫片和我们的数字正射影像都做过正射处理以保证平面测量的精度，同时为了避免影像反差过大导致画面细节损失，往往都有意识选择在阴影较弱的光线条件下拍摄。而阴影正是地表结构能在画面中凸显的关键因素之一。

而早期的锁眼卫片都是倾斜拍摄的，目的是方便寻找地面军事设施，光影角度的选择正好符合我们的要求。

同时，六七十年代本地区农村烧饭尚未开始使用液化气，村民都要上山砍柴，所以山体上植被很少，地形凸显。当时也还没有开展大规模的基本建设，原始地貌保存较好。我们之前在寻找古城外郭时采用了数字线划图制作 DEM 的方法，效果不错，但是高精度地形图的测绘成本

图 4-9　发现水坝的卫片

每平方千米高达数万元，而美国解密的锁眼影像的数字拷贝每幅只要几十美金，覆盖范围达 1000 平方千米之巨。所以对考古寻找大的遗迹结构而言，是最经济的材料。

后来我仔细分析过这张卫片，它画面呈长条形，西起余杭百丈，东到海宁许村，北达超山北侧，南部覆盖笕桥机场，所摄范围达 1000 平方千米。画面右侧是较大字体的编号：086 079，后面以小字体标注为 S 11 FEB 69 1106-2 AFT。说明它是编号为 1106 的侦察任务中，由两台相机中的后位相机拍摄的。时间为 1969 年 2 月 11 日，正是冬季自然植被很少的季节。影像分辨率很高，1.8 米左右。根据美国中央情报局的解密信息，这是锁眼系列中第二代的 KH-4B 卫星所拍摄的。在任务完成后的评估中，影像被评为"BEST"，据说是所有任务中影像质量最好的一次。（图 4-9）

　　拿到这幅卫片之后，刘斌让我仔细找找高坝系统还有没有漏掉的坝体，所以我经常在办公室电脑上放大这个区域，仔细寻找。观察已经确认的坝体后，我发现水坝具有一个明显的形态特征：坝体一般分布在两个山体之间最狭窄的谷口位置，在卫片上看起来呈细长形，类似哑铃把手或者字母 H 中间那个短横。

　　因为卫片图像文件很大，覆盖范围又广，需要在 PhotoShop 软件连续点击放大按钮后才能看到细节，有时实际打开位置难免会和预定目标偏离。

　　一天下午，我无意间把图幅推得过于靠上了，忽然发现画面上两个近乎圆形的山体间，连着很长的一条垄，看形状很可能是人工堆筑的。我立刻缩小画幅确定其位置，发现已在高坝南部相当远的地方了。

　　为了验证地形的准确性，我打开了"谷歌地球"，果然在相同位置也找到了它。根据地名标注，发现其东部为新 104 国道，再往东为南山和栲栳山。

　　这时，我忽然万分激动地发现，它通过栲栳山居然连上了毛元岭和塘山！这就意味着，如果这是个良渚的坝，那它们和塘山就构成了一个整体，说明良渚水利设施根本就是个统一设计的规模巨大的系统工程！

　　我把这个消息告诉刘斌，并决定立刻派人去钻探验证下。当时工作站技术最好的技工是祁自立。这个陕西汉子是良渚古城、高坝系统勘探的主力技工，当时正在忙于美人地等的发掘。我把疑似位置截图告诉老祁，让他过几天忙完手头的活就着手勘探。

　　2011 年 4 月 24 日中午吃饭时，在八角亭饭堂门口，老祁告诉我，经过勘探证实，那条长垄果然是人工堆筑的坝。同时更令人惊喜的是，这条坝的东西两侧，还另有两条人工短坝。其中东侧一条已经被新 104 国道截断，西侧那条则非常短，卫片上不仔细看很难发现。这三条坝，后来被我们命名为狮子山（东）、鲤鱼山（中）和官山（西）。（图 4-10）

　　初战告捷让我们信心倍增。我又打开卫片仔细观察，又发现水坝系统有继续向西延伸的迹象，并在黄河头向北连接着大片的低丘，直抵高坝附近。根据特征，我又在三个坝西面的后潮湾到黄河头之间圈出了三四个新的疑似点。

　　第二天即 4 月 25 日，开始在疑似位置勘探了两天，结果却让人失望，这些地点上几个洛阳铲钻孔都是生土，不是坝体。但是其中有一两处实在是太像人工坝体了，所以我们还是不死心，利用城内发掘的间隙，在 2012—2013 年进行过三次短期调查，但终无所获。

　　2013 年 9 月 27 日开始，我开车带着祁自立、范畴等技工再次去西

图 4-10 卫片下的鲤鱼山坝体

安寺一带的疑似地点勘探。第二天下午，在宣杭铁路西侧的疑似地点梧桐弄附近用洛阳铲钻孔。（图 4-11）

　　这里地形是一条东西向长垄，长度有百米许，中间和西侧被两条小路切断，断口是一种纯净的红土，这里的地名就叫赤坝。之前多次在中间的断口处勘探过，一直未发现人工堆积的证据。

图 4-11　范畴等在梧桐弄钻探

那天祁自立和我在北侧水稻田里钻探，范畴在高垄西侧断口下勘探。忽然范畴喊我过去，说是发现了草裹泥！

草裹泥是人工堆筑最具说服力的证据。在钻芯中，草裹泥部分表现为若干小段的土中间夹杂着多层的黑色草叶薄层，能轻易掰开。

大家赶紧围过去，发现探孔打在梧桐弄 34 号民居门前道路东侧的断坎下，钻孔的上面 5 米都是黄土，接下来是灰色淤泥，关键就是这些淤泥被几层黑色的腐朽草叶分割成几段，每段长度 3～5 厘米。果然是草裹泥无疑！（图 4-12）

图 4-12　梧桐弄钻芯中的草裹泥

又一段坝体被发现了，再次证明我们的判断是正确的。

由此，南侧的这组新的水坝就被整体揭露出来。因为它们的坝顶高度大致在 10 米左右，我们称为低坝系统。它们通过栲栳山、毛元岭等自然山体，最终和塘山连接，构成了南线大的屏障，与北部山谷间的高坝群形成呼应。（图 4-13）

这一发现使我们认识到塘山并非独立的水工设施，而是整个水利系统的一部分。至此，整个良渚古城外围水利系统的框架基本显现出来。

图 4-13　卫片中的高坝与低坝系统

水坝系统揭示后，判断其年代成为一个重要任务。在 11 条水坝中，塘山早年经过多次发掘，上部发现墓葬和玉器作坊，属于良渚文化无疑；其他坝体则都未经发掘，没有地层依据，坝体又都由生土堆筑，几乎不见遗物，所以我们更多要依靠以碳 14 测年手段进行绝对年代的测定。

　　2013 年夏，我们将 7 个水坝（当时梧桐弄尚未发现；塘山、官山无样本；岗公岭已测，未再送检）共 15 个碳 14 样本送到北大检测。到 2014 年 7 月，结果终于出来：7 个水坝的 15 个样本中，石坞 4 个样本有机质含量太低无法检测，其余 6 个坝共有 11 个样本得出检测结果，树轮校正后的数据全部落在 4700～5000 年之间，果然和我们所预料的一样，都属于良渚早中期。

　　期间，岗公岭的 2 个样本又送到日本年代学研究所做了测定，结果和北大的数据只差了十几年，可以证实这些结论都是准确可信的。

　　2016 年 11 月下旬，我们委托龙腾公司做塘山区域的精细勘探时，意外在双坝王家园地点钻到了一段草裹泥坝体。以往从未在塘山发现过可测年的样本，实在是大喜过望。

　　于是次年 7 月，我们再次将包括塘山、梧桐弄、官山、石坞、蜜蜂垄在内的所有坝体全部取样送北大检测，获得的 14 个数据全部落在 4900～5000 年之间，具有高度一致性。因此，我们可以很有把握地说，良渚水利系统是距今近 5000 年时，统一规划和建设的水利系统。

　　2014 年底，因为是科技部"中华文明探源"都邑子课题的承担单位，我们根据课题组的要求，结合早年对塘山的调查发掘，撰写了《杭州余杭良渚古城外围水利系统的调查》报告，发表在 2015 年《考古》第一期，将水利系统的相关信息做了正式公布，在业界引起了很大的关注。

一场虚惊与意外之喜——水坝的发掘

前面已经说过，我们一直对水利系统的新发现保持着低调的态度，但是 2014 年的一次意外破坏使我们意识到了巨大的风险，从而开启了对水坝的正式发掘。

这年下半年的一天，技工范畴为配合航拍经过老虎岭坝，发现老虎岭和岗公岭之间的山体正被施工破坏。经了解，是彭公村为安置 104 国道扩宽的拆迁户，拟将该处小山推平用于安置建房。

我赶到现场发现挖掘机已经将山体南部挖了个坑，立刻汇报了良渚管委会吴立炜副主任，紧急叫停施工。万幸发现及时，未造成更大的破坏。因为当时也不是文保单位，良渚管委会还拨出几十万让村里将山体复原。

这次事件让我们意识到水利系统捂着不挖不行，只有发掘才能促使当地认识到它的重要性，将其列为文保单位。

整个水利系统中，塘山在 1995 年就被划入良渚遗址保护区范围内，没有被破坏的危险，而高坝和低坝系统则全部落在保护区外。尽管老虎

岭事件发生后，经省文物局协调，良渚管委会将这十条坝所在的村参照
《良渚遗址保护区村（社区）文物保护补偿办法》进行文物补偿，但因
其不属于保护单位，遗址保护缺乏法律依据。因此亟须通过发掘提供科
学依据，将其纳入文物保护的体系中来。我们马上向国家文物局提出了
发掘申请，拟对高坝和低坝各一个地点进行发掘。

考古学界有一句话很著名：相对年代绝对正确，绝对年代相对正
确。依靠地层关系得出上下限的年代范围，称为相对年代。即一个遗迹
肯定比被它叠压和打破的地层晚，也肯定早于叠压其上的地层和遗迹
的年代。而根据其中的各类包含物通过仪器测定的绝对年代，会因为各
种原因导致数据偏差，有时候甚至偏差极大。所以中国考古界传统上对
单纯依靠测年手段来断代总是有所保留。考古学家总期望除了测年数据
外，还能有地层依据可以互证。

而良渚水坝普遍堆筑在生土之上，坝内也几乎没有陶片等可以断代
的遗物，坝上当时也没有人类居住，往往只有汉代墓葬埋设其上，所以
相对年代就只能界定为不晚于汉代，无法证明其属于良渚时期。所以发
掘前我们不敢把找到精确的地层叠压关系作为目标，而是以了解其内部
结构堆筑方法和性状为目标。

2015年，原计划发掘高坝和低坝各一处，结果104国道扩建，在低

坝狮子山西侧扩建了 5 米。于是先由赵晔负责抢救性发掘 290 平方米，结果只发现一小片良渚陶片。坝体内包含良渚陶片，只能证明它不会早于陶片的年代。

高坝和低坝的主动发掘，则是由我领队，南京大学和山东大学具体实施的。其中低坝发掘选在鲤鱼山北侧，由南京大学黄建秋教授负责；高坝发掘选在老虎岭，由山东大学郎剑锋博士负责。发掘开始时已近年底，并延续到 2016 年。

2016 年 1 月下旬的一个周日，我在家中忽然接到南京大学黄教授打来的电话，很焦急地说是坝体内发现了好几个原始瓷和印纹陶器！

如果这样，那就意味着坝的年代不会比春秋战国早，那可真是个大乌龙了！

我当时直接问是否有埋在坝上的晚期墓的墓口没有及时发现，让他们再仔细刮平。

我立刻驱车赶往现场。路上我冷静下来仔细想了下，既然是多个完整的陶器，一般夹杂在坝身堆土的概率很低，而墓葬随葬品概率很高，所以一路上并没有太担忧。

图 4-14　南京大学清理战国墓（左为黄建秋）

开了 20 分钟就快到现场时，黄老师又打来电话，一开口就是：一场虚惊，刮平后发现应该是个春秋墓。（图 4-14）

原来这个墓葬呈东西向分布，很狭长，墓边正好和坝体草裹泥分区边界重合，开口没有及时发现，所以才闹出一场虚惊。

这算是水坝发掘的一个小插曲了。

与此同时，向北四五千米距离，郎剑峰博士主持的高坝老虎岭发掘，却带来了一个意外之喜。

　　老虎岭坝北侧原来因为取土，形成一个断坎，坎上暴露出草裹黄泥的痕迹，所以人工堆筑迹象非常明显。

　　郎博士虽然主攻商周考古，但田野上很有想法。他和王青刚等先将坝体钻了些孔，分别在北侧断坎下和西侧与山体交界处布了一个探沟，并将整个断坎刮干净。结果在西侧探沟内，很幸运地发现了一个叠压在坝身之上的很小的灰沟 G3。

　　记得那天郎博士很高兴地打电话过来，说是有重要发现。

　　沟内发现了几片碎陶片。经过仔细辨别，应该是良渚晚期 T 字形鼎足、侧扁足、盉足的残片，还有一块石刀的碎片。这些都是良渚晚期的典型器物——在其他遗址里数量成百上千，毫不起眼的碎陶片，在水坝这里可就万分金贵了！

　　我记得郎博士是将每一块陶片都用锡箔纸单独包好，献宝似地拿来给我看的。这真可谓是"三块破陶片，改变世界观"！

　　这期间，良渚古城正在发掘姜家山等墓地，出土了不少玉琮、玉璧等贵重玉器，但是在我的心目中，完全不能和这几块陶片相提并论。

　　有了确凿的地层依据，就有足够的证据判断坝体堆筑年代不晚于良

图 4-15　老虎岭清理现场

渚晚期。而测年数据显示，老虎岭接近 5000 年。在这样的双重证据下，坝体属于良渚时期就确认无疑了。（图 4-15）

　　老虎岭水坝北侧的断面草裹泥结构非常清晰，是证实人工堆筑最直观的证据，所以我们觉得应该保留下来做展示。（图 4-16）

　　水坝发掘期间，2015 年 12 月 26 日，我们请张忠培先生考察老虎岭、周家畈等水坝遗迹。记得前一夜下了雨，当时通往老虎岭的道路泥泞不堪。在老虎岭东侧位置，单位的面包车前轮打滑，无法通行。这里距离北侧发掘现场只有短短几十米路，但当时先生身体不佳，走几步平路都要喘气不止。

图 4-16　老虎岭剖面清理

郎剑锋提议是不是去借个太师椅把先生抬过去。张先生喘着气，盯着我，无奈地说："今天我走不动了，过不去了。"所以终于没能去现场。

我只好拿着图版给他介绍了下北侧的概况，然后带着张先生简单看了下周家畈。

这次张先生对这些年来发现的良渚水利系统给出了中肯的评判。

我们当时觉得那么等下次再去看好了，却都不知道老先生已经身患三种癌症，且经过化疗了。

这是老先生生前最后一次到良渚，近在咫尺却与良渚水利最重要的发现擦肩而过，他内心该有多大的遗憾啊！

从隐于山野到闻达天下——保护与申遗

因为考虑到地方处于申遗的过程中，发掘后我们仍然准备低调处理，等更全面揭露后再公开消息。

考古界每年都有十大考古新发现评选，号称"考古界的奥斯卡"。年前我和刘斌商定，决定这年就先不申报了，因为这一系统的颠覆性意义，随便哪一年报，肯定都能评上。

结果到了差 20 来天就要报名截止的时候，很多关心良渚考古的业内朋友都建议我们这年就申报，因此又开始准备材料。好在资料较充分，没费多大周折。

过完年忽然又收到通知，说中国考古学会将接手国家文物局停办五年的田野考古奖，因此也一并做了申报。我自己评估了下，这年海昏侯墓、致远舰等大热项目云集，水坝大概能评个二等奖吧。

一般项目参评前总要开个专家现场会，所以赶在参评前的 3 月 11—13 日匆匆忙忙开了个专家咨询会。

2016 年的评奖比往年都晚，5 月 13—14 日田野考古奖终评，接着是 5 月 15—16 日十大考古新发现终评。

田野考古奖是演讲完即可。13 日，我做完 15 分钟的汇报，晚上还和江苏、上海的同志一起参加了北京大学举办的"渚水萦回"的良渚专题汇报会。第二天下午公布结果，良渚水利系统在五个一等奖项目中排名第三。

接下来的十大考古新发现评选老实说压力不大，结果自然是不出意外。

记得 16 日下午新闻发布会时，我睡过了头，往会议现场赶的时候，门口正遇到张忠陪先生走出来。他看见我，就要我去他屋里聊聊。上电梯进他房间坐下，老先生大概怕我担心评选结果，就说，你们水坝项目就把心放在肚子里好了。听他这么一说，我就笑了。

那天他和我谈了不少关于申遗以后良渚古城考古的规划，感觉张先生真是个考古界的战略家。然后还评论了我这连续两场演讲的得失，觉得前一场干净利索，后一场回答评委问题时有点拖泥带水。

最后他说："我喜欢你，以后到北京来，要来家坐坐。"然后很善解人意地叫我好去会场高兴高兴了。

告别张先生下来，发布会已经开了几分钟了，前排挤满了人，我在最后排刚找了个位置坐下，就听到了良渚古城外围水利系统的名字。

严文明先生做的点评，他说：

"良渚的十大发现以往已经评过很多了，如果是一般重要的遗址，就不会评给它了，但是良渚的水坝实在是太重要了。中国原来有大禹治水的传说，现在良渚水坝比它还早了 1000 年，那不评给它，还评给谁呢？"

随后 5 月 21 日在郑州举行的首届中国考古大会上，作为田野考古奖获奖项目，良渚水利系统项目做了大会演讲。

那次还有个插曲。我刚上台开讲，大会的显示屏忽然黑屏了。下边可是有 1000 多人分坐在好几个厅看直播啊！

我急中生智，撇开讲稿，把良渚 80 年考古的历程介绍了下。说重要的发现常在逢 6 的年份，比如 1936 年发现良渚，1986 年反山，2006 年开始古城，2016 年水利……吧啦吧啦拖了 5 分钟，终于等到技术人员重启了系统，才开始正式演讲。

经历过这次救场，之后无论啥场合发言，我都不怵了。

良渚水利系统正式在国内外公布，造成了巨大的影响。

2015 年 12 月 16 日，第二届"世界考古·上海论坛"召开。那次刘斌有事没参会，我和陈明辉去的。

大会选出的获奖项目在大会议厅举行演讲。因为良渚不是当年论坛的获奖项目，所以只在旁边一个二十几人的小会议室做一个"良渚古城2013—2014 年新发现"的分会场演讲，共 15 分钟。

我想着代表们应该都去主会场了，我们就算是给大会捧个场吧。没想到进去一看，剑桥大学的国际考古权威科林·伦福儒教授和担任翻译的荆志淳已经拿着笔记本坐在那里等着了。吃了一惊。

这次演讲主要介绍了良渚水利系统的新发现。老先生边听翻译边做笔记，很认真。

因为赶着回工地准备发民工费，我讲完就和陈明辉匆匆离会了。

那次论坛上，伦福儒勋爵获得大会颁发的"终身成就奖"，当天晚上还有个公众演讲。

第二天，上海博物馆考古部的陈杰告诉我们，会上伦福儒先生对良渚考古做出很高的评价，甚至还清晰地报出了刘斌和我的名字。

也就是在这次会议期间，伦福儒接受媒体采访时说：

"我敢打个小赌，不到十年，人们就会开始在新石器时代的范畴内讨论中国起源。因为我见到了非常成熟的考古项目，其中出土的精美物件很大程度反映了当时社会的复杂程度和阶级制度。也许有的研究人员已经意识到了这一点，但他们过于谦虚，不敢直言'这就是中国文明的起源'"。

伦福儒先生最先对良渚产生兴趣，是因为他在图录上看见玉琮的照片，觉得可以和他发掘的基克拉底文化的石刻人像进行比较。后来 2013 年第一届"世界考古·上海论坛"期间，作为当年入选的世界十大考古发现，刘斌在会上做了良渚古城的介绍。会后代表们统一来到良渚参观，伦福儒先生第一次见到了精美的良渚玉器和良渚遗址。因为良渚古城和水利系统的发现，他的关注点就由玉器拓展到了这些超大型的营建工程，从而在 2015 年这次做出"中国新石器时代是被远远低估的时代"的论断。（图 4-17）

我的理解，这话其实就是由良渚而引发的。

随着良渚水利系统的研究不断推进，其国际影响也日渐扩大。

图 4-17　伦福儒教授参观良渚水利系统

　　2017 年 12 月 8—11 日在上海召开了第三届世界考古论坛。这届论坛的主题恰好是"水与古代文明"。良渚理所当然地成为国际专家实地考察的分会场。比较凑巧的是，12 月 6 日，我们和伦敦大学庄奕杰合写的文章《中国发现 5100 年前的水利系统》（Earliest hydraulic enterprise in China, 5,100 years ago）发表在《美国科学院院刊》（*Proceedings of the National Academy of the United States of America*，PNAS）上，引起各国参会专家对良渚水利系统的极大关注。

12 日，来自美国、英国、法国、意大利、加拿大、澳大利亚、尼日利亚、墨西哥、以色列等国及国内的 30 多位水利和考古专家，受良渚遗址管理区管理委员会邀请来到良渚参观考察。其中包括著名的卡西杰·罗森教授等 7 位各国科学院的院士。（图 4-18）

代表们参观了水利系统、良渚古城，还在良渚博物院观赏了玉器。13 日，在君澜宾馆大会议厅参加了"第三届世界考古论坛·良渚古城水管理系统国际学术研讨会"。

那天原来管委会议程安排是先召开研讨会，结束后召开良渚古城发现十周年新闻发布会。会场是同一个大会议厅，中间用屏风隔开。

研讨会上代表们发言非常踊跃，根本都停不下来，完全没按照管委会的预设流程走，结果新闻发布会时间到了，研讨会这边专家正讲得起劲，忽然发现话筒没声了，音响被切到隔壁发布会了。

这咋办啊？还好担任翻译的伦敦大学庄奕杰急中生智，和各位代表

图 4-18　杰西卡·罗森教授在八角亭工作站

说：“我们不管隔壁的声音，大家不上台发言了，就在下边面对面开圆桌会！”

于是大家就在发布会的声音中自顾自地拼桌子、调座位，热烈讨论到了晚餐时间，反正发布会讲中文他们也听不懂。

一次接待事故被完美化解了。

会后专家接受了采访，罗森教授说：

"令我印象最深刻的是它的规模之大，它的水利系统之复杂，水坝之多。——这是一个具有世界级重要性的遗址，不只对中国重要。"

也是在这次论坛期间，12 月 9 日晚上，伦福儒勋爵在上海博物馆做了题为"两个图符的故事：史前社会复杂化的不同途径"的公众演讲，以他在希腊发掘的基克拉底文化遗址和良渚遗址为例，比较东西方文明化进程的不同路径。

那天刘斌和我们都在下边听，忽然听到他说：

"如果放在世界的框架上来看，良渚把中国国家社会的起源推到了跟埃及、美索不达米亚和印度文明同样的程度，几乎是同时的。需要强调的是，中国的其他地方也发现了公元前三千纪到公元前 2000 多年的类似于国家社会的文化和遗存，但是良渚绝对是所有考古工作里做得非常好的之一。"

虽然我们国内的考古学界都毫不怀疑中华 5000 年文明史，但是伦福儒教授的这次讲话，我觉得可以作为一种重要标志，即占据世界考古学主流地位的欧美考古界，因为良渚的考古工作，终于主动表达了对中华 5000 年文明的认可。

所以当时听到这句话，我们内心还是感受到很大的震撼的。因为长期以来，西方主流学术界只认可殷墟以后的中国才进入文明阶段，而之前我们开展的夏商周断代研究，也未能获得西方学术界的广泛认可。

没有考古学家只是为了证明啥而进行考古工作的，通过研究还原古代社会的真实样貌，才是考古人的初心。良渚八十多年坚持不懈的考古工作，以各种翔实的发现，客观上证实了中华 5000 年文明，促进了世界对古代中国的了解，是我们的幸运和光荣。

持续的新发现令学术界和公众兴奋不已，也令文物部门和当地感受到更多遗址保护的压力。外围水利系统中，塘山在 1995 年就被划入良渚遗址保护区范围内，没有破坏的危险。而高坝系统和低坝系统全部落在保护区外，随时面临着建设破坏的严重威胁。

我们充分意识到这种威胁。自 2009 年岗公岭发现以来，所里多次向省文物局书面汇报。省文物局亦多次要求余杭方面加强水利系统的保护工作。但是出于前面所讲过的古城申遗范围的原因，余杭的态度很端正，但行动却比较纠结。

2015 年，浙江省交通投资集团（简称省交投）规划建造绕城高速西复线（长春—深圳高速杭州段），是为配套杭州亚运会的重大交通基础设施保障项目，由杭州市考古所负责线路的考古调查。省文物局许常丰专门提醒要注意到是否会影响到良渚水坝。负责调查的杨金东为此专门到八角亭良渚工作站找我。

我将西复线线路和水坝分布图进行了比对，发现存在严重问题：规划线路是从两组高水坝之间的奇鹤村谷地南北向穿过。一方面，这个谷地当时虽然没有发现明显坝体，但是没有开展钻探，无法保证是否有坝体被破坏；另一方面，即使原来没有坝体，那也可能是一种留出的排水口。整个高坝是一个整体，包括了自然山体、人工坝体和出水口，中间造这条高速就会割裂东西两组坝群的整体性。

因此，我建议最好向西改线到石坞和蜜蜂垄西侧的大河谷中，杨金东向文物局提交的调查报告中也反映了这个意见。省文物局于是在 2015 年 4 月 23 日给杭州市交通投资管理公司发函（浙文物发〔2015〕148 号），第一条就是：

请调整线位避让富阳的孙氏家庙、余杭的石云庵碑亭、余杭良渚古城外围水坝遗址。若确实无法避让，请按程序报批。

要求避让的前两个地点都是文保单位，有保护的法律依据；而高坝当时还不是文保单位，省局的文件把水坝写在后边，据说是有点打擦边球的。

相对文物部门，交通部门显然强势得多。因为高坝系统尚不属于文物保护单位，据说他们请法律顾问遍查现行各种文物法规，确定他们的选线不破坏水坝本体，就不违法。所以不再回应文物局。虽说这个函没能促成改线，但是后来却发挥了大作用。

西复线一直没回音，我心里很不踏实。想想能阻止高速通过的唯一办法就是在线路经过处找到水坝。有坝本体你总不能造路了吧？所以那两年我把考古的中心任务就定在奇鹤村找坝，组织进行了多次钻探。在卫片上使劲地看来看去，对其中两个地点还进行了试掘，结果确实没找到坝体。

没法可想之后，还问过省局许常丰，意思是水坝有特殊重要性，是不是可以提前把水利系统当成省级文保单位对待？答复是省保单位要省里人大开会通过才行，没法提前特事特办的。

2016 年 9 月，我同事范畴又听到消息，说在高坝的石坞和秋坞，有人要投资建一个大型养生项目，除了坝体留空不建，两侧山体都要盖上别墅，水坝库区就相当于它的景观湖。（图 4-19）

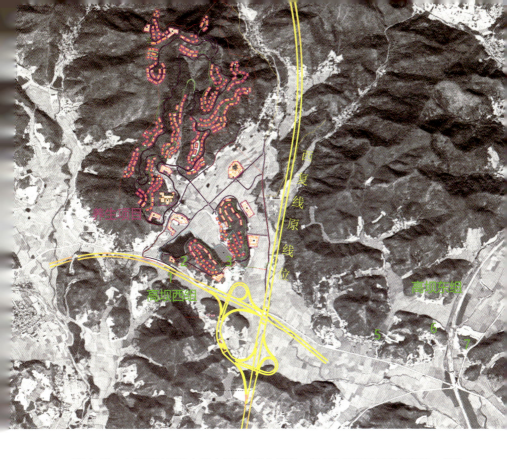

图 4-19　水坝区的建设方案（红色为养生项目，黄色为西复线原规划线路，绿色 1-6 为高坝坝体）

　　这还了得！所以马上联系管委会。陈寿田主任回复说，的确不合适。但是管委会要去制止又没有法律依据，建议汇报省局。我又给省局汇报。

　　总之那段时间只能干着急，相当无奈。

　　2017 年 1 月 13 日，浙江省人民政府公布了第七批省级文物保护单位，共 286 个，良渚水利系统列在第一个。

有了这个，该能阻止这些项目的建设了吧。2017 年 2 月 21 日，余杭区文广新局钟山副局长等会同瓶窑镇考察水坝系统。我向他们反映西复线和养生项目的情况。他们次日即联系镇里，发来养生项目图纸。我把西复线和养生项目的设计图 PS 到卫星图上当成附件，向省文物局做了紧急汇报。

经省局协调，2 月 28 日，杭州市园文局，余杭区文广新局及良渚管委会等去西复线现场调查讨论。那天我正在香港出差，请同事范畴和朱叶菲参加。现场反馈回来的意见是：立刻制止养生项目建设。

但是西复线工程牵涉面太大，文物部门也要服从大局，可以呼吁有关单位优化设计，不能影响到水坝的保护，但是直接阻止线路从此穿过好像底气不足。

这期间申遗范围还没正式确定，杭州市和国家文物局意见分歧很大，主要焦点就是水利系统是否纳入。杭州市领导专程去国家文物局沟通，希望能先将古城城区申遗，成功后再扩展到水利系统。这样拆迁等压力较小，申遗文本也不需要大改动。如果这个方案不行，备选方案是在水利系统的塘山长提、低坝和高坝中，各选一条代表性坝体纳入申遗范围。国家文物局方面表示要现场考察后才能决定。

3 月 15—16 日，国家文物局宋新潮副局长等为此专程考察良渚遗址。我们内心当然都觉得水坝应该整体纳入，所以我领着他们现场踏勘了每一条坝体。下午在管委会开会，宋局长正式提出要将水坝系统整体纳入申遗范围。

这个意见对当地和申遗文本编制方是蛮大的冲击。后来据编制文本的陈同滨所长说，这天半夜两点，她思前想后还是给宋局长发了条短信，询问能不能等过几个月再最后决定是否将水坝纳入。结果一分钟后宋局长短信回复，只有"必须纳入"四个字。申遗范围的争论就此结束。

3 月 30 日，杭州市规划院华芳、王沈玉等因为受余杭区委托做良渚水利系统的省级文保单位的保护规划，请我带着逐一勘察水坝现场。

走到石坞水坝时已到中午，就在边上的石湖农庄吃饭。在饭桌上闲聊时我又叨叨起西复线的事，忽然想到，水坝纳入申遗不正是让西复线改线的最好理由吗？！

华芳听到这个消息，立刻拿起电话找省交投的熟人，了解到西复线已经着手征地拆迁，部分地方迁坟和青苗赔偿已经开始。

这就意味着如果西复线正常施工，在国际古迹理事会的遗产专家2018 年现场考察时，水坝前面就是个正在施工的巨大的互通立交，2019

年遗产大会正式投票时，西复线正好通车，其负面影响是不言而喻的。

因此，我们立刻决定现场不走了，下午华芳立刻赶回良渚向余杭区和管委会反映。我准备好相关材料就此事紧急汇报省局。这次以申遗的理由要求改线，果然立刻引起了各相关单位高度重视。

4月12日，良渚管委会规划局王辉局长通知我，晚上七点赶到余杭区政府大楼参加西复线改线会议。会上设计单位做了初步方案更改，即将线路向西侧移动，改从高坝西侧谷地路过。同时设计方提出，因为工程经过国家发改委审批，改动流程非常复杂，为了保证进度，要求文物部门尽快完成新线路的考古勘察，给出可行性意见。

如果按照一般的流程，文物部门给出调查意见时间会很长：建设方案要经当地文物主管部门上报省文物局，文物局指派考古所调查勘探，考古所再和建设单位协商，签订协议，等调查资金到位后开始勘探，勘探结果上报文物局，文物局给出意见，如果同意，建设单位才能施工。

只要能改线那啥都不是问题，我在会上立刻表态：情况紧急，考古所也不要经费了，第二天就可以派人进场，保证20个工作日内完成勘探。

回来汇报刘斌所长后，第二天便将其他勘察项目停掉，全部投入到新线路的考察中来。4 月 28 日完成了新线路勘察，在原线路向西直到新线路之间都没有发现遗址，确认新线路可行。从 13 日开始勘探到 5 月 2 日正式上报文物局，历时 19 天。

期间分管交通的高兴夫副省长于 4 月 27 日也就西复线改线专门来进行实地考察和调研讨论，改线方案获得认可。

省长考察期间，省文物局郑建华副局长也参加。据他说那天车上都是交通部门的人，他们不断抱怨说文物部门不早点提醒他们水坝的重要性，如果改线要造成十几亿的损失，等等。

郑建华坐在面包车后边，没人认识他是谁，他也没吱声，口袋里揣着一份中午匆忙准备的材料，附着那份发给省交投要求改线的 148 号文。等到省长问起文物部门时，他"咔"地从口袋里掏出那个文。省长一看就明白了，交通部门的人都不吱声了。

高副省长原来大学就是学的水利港口专业，对水利系统申遗的重要性当然清楚。他还当过省交投的董事长，交投的人相当于还是他的老部下。所以后来考察完现场开会时，交通部门汇报说改线要增加多少多少亿投资，他打断说，真实增加的费用到底要多少？回答是 5 ～ 6 个亿。高副省长说："看你们的汇报材料还以为要增加几十亿，就这几亿的话，你们交投自己解决。"

5月，改线设计方最终方案出来，在杭州赞成宾馆开了个论证会，我和良渚管委会规划建设局的于蕾去参加。于蕾跑现场脚扭了，那天打着石膏拄着拐杖去的。申遗期间，管委会同志真的很拼。我看到会上的材料显示，因改线建筑安装工程费增加 2.9 亿元，拆迁费增加 1.39 亿元，总共预算增加 4.29 亿元。后来媒体报道说实际多花了 3 亿元。

申遗期间余杭电视台来采访，问及西复线改线的事，要做一条简讯。我说："因为改线而花了几亿，现在看起来好像代价很大，但是和实证中华 5000 年文明史这样的宏大目标比起来，这点钱是微不足道的。"

后来记者告诉我，就因为这句话，他那条新闻得了奖。

有的时候，考古人总是对他发现的遗址、遗物被破坏痛心疾首。这不仅仅是自己挖的像亲儿子似的有偏爱，是因为几千年前留下来的遗存，可能这个世界上只有你们几个人知道。你不竭尽全力去呼吁、争取，被破坏了，是对不起考古人的职责，对不起自己内心，对不起老祖宗的。

当水利系统纳入申遗，西复线改线都尘埃落定的时候，我曾经想过，申遗那天，我最好就一个人静静地坐在石坞的水库边，开着手机听着它变成世界遗产。然而，实际上是那天我坐在阿塞拜疆首都巴库的世界遗产大会现场，对着手机埋头给浙江日报校稿。（图 4-20）

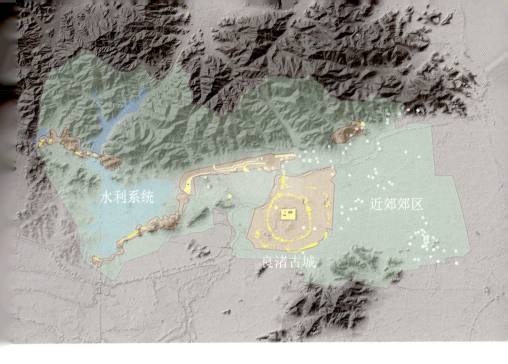

图 4-20　良渚古城遗址的申遗范围

跨界与巧合——溢洪道的确认

水利系统对考古学家来说是一个全新的领域。对它的功能判断到底对不对，其具体功能如何，都应该请教水利专家。

水利系统发现以后，我们一直在寻找可以合作研究的水利专家。最开初的时候，托人问了浙江省水利厅、水利博物馆等，都没有做古代水利的专家。

有一次我在网上搜索草裹泥的事情，发现清华大学水利系的李广信教授写过一篇关于古代加筋土的文章，原理跟草裹泥不就一回事吗？后来请北京清城睿现数字科学研究院的贺艳帮着联系。她是清华大学建筑系毕业的，她辗转找到了李广信老师的邮箱。我就和李老师联系上了，发了良渚的资料给他。

李老师很感兴趣，因为退休了，他又推荐了系里一位年轻的副教授来，他的名字是小兵张嘎的那个张嘎。张嘎老师到我们这里来考察过之后，他说作为清华水利系，应该在中国最早的水利系统研究上留下名字。

杭州最著名的水利研究设计单位是华东水利勘察设计院，我通过在里边工作的同学，请他们的总工来良渚参观，他们也表示很愿意为研究出力，但是因为没有什么项目课题，不知道该如何下手，所以实际的合作研究并没有展开。

前面提到过，参加十大考古新发现评比之前，2016 年 3 月 11—13 日我们专门召开过一次现场会，邀请了来自全国各地 19 家科研单位的考古学、水利史及水利工程研究专家。水利方面，除了清华大学的两位老师和华东水利勘察设计院的副总工徐建强外，还请了中国水利水电科学研究院水利史所谭徐明、于冰，长江水利委员会傅秀堂、冯秋生，黄河水利委员会胡一三等当时我们能请到的水利专家。会上我介绍了水利系统的基本情况，并进行了现场考察。专家组组长由北京大学考古文博学院赵辉教授和中国文化遗产研究院中国文物研究所于冰研究员担任。会议形成了一个纪要，主要有五条：

一、良渚古城的外围水利系统是良渚文化时期人工堆筑的大型工程，在考古地层、碳 14 测年、填筑工艺等方面均已获得了系列证据，得到了充分证明。

二、良渚水利工程年代早、分布广、规模大，因地制宜，就地取材，建筑技术先进，体现了良渚社会高超的规划、组织和管理能力，是中国乃至世界水利史的重要发现，开启了史前水利考古研究的新领域。

三、良渚古城外围水利系统的发现，进一步提升了我们对良渚古城和良渚文化的认识，是良渚文明的重要标志，为中华文明的进程研究提供了新资料，进一步证实良渚社会已进入王国阶段，其价值可与同时期的其他世界文明媲美。

四、鉴于水利系统的重要性及目前所面临的破坏威胁，应加强对水利工程及其相关遗存的保护，尽快列入良渚遗址保护范围并纳入良渚古城申遗价值研究范围。

五、建议进一步加强相关考古工作，开展多学科综合研究。

会后，根据赵辉等专家的提议，考古所再次向省文物局提交报告，建议尽快将水利系统纳入良渚遗址整体保护，搬迁岗公岭坝上占压的企业。

这次会议因为举办得比较匆忙，会议之前没有将相关资料提前提供给各位代表，水利功能的数据主要由刘建国老师从地理信息系统（GIS）

的角度提出，比如可以抵御百年一遇洪水等的结论。会议讨论时，李广信老师对我们的一些不太专业的表述提出了意见。

谭徐明老师对水利系统的功能提出另一种看法：会不会是阻挡钱塘江海潮的海塘，即良渚先民生活在坝以西的位置，类似圩田。其论据是根据陈桥驿先生的海侵海退理论，良渚时期的海平面和现在类似，平地经常受到咸潮影响，人只能住在高墩和山丘上。

陈先生的这种观点在水利史学者中影响很大。之前良渚古城消息公布后，陈桥驿先生曾给省文化厅领导写信，据此对古城表示怀疑。但是我们在坝下东侧海拔大致 3～4 米的地区，发现的从良渚最早期到良渚晚期的遗址有几百个，包括居址、墓葬、城等各种类型，可以确认这里是人类活动的密集区域。倒是水坝之内，除了坝本身之外，没有发现任何良渚遗址，因此就是个库区。所以，我们很肯定这种海塘的说法是不成立的。

会后，华东院的徐建强副总工和我说，这样大规模的水利系统，应该有溢洪道。溢洪道一般比坝顶低 1～2 米。他提醒要特别关注良渚先民是否会利用高度合适的石质山坳作为溢洪道。因为如果溢洪道也由土堆筑成，过水必然冲毁，所以可能会利用自然的石质山口。

这个提醒让我茅塞顿开。但是考虑到自然山口不会有遗物，以考古手段几乎无法判定年代。一时也没有想到办法，就一直放在了心里。后来果然证实的确如他所想。

水利是一个专门的学科，考古人闭门造车的确不行，所以我们随即开展了一项小的课题研究。原来考虑委托清华大学水利系的张嘎老师，结果因故没成。项目最后，临时找了河海大学的袁俊平及南京大学地质系的赵晓豹老师完成。没想到经过这次意外救场，让我们建立了非常紧密的合作关系（详见后文袁俊平、赵晓豹口述）。

项目结束后，良渚水利系统引起了河海大学交通与工程学院院长高玉峰的高度重视，随即与我们联合建立了"古代水利与工程研究中心"。我们没有投入任何经费的情况下，在我们考古中心建立了实验室，购置专用设备，组织专人投入水利系统的综合研究。

有了专业人士加盟，水利系统的研究走上正轨。袁俊平老师也提醒，良渚先民可能会用石质山口做溢洪道。他们经过测算，得出水坝原始坝高应该比现存坝高多 1.4 米（不考虑水土流失情况，仅考虑压实和固结情形）。据此推测出，高坝西区原坝高约为海拔 40 米，高坝东区约为海拔 30 米，低坝约为海拔 10 米。数据刚出来的时候，我还没意识到这是我们找到溢洪道的关键。

水利系统公布以后，各方面都很关注。老虎岭坝有一个大的断面，暴露出清晰的草裹泥痕迹，非常容易判定为人工堆筑，是整个水利系统展示中最理想的地点。这个断面，我一直以为是之前农民挖土形成的，后来得知是很久之前余杭水利局修建西中水库时，施工队在附近遍寻不着符合施工要求的填土，结果发现这处土质最理想，偷偷摸摸来挖，后来被村里发现并制止，因此才留下来这个断坎。可见良渚先民对坝土的选择和今天水利施工的规范要求是一样的。

2017 年 6 月 27 日下午，杭州市市长徐立毅来老虎岭考察。我担任讲解，所以提前到了现场。在那碰到瓶窑镇分管宣传的吴云水同志，一聊还真有缘分，原来他当年参与过彭公大墓（蜜蜂垄坝）的发掘报道，和我所的陈元甫等同事都很熟悉。聊天中，他不知怎么的说起他住在彭公的妻舅曾告诉他，屋后有一个山谷就是个溢洪道。

我一听这不就是"踏破铁鞋无觅处，得来全不费功夫"吗？！我顿时大喜过望，立刻和他商定，等领导考察完，我们就直奔现场。

徐市长之前担任过余杭区区委书记，就是在其任上建立了良渚遗址的保护补偿机制，决定将绕城以外土地出让所得毛收入的百分之十用于良渚遗址的保护，从而破解了保护经费来源的难题。说来也巧，徐市长之前还担任过余杭的水利局局长。那天他匆匆考察完，边上车边对我说："你去找找溢洪道看，应该就比坝低个一两米！"真是心有戚戚！我立刻笑着回答说："我们马上找，估计半个月就能找到！"

市长一走，我和吴云水两人立马开车去他说的那个地点，在高坝岗公岭的东侧山里，沿着杭州益利素勒精线有限公司西侧的便道上行，再往西拐 200 米，路南边就是。

到了我才发现，之前寻找水坝时曾来钻探过，具体位置在高坝东组岗公岭以东，孔井山和南边芋艻坞之间的鞍部，西侧有一个小型山塘。上边种满杉树，地形非常像一个坝。之前勘探过，知道这里地基是岩石，完全符合水利专家对溢洪道的预设！

我赶紧拿手机定位，并拍了一张吴云水在现场的照片做纪念，觉得回去在地图上核实一下高程就能确认了。

兴高采烈地回去，一查地图上的高程，心里凉了半截：这个隘口最低处海拔为 45 米，而岗公岭这组坝高仅 30 米，水根本不可能蓄到漫过这里的高度，这里肯定不会是溢洪道了！

这时候忽然心里一亮，有了一个主意：既然知道了原始的坝高，只要找到比它低 1～2 米的山坳，就可以用 ArcGIS 软件制作 DEM（数字高程模型）来找那个点。

之前我们在制作 DEM 时，试验过手动指定其中每一段高程的色值，而不采用默认设置的渐变色值，所以只要依次将低于坝高 0.5 米、1 米、

1.5 米、2 米的高程范围用特别显眼的颜色标示出来，如果库区内外同种颜色相连接，就说明这个位置是低于坝体的豁口，是能起到溢洪作用的山口。

同事闫凯凯马上开始用这种方法依次做图，很快就找到了一个满足条件的山口，就在我们考察的地点西侧，两座小山之间的位置。查阅该处地图，其最低处海拔 28.9 米，正好比坝高低 1.1 米，是很理想的高度。

随即和范畴等去现场踏勘，果然正是石头质地。

后来知道这里的小地名叫猫尾巴山，而且这个石头山坳口两侧岩壁是人工开凿修整过的，只是我们暂时没法知道施工的年代。

河海大学的袁老师来做测量和计算，发现其过水量大于百年一遇洪水的流量，满足作为溢洪道的要求。

根据这个方法，他们又找到了西组高坝的溢洪道。在秋坞坝体的东侧，也是个自然山谷，海拔 39 米，正好比 40 米的坝高低 1 米。（图 4-21）

而原来西复线要通过的骑鹤村谷口，正是这个溢洪道的下游！真是好险！

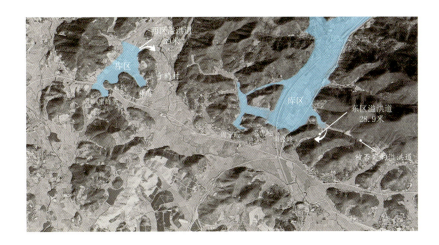

图 4-21　高坝溢洪道位置

　　发现溢洪道后不到一个月，2017 年 7 月 19—21 日，河海大学在良渚主办了一个良渚水利系统与工程技术专家咨询会。这次会议与 2016 年 3 月我们考古方面组织的专家会相比，准备充分。更重要的是袁老师、赵老师经过细致的工作，获得了翔实的资料，并通过他们的专业表达，让水利专家这次形成了统一的咨询意见。

　　一、对良渚水利系统的总体评价：

　　在良渚古城西北方向 2～11 千米处发现的塘山等十余处良渚人工堆筑遗址，是具有拦蓄水功能的堤坝，各堤坝组合构成了上、下两级水库。

其中，岗公岭、老虎岭、周家畈、石坞、秋坞和蜜蜂弄等水坝在上游谷口，形成东、西两个上部水库；狮子山、鲤鱼山、官山、梧桐弄和塘山等水坝在下游，与山体连接形成下部水库。山体间的天然隘口具有溢洪功能，从而形成了较为完整的水利系统，对保障良渚古城和周边区域的安全及生产生活发挥了重要作用。

二、良渚水利系统的主要特点：

1.修建时间早。修建于5000年前的良渚文化时期，是我国迄今发现最早的大型水利工程遗址，也是目前已发现的世界上最早的堤坝系统之一，改写了中国和世界的水利发展史。

2.工程规模巨大。整个水利系统的现存堆筑土方量达288万方，控制范围达100多平方千米，与世界同时期的水利工程相比规模罕见。

3.具有多种功能。该水利系统具有防洪、蓄水、灌溉、水运等功能，是中国最早的多功能综合性水利系统。

4.工程技术符合科学原理。在坝址选择、地基处理、坝料选材、填筑工艺、结构设计等方面表现出较强的科学性。

这个意见后来作为申遗附件材料，提交给了联合国教科文组织。

河海大学水利考古团队后来一直和我们有密切合作，合作领域后来还从水利扩展到工程，成为良渚考古的一员。除了最早阶段帮助课题救火时有过几万元的课题经费之外，后来我们和管委会完全没有项目支持他们的研究。按照他们的说法，主动来做良渚的研究，是理工人的人文情怀。

也正是因为彼此这样很透明的、没有经济往来的关系，因为对研究良渚社会的兴趣，我们像最亲密的伙伴一样工作在一起。所以我们参加世界考古大会、参加考古中国工作会，甚至每年单位年终考古总结会，他们都会来参加发言，大家都不当他们是外人。也是这样纯粹的兴趣，使他们的研究扎扎实实，后来还在申遗过程中救了我们一把。

如前面所说，水利系统是最后才纳入申遗范围的，因此，资料相对就准备得比较不充分。文本中水利部分主要由他们提供了基础资料。

申遗流程中，除了文本审核，还有一个很关键的步骤是国际教科文组织委托第三方机构国际古迹遗址理事会（International Council on Monuments and Sites，ICOMOS）专家到现场考察，这次考察是申遗最关键的步骤，专家给出的意见很可能决定一个项目能否成功纳入遗产名录。

那一年来的专家是印度考古学家莉玛·胡贾女士，考察时间是 2018 年 9 月下旬。没想到 8 月，离现场考察只有一个多月的时候，她忽然来信，要求考察时对良渚水利系统和中国古代水利做专题介绍。

　　这个内容之前完全没考虑到。我马上打电话给河海大学的袁老师和赵老师，这个任务需要他们来完成了。他们知道事情的重要性，二话没说，立刻赶过来和管委会讨论细节。

　　经过紧张准备，他们两人给专家分别做了良渚水利和中国古代水利的专题汇报。莉玛·胡贾女士很满意地说：“我没有问题了。”

　　河海团队做的都是完全义务的工作，我们具体工作的人很清楚，他们对申遗做出了重大的贡献。后来省文物局和良渚管委会分别给他们学校发去了感谢函，表达敬意。

　　后来省市区对申遗有功团队进行表彰的时候，因为他们既没有和管委会合作的合同，也不属于浙江省内的单位，尽管我做了努力争取，最终的表彰名单上还是没有他们的名字。我内心觉得很歉疚。他们却很理解，也很低调。申遗成功后，甚至连《中国水利报》都没有报道过他们的直接贡献。

　　后来有《新华日报》的记者来采访我，我建议他们直接去采访河海团队。记者采访之后，写了一个整版报道，题目就叫《5000 年前，“基建狂魔”在良渚修建水坝》，讲述了河海团队的工作。这篇文章获得了2019 年级江苏省报纸副刊作品一等奖。

第四节　工作站与考古保护中心

反山工作站

刘斌

我们干考古的都知道工作站的重要性，尤其文物挖出来后，没地方整理，没地方放，一直是非常头疼的事情。吴家埠工作站在遗址群西边，距离稍微远一点，房子比较差，库房也不够。2006 年挖古城西墙葡萄畈遗址的时候，我们跟管委会商量，借反山遗址管理所的地方当驻地。反山遗址所 1987 年成立，就在反山南边。

2006 年，管委会把遗址所南面一家服装加工厂迁走了，我跟良渚管委会商量，能不能给我们一个库房。管委会同意在遗址所里边留一栋两层厂房，有将近 1000 平方米，作为良渚工作站的一个库房。我们住在厂房边上，工厂办公的两层楼的小房间。一楼的北边是管理所的厨房和食堂，我们请了一个厨师，就在管理所食堂搭伙。我住厨房上边的一间，赵晔、王宁远住旁边一间。其他技工也住这。这样就算暂时解决了良渚遗址考古所需的工作站和库房的用地。（图 4-22、图 4-23）

在这个过程中，2006 年 12 月，开始发现葡萄畈遗址底下有石头地基，推测可能是城墙或者水坝之后，申请 2007 年的考古调查，所以基

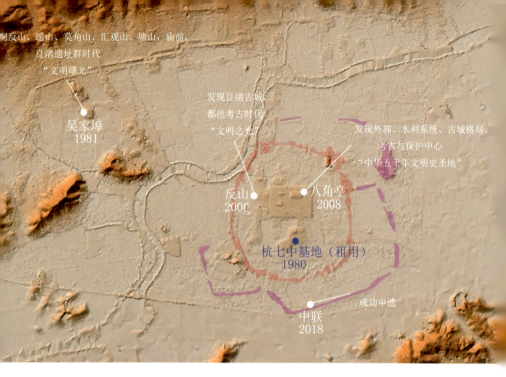

瑶反山、瑶山、莫角山、汇观山、塘山，庙前，
良渚遗址群时代
"文明曙光"

吴家埠
1981

发现良渚古城
都邑考古时代
"文明之光"

发现外郭、水利系统、古城格局，
考古与保护中心
"中华五千年文明史圣地"

反山
2000

八角亭
2008

杭七中基地（租用）
1980

中联
2018

成功申遗

图 4-22　工作站变迁

图 4-23　反山工作站

本上从这时开始，这里就作为良渚考古的一个基地了。

2007 年春节之后，很快发现了良渚古城的西城墙。在西城墙开解剖沟，出土了很多东西。依托反山文保所的工作站，我们在 2007 年 9 月找到了北城墙，10 月找到了东城墙。2007 年 11 月 29 日开新闻发布会，宣布良渚古城发现之后，这个地方就变得比较热闹，来的人也比较多。

反山文保所的库房一楼用来堆陶片，二楼作为整理间。对从四面城墙解剖出来的陶片做了修复整理。2008 年初，开了一场良渚古城学术论证会，专家们要来现场看出土文物，这个工作站发挥了非常大的作用。2008 年底，我们搬到东边八角亭后，宿舍还给管理所，库房还一直沿用，直到 2018 年管理所拆除。

八角亭与良渚遗址考古与保护中心

吴立炜（时任良渚管委会副主任）

我在良渚管委会工作了有十年时间。

2006 年 12 月，我从杭州钱江经济开发区调来，之前的十年我一直是搞经济开发的，从乡镇党委书记，后来到开发区。说实话一下子到这里管委会从事文物保护工作，反差比较大。但是既来之则安之，好在以前也做过一些文物保护工作，如：亭趾的长福桥、塘栖的乾隆御碑和郭璞古井的保护。那么就安安心心在这里，要想办法尽快喜欢上这样的工作。

我刚到这里就听说葡萄畈有一个新的遗迹挖出来（良渚古城城墙），我们去现场看了，这时我和刘斌还不认识。到了2007年1月，张忠培先生来，我陪同，那是我第一次认识张先生。当时良渚管委会一把手是张炳火主任，他原来是余杭区的副书记，我就叫他张书记，现在称他老张书记，他跟我讲起先前工作多少艰苦。因为之前余杭区领导与国家文物局专家之间，在良渚遗址保护规划的讨论会上，曾发生过很大的矛盾，余杭四套班子领导在会上集体退场的。老张书记说，现在他跟张忠培先生的关系是还可以的，他和我讲前面那事情发生后，怎么跟专家搞好关系，说后来是靠诚恳，靠情义感动了张先生，张先生答应支持他的工作。所以他也希望我跟这些专家继续保持好关系。我就是这么开始了解了这些情况，和专家和考古人开始接触。一段时间下来，我感到这些做考古的人的确比较艰苦，跟我们现在的生活条件差距其实是比较大的。那个时候应该是夏天，我们都已经有空调了，他们考古队反山的房间还没空调，确实很不容易。我就提出来给他们安装空调。这个时候我跟考古所你们个人还没有什么感情因素在里面，就是觉得考古人员很辛苦。同时我们也希望跟考古队搞好关系。装空调这事最后落实了。老张书记还是蛮不错的，他支持我，他不支持肯定也弄不了。

　　做了这个事之后，接下去的就是八角亭了。当时我们要把大莫角山边八角亭那个地方的杭州大观山果园职工宿舍进行搬迁。这个事情主要是管委会文物局王寿锟局长分管，成立了大观山果园整治指挥部，由管委会文物局副局长严国琪具体执行，指挥部成员我记得还有丁洪林、王水忠等人。这些职工从那边搬出去，我们还要负责安置，过程用了很长时间。这点严国琪他们工作做得很不错的，果园的刘国峰场长和职工也积极配合，要感谢他们！那么安置工作弄好，工人搬出来以后，原来的这些老房子怎么用？于是我们提出来要跟考古所合作，把这个地方给用起来。那段时间考古工作集中在古城附近，吴家埠工作站离得太远，如果要租住在农民家，搬来搬去不方便。所以八角亭那几个套房虽然也很简陋，但是比考古队租房好多了。当时我们设想，那些老专家们，包括国际上一些人员来，这里就跟专家楼一样可以住，是不是？

　　那么要怎么样才能名正言顺？我记得好像也是跟张先生一起商量的。因为这个地方如果直接叫考古所工作站，名不正言不顺；如果管委会自己弄，我们也没人手和能力来弄这个事，所以唯一可行的就是两家合作做。那么合作做的话，一定要有个机制。当时我们想最好去批个事业单位出来，这样我们这里专门搞几个人在那里管理，考古所的人员可以来兼职。单位名称当时也跟张先生商量过的，好像最后还是张先生定的，叫良渚遗址考古与保护中心，单位挂牌地点就是八角亭。

报上去审批，结果批不出来。为啥？到余杭或者杭州市批，那么跟省考古所就没关系了，如果到省文物局去批，不属于它的事权范围。刘斌也找过省局鲍贤伦局长，说陕西兵马俑跟汉阳陵都是省局直属单位，良渚、河姆渡都这么著名，却还只是县管单位，所以提出能不能弄个独立的良渚考古中心之类的机构。省文物局和考古所领导也一块商量过，鲍贤伦局长说，如果弄了这个，就好像跟考古所闹独立了一样，不太妥当。那么后来大家商量还是不动。在这种编制什么都没有的情况下，我们觉得哪怕就是挂个牌也行。省文物局不错的，后来就发了个文。当时我在这里面起到了这么个作用。按道理我也可以弄个什么中心主任之类，我是没弄，我认为刘斌比较合适，所以文物局批复文件上是刘斌当中心主任，良渚管委会文物局副局长马东峰当副主任，另外成员是我们自己定的，如：王宁远、赵晔、黄莉等。当时如果是我来当主任，就可能会偏向于我们管委会来操作这个事情。而叫刘斌当主任，等于说以考古所为主，为什么？因为房子是管委会的，地盘也是管委会的，而主要领导考古所的人来做，这样子会更加平衡一点。如果我来当主任，等于管委会再去弄了一个机构，你们考古所人员等于说来打工、打杂的，那这个事情的效果就会大打折扣。所以说当初我叫刘斌来负责，我们管委会出场地、出少量人员，多数人员由你们考古所出，我认为这个决定是对的。

中心成立以后，八角亭基地改造就师出有名了。当初管委会内部的意见其实也不是统一的，有人认为那些好像都是考古所的事情，我们管委会为啥出钱。我说这个不是考古所，这是考古保护中心，要从双重管理的角度来做这个事。

　　这些事属于突破常规的一些做法。我们原是想让它变成常规的，但是上面不同意。现在想想如果当时真的单独成立了机构，也不一定是好事情。一旦是正儿八经成立一个单位的话，假如那个时候叫刘斌来当主任，就没有后来他当所长的事了，因为对考古所来说，这是另外一个单位，其实也不一定是好事情。所以合办机构，对于我们和考古所来讲，既是又不是你的单位，进行双重管理，确实是比较好的方式。当然双方人员关系要好，都想把良渚遗址保护、发掘和利用好。良渚遗址考古与保护中心成立后，管委会与考古队共同委托了专业的团队，对良渚古城进行了内外城的普遍勘探，这也为今后的古城遗址发掘提供了坚实的基础。

　　八角亭这个地方弄起来后，整整用了十年，后来拆了太可惜啦！这些东西其实作为历史的记录也会成为文物，它见证了一段良渚遗址保护的历史，你们要留一点，包括考古保护中心的牌子之类。

　　我在自己家里种着从八角亭引种的凌霄花、爬山虎和一棵桃树，看到它们总是能想到八角亭。

刘斌

良渚古城发现之后，良渚申遗的步伐和目标更加清楚了。2008 年下半年，良渚管委会把大莫角山东面——原来大观山果园的一个家属住地以及边上一个小工厂和一个小商店，都搬迁了。我跟管委会商量，能不能把这个地方留下来，给考古队作为一个整理场地跟驻地。管委会答应了，当时原计划是都要拆掉的。

这个地方的小地名，叫八角亭。

管委会出资对这里留下的四幢房子进行了改造装修，修了围墙，然后就交给我们使用。

2008 年底，我们搬到了八角亭工作站。搬到八角亭后，主要库房仍然是反山文保所的库房，因为八角亭的地方不大，主要是解决了驻地和办公用地，只有不大的两个空间用来堆杂物和做修复。

八角亭工作站用了整整十年，直到 2018 年搬到了国道边上的中联考古保护中心，才结束它的使命。

在八角亭考古中心的这十年，是良渚考古一个非常重要的阶段，它解决了一个固定驻地的问题，技工跟我们的工作人员都有房间住，才真的开始建设考古团队。

2008 年，王宁远过来，此后一直跟我一起做良渚考古。

赵晔也单独领着一个团队，做良渚周边的发掘。

在这个过程当中，我们引进了很多大学生和临时的聘用人员。有仲召兵、闫凯凯、陈明辉、王永磊、朱叶菲、朱雪菲、沈晓文、汪飞英等，还有科技考古的姬翔、宋姝、武欣等人，技工有祁自力、卢西燕、陈全合、孙小政、孟晓玲等。先后都在八角亭工作站工作和居住过。

除了考古团队和科技团队的发展，跟相关合作方，比如南京大学、浙江大学、清华大学等，还有与日本中村慎一教授团队的很多学者的合作，包括文物保护，都发生在八角亭，留下了非常多的回忆。

2008 年底，良渚管委会做良渚遗址公园规划，提出来要在 2009 年 5 月之前提供一个 20 平方千米范围的、经过考古勘探的基本遗址分布图。聘请了陕西龙腾勘探队，这是第一次有大规模的专业勘探队参与良渚的调查工作，也曾住在八角亭。

对良渚古城的认识，比如外郭城、良渚水利系统的确认，钟家港的发掘，池中寺粮仓的发现等，都是在八角亭期间。

　　八角亭工作站还起着一个非常重要的作用，我觉得跟地理位置有关。

　　八角亭工作站在大莫角山的东侧，我们住在这里，每天吃完晚饭就会到莫角山上面去转转，去看夕阳，每天早晨起来的第一件事也可能是到周边转一转。2017 年之前，果园还没有清除，都是梨树、桃树。

　　由于莫角山高地比村庄高出 10 米左右，处于古城和周边环境的一个核心地理位置，在那个地方会亲身地感受与设想，良渚先民当年为什么要选这个地方，为什么不选择北面离山更近一点？又为什么要堆这么高？除了地图上对山川地貌的分析和调查之外，有很大一部分认识是通过住在这里获得的。

　　2018 年之后，我们搬到新的工作站，靠国道的中联区块。虽然工作条件好了，但是就没有这个感受了。

　　在莫角山，特别是天晴的时候，能看到三面环山，更晴朗的时候还会看到杭州的山、临平的山，除了地势相对较高，旁边有小山头之外，只有在这个地方能感受到"天地之中，以山为郭"的概念。后来经过测绘和勘探等各种方法，发现了古城的完整结构，证实良渚先民的确是这样设计的。

　　春天或初冬的傍晚，吃完饭从莫角山上下来，到周围的村庄里，看不远，也不通气，完全没有了一个观天下的感觉。杭州的冬天，尤其初冬季节，每天早晨都有雾气，太阳还没出来，或者刚出来时，站在莫角山上，会看到周围的村庄有两层楼都在雾里边，雾的高度差不多在 10 米左右，而莫角山上面高出十来米，它是中心位置，不挡风。我们就能够理解当年为什么要堆土台 10 米高，而不堆 5 米。良渚先民的设计有其科学性。

　　包括发现莫角山东面的河，以及莫角山与反山之间的河沟，都是因为我们在莫角山上面转，看地图，研究地图，感觉这个地方应该是古人修过的，应该有条河，然后再去钻探解剖，才发现的。

　　站在这个地方体会用雉山和凤山作为一个对角的设计，对里边的对墙是怎么修的，莫角山的堆积过程如何等，都会产生一些推想，再进行相关的调查和发掘验证。比如莫角山，尽管 1987 年就发现，1992 年确定是一个人工堆筑的宫殿区，但是一直没有系统钻探过，不知道到底有多少是人工堆的。直到 2010 年才真正用机钻了解了莫角山原来堆筑的基础，东面的堆筑高度是 12 米，西面大概只有 2 ～ 3 米左右，依托自然的地势。然后还原堆筑过程，怎样开河进来，怎样把草裹泥运进来往两边堆，最后退出去的时候又怎样用草包把这个不用的河道再回填。

这些认识都跟在这个地方工作和生活直接有关，和古人对天地的态度是一样的。在这样一个环境中做考古，更容易带来灵感和启发。

八角亭的工作站对于良渚古城后续的发现研究，包括团队的组建培养和提升国际影响，都起了非常大的作用。

科技团队的建设是随着工作站的发展，随着工作的需要逐步推进的。就像张忠培先生说的"让材料牵着鼻子走"。当我们发现了草裹泥，就想研究是用什么草裹起来的；发现了沙子，就想知道沙子的来源；发现了石头城墙的石头地基，就想知道城墙的黄土从哪里来，石头从哪里来。基于要解决这样一些问题，就想引进相关的科研团队和科研人员，再设定课题，包括后来的古城的垫石研究、树木研究、黄土来源研究等，逐渐完善我们对考古的认知。

所以我觉得良渚的考古是科学的考古。主动性的考古就是根据推想去寻找、去挖，发现了问题和疑惑，思考要用什么样的科学手段来证明。在这个过程当中，培养了一种科学精神，建立了科学的团队。

八角亭的建立，还探索了一种新的工作站共建模式。之前的吴家埠是考古所自己建的，经费很少，地方很小，做不太大。反山是临时借的管理所的房子，两个单位一起开伙生活，彼此都不方便，地方当然也不够。八角亭就是一种新模式。

　　2006 年管委会主任吴立炜来了之后，交往更多了。管委会也理解了考古确实需要很多房子，就决定由管委会来出资翻修。要花几十万元，管委会也有不同声音，说是考古所使用的，为什么要我们出几十万元钱？吴主任提出来，考古和我们是一家人，而且是在为我们申遗工作。然后就提出了双方共建一处基地，考虑到古城未来的工作发展，我提出来可以叫"良渚遗址考古与保护中心"，还征求了张忠培先生的意见，他也觉得这个名字挺好，就定下来了。

　　为了共建这个事情更加名正言顺，有一个制度保障，我找到省文物局局长鲍贤伦，说这个中心是管委会出钱，如果名不正言不顺，会有异议。既然是共建，应该有一个文件。

　　鲍局长很支持，当时就由省文物局出了一个文件，明确这个考古与保护中心由管委会和考古所共建。文件里还明确，房子由管委会出资建造，里边的科研设备由考古所负责添置。科研工作、考古工作的费用由考古所负责，两家共管。文件任命我作为中心主任，良渚管委会的文物局副局长马东峰为副主任。

　　中心成立之后，工作开展非常顺利。鲍局长曾经提出来，河姆渡也可以参考，但最终没能实施。2018 年，安吉古城由当地出资修建了 6000 平方米的考古保护中心，还有金华也提出来和我们共建。2020 年，绍兴依托宋六陵大遗址，建立浙东考古基地，也完全是按照良渚的模式。所以八角亭的考古与保护中心在管理模式、合作模式上在全国开辟了很好的先例。

王宁远

来过八角亭工作站的学者，都觉得这里的氛围非常好。一是它在大观山果园里一个闹中取静的位置，春天的桃树、梨树开花非常漂亮；二是这里有一种类似于大家庭的氛围，在其他单位是见不到的。这是一个很小的院子，大家工作之余都在一张圆桌子上吃饭，技工、实习生、干部及各种来客，人多的时候就两张圆桌，一家人似的。平时散在各个工地，在饭桌上边吃饭边聊，讨论一天工作中的问题，和天南地北不同专业的客人聊天，经常会碰撞出灵感。（图 4-24、图 4-25）

刘斌把院子、菜地、篱笆、鱼塘等都打造得非常有味道，种树、种花，很多来参观的人都觉得氛围很好。

内部的学术气氛也挺好。随着年轻人的增加，我们觉得可以搞一个内部论坛，大家来自不同专业，每周选一个人以之前的毕业论文为基础做讲座，之后进行交流讨论。我还给它起了个名字，叫"八角亭论坛"。

这个地方在清代原有个庙，估计曾经有个亭子，后来都被毁掉了，

图 4-24　八角亭工作站雪景

30 年代的地图上这里就叫"八角亭前"。我想应该有个标志吧，就拍了一张照片，八个人，每人比出 V 形手势，拼成一个八角星，一方面契合八角亭的名字，还隐含着每个人的成功，加起来就是整体成功的寓意。（图 4-26）

　　十年间，我们发现良渚古城的外郭城，发现外围水利系统，都发生在这个小院子里边。

图 4-25 大莫角山旁的八角亭

图 4-26　八角亭的年轻人

那么八角亭为什么要拆?

因为它是建在大莫角山东侧这个位置。2017 年申遗进行环境整治的时候,文物局觉得在最重要的宫殿区遗址本体上面有这么一个建筑,怕国际遗产专家考察时提出异议,所以决定全部拆除。

　　当然我们考古人心里觉得很不舍，想着是不是有可能拆掉一部分，留下一部分，把它做成良渚考古历程展览，因为很多重要的考古发现的的确确就是在那个房子里发生的。文物局想来想去，为了稳妥起见，还是决定把它拆掉。

　　我们当然就要考虑搬到哪里去的问题，在周围看一看，有一个选择是莫角山往南，杭州市儿童福利院旧址。那个地方相对比较低，里边的树木挺多，所以六七幢房子都不太显眼，站在莫角山上不太看得见，就觉得这个地方挺好。

　　我们跟管委会商量，也觉得还可以，吴立炜主任开始安排进行房屋安全监测和改造设计。我们也开始规划西边的几幢楼，想用来做考古展，实验室可以对公众有限度地开放，增加遗址公园的参观内容；东部密封起来，作为内部的库房和研究室等。但是后来陈同滨所长觉得还是建立一个莫角山的展示馆更合适。最后管委会定下来，把南边外郭城上的卞家山遗址的中联园区搬迁，利用厂房改建为考古与保护中心。

　　儿童福利院的位置要盖展示馆，需要经过考古勘探。一勘探，发现底下全都是碳化稻米，这个地方就是我们现在叫"池中寺"的粮食仓储区。所以最终展示馆也没盖成，现在还是保持原址展示，倒也挺好的。

中联良渚考古与保护中心

王宁远

2017 年，管委会决定把中联园区搬迁以后留下的厂房改建一下，一部分给我们当工作站，一部分作为他们的文保所和监测中心。这个地方位于良渚古城外郭城的卞家山，虽然可能不如池中寺的儿童福利院有味道，但是好在面积比较大，可以按照一个比较正规的考古基地的标准来设计和建设。

原来在八角亭的时候，最大的问题是库房面积很不够。西边的反山文保所楼上楼下的两层库房更是早就满了。钟家港等一发掘，一个遗址里面就有上万筐陶片，还在北边砌了一个水泥池子放木桩，库房根本不够用，只好见缝插针地在房前屋后两次盖了这种临时的铁皮房子，结果被国土部门的卫星照到，说是违章建筑，下达了拆除通知。好不容易通过管委会沟通，说明是申遗配套的工作，我还写了几个月之内一定拆除的保证书才算过关。后来听说瓶窑国土所整个单位因为这事还被扣了绩效奖金，想起来实在对不住他们。

中联园区原来有两个厂，东边是华能厂，留了南北共三间厂房，改建后用作管委会的监测中心和管理所等的用房。西边中联厂南北有六幢房子，拆了最靠路边的一幢办公楼，留了五幢。最南边一幢一号楼改建

384

图 4-27　中联良渚考古与保护中心

成了大会议厅，北侧的二至六幢给考古中心。其中二号楼和五号楼经过
改建，二号楼作为办公楼，一楼做了一个良渚遗址考古历程的小型展
厅，一个比较齐全的展厅，二楼是档案室、会议室和工作室。还有一个
浙江省考古所的科技考古中心，设置了七个科技考古的实验室。北边五
号楼是宿舍和食堂。（图 4-27）

　　三号和四号厂房上边有高压线，无法施工，就简单粉刷补漏，作
为库房。这些厂房都是大开间，四面卷闸门，卡车可以直接开进去，用
作文物库房和整理非常合适。三号楼高度有 6 ～ 7 米，本来想是否有可

能在里面加一层，这样场地会更加宽裕一点。因为基础部分不太符合建筑规范，后来根据我们要求，在西头搭了一部分金属框架，隔成上下两层。上层放修好的陶器，分量轻点；下层可以堆成筐的陶片，满足承载的限制。按照时代早晚和谱系，把遗址群各地点出土的完整陶器都放下了，参观学习都方便。

这段时间，良渚博物院因为申遗需要决定改陈，老的陈列柜打算报废。我们就跟他们协商，把能用的展柜都借过来。汽车拉来了十几车，放在库房里边用于陈列完整器。

这样，浙江省考古所的科技考古中心，从人员配备到设备都比较齐全，应该能为未来的全方位考古或立体化考古提供一个保障。

在八角亭的时候，我们已经逐渐意识到需要加强科技考古部门，于是配备了动物、植物、地质、科技保护这几个方面的相关研究人员，但是八角亭没有单独的地方可以建各种实验室。趁着这一次搬到中联，总共大概有6000多平方米的建筑面积，我们就开始规划，二号楼一楼共四个200平方米的大间，最西头一个单间作为精品文物陈列室，其他三间全部设置为实验室，包括前处理、文物保护实验室，植物、动物实验室，地质和数字考古实验室。这三大间实验室除了本身进出的两个门，彼此之间，在靠走廊侧专门设计了联通的双开门，打开的时候，是一个贯穿的通道，在通道北侧可以布置一些科技考古相关的案例展板，底下放橱柜标本。因为来参观的各类学者很多，可以做一点以往的成果介绍。平时工作时，联通的门关上，就是独立的实验室；有人参观时，把联通门打开，北侧就是一个小型展览，南侧就是实际工作的实验室。另外把三号库房东头隔出来两间，北边一间做水利与工程实验室，南边做修复室。

正当我们准备根据设计慢慢布置实验室的时候，七八月时忽然接到管委会通知，9 月 ICOMOS 专家队进行良渚现场考察期间，行程中要安排参观考古中心，并与考古人员座谈，还要一起晚餐。考察专家莉玛·胡贾是一位印度的考古学家，之前曾经来过八角亭的工作站。这个实验室和展厅就必须赶在那之前完成布置，时间只有一个月了。好在已经有了设想，一方面让姬翔、宋姝、武欣他们去催促厂家，把定制的橱柜、办公桌赶紧安装到位；一方面请南京大学徐士进老师团队帮忙做实验室展陈的形式设计。相关专业人员各自负责撰写展板内容，提供图片。英文翻译请北京大学秦岭老师帮着校对。我记得总共开了两次会，展板就做好了。等到安装时，发现制作的压膜展板反光严重，又紧急重新制作了哑光的。实验室北侧展柜原来打算采购成品，我忽然想到不是从良渚博物院运来一堆旧展柜吗，数了一下数量够了，就定制了一批底座，修好了展柜灯，摆放起来还挺好。最东面临时隔了一间数字考古实验室，放了一个投影仪，播放之前做的解读良渚的片子，还请十月科技把我们之前做过的一些数字考古案例剪成一个小片子，英文字幕，没有旁白。再去搬来原来良渚博物院展陈用的几张原木做的凳子，这个钱也省了。大家群策群力，想出各种办法，共同把这件事情干下来了。总之，整个过程非常紧张。

申遗之前，国家文物局和良渚管委会组织过很多轮模拟考察演练，请专家来查漏点。最后一次模拟演练时，实验室还在施工，地上都是电线。他们其实是有一点顾虑的，不确定时间上来不来得及。我们自己比较有把握，绝不会掉链子的。

专家正式考察时，考古中心由我讲解。好在这些内容大部分是我负责和直接参与的，所以讲得也还挺流畅。我记得讲碳化稻米的时候，观察到专家有点想发问的样子，我立刻意识到因为水稻起源中，有印度起源说，我马上解释我们这里的稻子都是粳米，而印度的属于籼米，中国的籼米可能是晚期从南边传过来的，莉玛·胡贾教授立刻就释然地笑了。这种场合是不合适进行学术争论的。之后，我们所有考古队成员和她在楼上图书室进行了座谈，因为不是申遗考察内容，考古学者之间本来就有不少共同语言，所以比较轻松。原本计划晚上一起在食堂吃一顿正宗的考古饭，申遗指挥部大概还是有点不放心，最后拉来了一车食材、餐具、咖啡机，让宾馆大厨来做，桌子上还铺了桌布，很正式。申遗接待的任务算是圆满完成了。

图 4-28　考古中心实验室

后来实验室的展览就一直保留了下来。有很多人知道后都指名要到这个地方来参观，通过这个小展览来了解良渚的各种考古工作，觉得很好。（图 4-28）

考古中心本身是不对外的，我们为了给观众介绍考古工作，同时为发掘方便，在古城之内，钟家港东边找了一个比较隐蔽的地方，做了一个集装箱结构的无基础的移动考古平台，面积 500 平方米，里边有半开放的淘洗、修复等场所，也有科技考古和良渚考古历程的展览。一方

图 4-29 给申遗现场考察的 ICOMOS 专家莉玛·胡贾教授做讲解

面，满足我们的实际工作需要；另一方面，开放给公众，增加公园的展陈内容。至此，我们的考古工作实际上已经有机地融入了遗址公园的展陈体系之内，成为它特色的一部分。（图 4-29）

第五节　合作研究

对外合作研究

王宁远

和我们进行国际合作最系统的国家是日本。合作从20世纪90年代开始，一直到现在几乎没有停顿过。其他国家学者跟我们的合作比较零星，断断续续。良渚的中日合作研究主要在日方不同的基金项目支持下开展，可以分为前后两个阶段，前一个阶段以90年代的联合发掘为代表，后一个阶段以多学科研究为主要内容。

在桐乡普安桥进行的一次联合发掘由北京大学、日方和浙江省考古所共同参与。虽然不是在良渚遗址发生的，但是发掘的内容主要也是良渚文化的基层聚落，挖了一排房子和附属墓地，揭示了村落的发展演变过程。这次发掘对于良渚的聚落考古，可以称得上是一个重要的转折点。

前一阶段，日方的主要负责人是量博满先生，形式主要是田野发掘；后一阶段，我们主要进行合作研究，由日本金泽大学的中村慎一先生领衔。

　　从 21 世纪初开始一直到现在，中村先生在日本文部科学省申请过很多项目，包括石器的研究，木器的研究，最近一期刚刚结项的题目叫：稻作与中国文明——综合稻作文明学的新构筑。

　　中村先生在日本是研究中国考古非常具有影响力的一位学者，由于他的领衔，日本的金泽大学成为日本国内研究中国考古的一个重镇。他本人因为对中国考古研究的突出贡献，获得了日本的"滨田青陵奖"。"青陵"就是被誉为"日本考古学之父"的滨田耕作的号，所以这个奖大概相当于中国考古学的"夏鼐奖"。

　　前期中日发掘普安桥的时候，我觉得主要在聚落考古的理念方面给了我们一个很大的启发。其先进的测绘方法，在 90 年代大家都觉得非常神秘。2000 年以后，关于聚落考古的理念和设备方面我们都追上来了。这个时候，我们国家对中外合作发掘的审批越来越严，可能性越来越小，合作重点转入了多学科的综合研究。

　　日本项目给我一个特别深刻的印象，是团队特别庞大，稻作文明综合研究的项目，据说是日本文部科学省学术振兴会成立 100 年以来资助金额最大的基盘研究项目。这个项目由中村先生领衔，分了五个子课题。有一次在日本开项目会，中方作为合作方，由我代表参加，发现竟然有 140 多人，也就是说日本几乎所有相关的多学科队伍都被组织起来了。除了传统的考古学者以外，有研究稻田、植硅体、花粉、木材、漆器、石器微痕、动物 DNA、稳定同位素、残留物分析、GIS 与遥感的，还有研究民族学、实验考古的，也有研究昆虫、鲤鱼的，等等等等，能用上的学科和手段全上了。就是在这样的研究中，我们发现了某些方法的有效性，从而为我们引进相关人员和建立实验室提供了借鉴。

日本团队的很多研究开阔了我们的眼界，拓展了认识。比如说植物环境考古中，日本奈良教育大学金源正明老师做了水利系统高坝库区内的沉积物分析，发现里面有睡莲、菱角的花粉，表明里面曾经有静水沉积，符合库区积水的状况。在良渚古城，他发现城内钟家港河道内有一种人体的寄生虫，证实城内主河道在某个时期的水质不怎么好，应该是粪便污水直接排入河道的缘故。原田干先生则做石器的微痕观察，发现原来称为"耘田器"的石器实际上是一种手持摘穗的爪镰。利用炊器外部烟炱（烟气凝积而成的黑灰）形状，结合残留物分析和实验考古，判定良渚陶鼎有不同的设计用途，有的用于蒸饭，有的用于煨粥，有的用于煮菜饭等，和今天厨房里有不同用途的各种锅是一个道理。漆器的研究发现，良渚时代已经有不同等级的漆器出现，比较高级的漆器可以有四层漆膜。又证实良渚的漆并非中国传统的大漆（中国漆酚），而是现在被视为野漆的越南漆酚。同时发现良渚时代红漆的掺和矿物，内层一般用赤铁矿，原料丰富易得，但是颜色比较闷，最外一层则用比较贵重的朱砂，颜色比较鲜亮。

对城内出土的稻谷做了 DNA 分析，显示其离散性很高，意味着这些稻谷来自于不同的产地。良渚古城的外城之内是完全没有水稻田的，这些稻谷显然要由外部基层生产型聚落输入。现在我们考古学并没有较好的方法知道良渚古国的范围边界，以后通过进一步对古城内粮仓的稻谷做来源分析，至少可以知道周边资源被控制的范围边界，作为古国边界的一种参考。

良渚古城城内主要的河道钟家港里，出土了很多死于暴力行为的非正常埋葬的人骨遗骸。对这些人骨进行稳定同位素分析，显示大部分个体是吃大米的，和良渚文化稻作农业的发达程度吻合。但奇怪的是，有少量几个个体以小米为主食。最近几年，我们发现在良渚时代浙江的南部山区，部分地区可能也有黍粟的种植，城里的这些人可能是从乡下来的。日本学者进一步进行了氧同位素分析，表明这些人的指标与相距很远的中原地区类似，因此更有可能是从那些地区来的。最近国内的付巧妹团队对古城的人骨做了古 DNA 分析，在十几个样本中做出了三个个体，其中两个是南方常见的，另一个好像和山东的比较类似。结合这两个研究，可以有两种可能的推测：第一种是外族（中原和山东）入侵，和本地稻米人口冲突，死后被扔在河里；第二种可能是这些中原和山东人口，实际上与其他吃稻米的本地人口都是古城的居民，只是移民时间较短（一般改变饮食习惯后需要几年时间，才能导致骨骼内稳定同位素指标的变化），而他们都被第三方入侵者给杀了。如果是第二种，古城就有点像现在的北京、上海，是个大都市，里边的居民可以来自很广大的地区。中国科学技术大学的吴晓桐老师对猪的来源做了分析，证实古城的猪可能有三个不同的供应地。这样的话，古城的人口和稻米、肉食等资源都来自于广泛的地区的汇聚，证实古城的确是一个超级都邑。这些研究都在很大程度上颠覆了我们固有的认识，拓宽了我们的视野。

除了项目研究成果，国际合作还在文物保护上给我们带来了意外的收获，引进了一种全新的木材脱水技术。漆木器文物的脱水，国内基本上都是用 PEG（聚乙二醇）这种高分子材料来置换。这个方法在日本也曾普遍使用，但是时间长了，PEG 材料内部结构会老化，有时候器物表面会发黑，所以近年来日本已经普遍改用一种海藻糖的脱水方式。这个方法是金源正明教授告诉我们的。金源老师在项目中做的是环境研究。他的夫人和女儿（金源裕美子）开了一家文物保护的研究所，她们都是日本国内采用海藻糖方式进行木器保护非常著名的学者，日本国内有很多有机质保护工作都是她们在做。我们观察过日本很多博物馆的展品，比较过用海藻糖法与 PEG 法的区别，还去奈良文化财研究所（简称奈文研）PEG 脱水实验室参观，那里有世界上最大的冷冻脱水设备。我们咨询了技术人员对这两种方法的评价，他们说实际上各有优点，相对来说海藻糖的方法用到的技术和设备简单一些。但是因为奈文研已经投入了大量的资金搭建了专门设备，所以不太适合改换技术线路。我们综合评估后，觉得可能还是海藻糖法更适合我们。金源教授因为不会到中国来

图 4-30　中日合作进行有机质脱水保护（左起：金源裕美子、汪飞英、廖文艳）

做文物保护，所以也愿意把海藻糖脱水的方法教给我们。通过学习，我们现在可以做一些比较小件的木器脱水。后来良渚钟家港挖出来的几根大木头需要脱水，体量实在太大，国内一家机构请了金源裕美子作为顾问直接参与脱水保护工作，现在正在进行中。（图 4-30）

　　日本的这些课题相当于多学科研究模式的一个真实案例，给了我们很多启发。我们可以很具体、很直观地知道，针对现有的材料，采取哪些方法能更加全面、细致地提取更多的信息。通过这些合作实践，也知道了哪些方法和技术适用于良渚考古实践。通过借鉴和学习他们的研究方法，我们开始构建自己的实验室，结合自身特色，发展良渚的科技考古。

普安桥遗址的发掘

芮国耀（执行领队之一）

　　普安桥遗址的发掘是由北京大学、浙江省文物考古研究所和日本上智大学联合进行的"浙东史前考古研究"课题的中心项目。1994 年底，联合考古队先期到嘉兴地区进行了专题调查，最后确定桐乡的普安桥遗址作为发掘地点。我没有参加先期的调查工作，第二年的发掘开始前，所里领导安排我参与到这个项目中来。

　　联合考古队的中方队长是严文明先生，副队长是浙江省所的刘军所长，日方队长是上智大学的量博满先生。量博满先生申请了日本文部省的研究经费支持，项目计划在 1995 年和 1996 年进行两期发掘。日本方面参加的有大学教师、博物馆等研究机构的考古工作者和几位刚毕业或在读的研究生。人员组成比较多样，且流动性比较大，前后陆陆续续参

图 4-31 芮国耀在普安桥发掘现场

与发掘的有近 20 人。自始至终参与发掘的只有量博满先生和金泽大学的中村慎一。中方的发掘人员相对比较固定。

　　根据项目计划和双方的约定，普安桥遗址发掘分两季。第一季的发掘从 1995 年 8 月下旬开始至 10 月底，野外时间约 70 天；第二季，1996年也大致在这个时间段进行了发掘。由于日方人员的行程事先确定，并订购了返程机票，因此工地进展节奏跟随他们。每季发掘等他们撤离后，工地野外工作也告一段落，由我们对未发掘完毕的探方适度回填。（图 4-31）

　　根据三位队长的决定，工地设立了执行小组，由赵辉、中村先生和我三人组成，赵辉总负责。在工地上，量博满先生事先不参与意见，主要由我们三个人讨论商量，重要的方面再跟量先生汇报。所以，严先生说我们三个人组成的执行小组相当于"内阁"，按照现在的话来讲就是执行领队。

　　这是我们考古所首次与国外学者合作进行遗址发掘，大家心里都没有底。首先，我们要克服重重困难，做好后勤保障工作，但还是有很多不尽如人意的地方。特别是用水问题，村里没有自来水。发掘期间正值盛夏，考古队人多，生活用水量大，三口水井都很难满足，后来我们从几里路之外的百桃镇上铺设临时管线引水，才解决了用水问题。在当时可是一个大工程，花费了不少钱。

　　还有一个方面是语言交流。日本方面的中村慎一曾在北京大学留学，中文没问题；西谷大曾在中山大学留学，中文水平略逊于中村；后藤雅彦也在北京大学留学过，粗通中文。而我们这边只有赵辉精通日文。考古队成员之间平时的交流，包括生活上和发掘工作中的问题，大多靠他们几个来翻译沟通。偶尔，双方还利用英文进行交流。

　　双方的发掘理念存在一些差异，也就面临一个求大同存小异的需要。主要由赵辉在两边沟通，尽可能地统一思想。平时工地上，所里的同事跟日方的年轻朋友，时不时还会产生一点矛盾，冒出一些疙疙瘩瘩的事情，也都由赵老师从中进行调解并引导大家沟通。

发掘过程中，在一些比较基础的操作方面，双方还是有一些不同。比如说，普安桥的发掘中发现了一定数量的崧泽到良渚时期的墓葬，因此，剥剔墓坑壁及墓底成了野外操作的一个重点。我们都是手铲横着与坑壁垂直打边；而日方在操作时不是这样，大部分人手铲都是顺着墓坑开口线垂直往下，做灰坑坑壁也是如此。这个差异蛮大。还有，当墓内随葬品出露时，我们是相当谨慎的，不会急于剥剔器物，比较主要器物放置的状态、周边可能存在的迹象，也就是先清理到器物最大径，做些记录；他们清理时，见到随葬品后特别着急，恨不得把器物掏出来，直接清到器底。对于良渚墓葬，我们相对比较熟悉，我们所里参加联合考古队的同事都已经有这方面的经历，对墓葬清理把握比较准。日方的队员没有这样的实践，尤其几个年轻的学生做起来相对粗糙，到后阶段才稍微好些。

经过一段时间的磨合，我提出同时清理三座墓葬，其中一座由日本学者单独做，一座由我们单独做，还有一座由中日双方合作做。赵辉觉得可行。这样，西谷大单独清一座，我单独清一座，方向明和木下尚子共同清一座。好像有点比武的味道。我清理的那座墓葬由于保存比较好，能够完整剥剔棺类葬具的范围、上下层的板灰及垫于其下的横档板灰。之后就逐步统一了认识，形成了比较规范的操作方式。

当然我们也从日本学者那儿学到蛮多东西。他们在整个发掘过程中工作比较认真，记录做得也比较细。这是我第一次在工地上用全站仪，是西谷大带来的。在这之前，我们测量数据时最多只用过水平仪。发掘前，日方队员用全站仪测绘了遗址的地形图，布方时也用全站仪定点。我们考古所几年后才逐步开始使用全站仪，当时觉得很高级。他们做野外图比我们细，记录的信息点要多得多，比较丰富，值得我们学习。慢慢地，大家开始不断融合，沟通得也比较好。后来画器物线图，根据日方的意见，都在图纸上标注了测点的位置。

1996 年的发掘收工时，大部分探方都没有挖到生土，没做完，因此也没有完全解决普安桥遗址的整个堆积过程。协议定的是两季发掘，量博满先生申请的也是两年的经费。严先生从北京来到工地，与量博满先生和刘军所长商量接下去怎么进行。有一种方案是，由我们考古所继续发掘，做完剩下的探方直到挖到生土。量先生这个人特别认真，他曾经跟我讲过，这可能是他唯一一次在中国做考古，因为那个时候他快要退休了，他想有始有终做完这个发掘。经费问题，他说由他来再想办法。文部省是不会追加经费的，要到什么财团基金会去申请，大概是 5 万美元。1997 年量先生才能申请，所以我们在那一年暂停了发掘，在经费到位的 1998 年进行了最后一季发掘，总共发掘面积 600 多平方米。

　　根据队长们商量的意见，在没有野外发掘的 1997 年，由中方队员对发掘资料进行初步整理。赵辉执笔编写了一个发掘简报，发表在《文物》杂志 1998 年第 4 期上。主要是在学界扩大一些影响，尤其在日本。

　　三季发掘都在同一个位置，也就是路南边考古队最初选定的发掘区。1995 年的发掘中，我们曾在路北的桑地边做过一条小探沟，发现了红烧土堆积，初步打算第二年适当在这里做点工作。岂知当地老百姓为了获取更多的青苗赔偿，在原有的桑树中间扦插了大量小桑苗。1996 年进工地后发现这个情况，我初步核算了一下，要在北边做工作，需支付的青苗赔偿费太大了，同时也不想助长这种不良风气，执行小组决定仅在原有发掘区深入发掘。

　　1998 年 10 月下旬，普安桥的发掘全部结束，然后我们对所有探方都做了有效回填。出土的墓葬人骨也做了简单包裹，回填在探方底部。回填人骨时，量先生嘱咐我买了黄酒、纸钱、红烛等，在发掘区回填的现场做了一个简单的祭奠仪式。（图 4-32）

图 4-32　普安桥发掘讲解（右二量博满，右三赵辉）

第六节　科技考古

水利系统与工程研究

袁俊平（河海大学教授）　赵晓豹（南京大学副教授）

第一阶段：对水利系统的初步认识（2016 年 10 月—2017 年 5 月）

袁俊平：先讲一讲我们是怎么加入到这个项目里来的。我们加入良渚水利系统的研究是一件非常巧合的事情。2015 年，南京大学多媒体中心的徐士进老师牵头负责浙江省文物考古研究所的一个项目，是一个叫做"良渚遗址水环境复原耦合研究展示以及良渚遗址水坝系统工程分析"的课题，里头涉及了一部分良渚水坝的分析工作。2016 年 10 月，课题要结题了，但是另外一家当时负责水坝分析工作的单位来不及完成课题任务。徐士进老师就找到了他所在的南京大学地球科学与工程学院的赵晓豹老师。赵老师跟我是同学，所以赵老师告诉了我，问我有没有兴趣参与。他知道我本科学的是农田水利，又一直在从事土石坝的研究工作。我一听到这个消息就觉得很有意思，也很感兴趣。我们知道大禹治水是中国水利史上非常有名的事例，但是 5000 年前良渚的一个水利工程比它还要早，现存的水利工程遗址，胥溪、都江堰都比大禹治水要晚得多。河海大学作为中国水利行业著名的高校和研究单位，当然应该对中国古代的土坝有所了解。我很想去看看 5000 年前的良渚水坝到底是个什么样子，就决定跟赵老师一起开始参与这个课题，所以说是缘于一个非常巧合的机会。

赵晓豹：这是我们首次接触考古类的和工程有关的项目，从工科的角度来说，开展研究前先要清楚已知条件。我们从徐老师那边要来了好多报告，其中最厚的报告是良渚古城综合报告的初稿，有五六百页，看得头大。还有一些关于水利系统的专门报告，因为内容很多，我和袁老师针对这些报告花了一两个礼拜，强迫自己在里面寻找我们感兴趣的点。通过阅读，我们开始慢慢了解良渚文化和良渚水利系统。恰巧在 11 月，考古所的刘斌老师和王宁远老师到南京来访问，徐老师组织我们和他们见面，开了一次交流会。这个时候我们还是纯粹的做工程项目的研究人员，从工程的角度，谈了对良渚水利系统的一些看法。

第一，我们对报告里看到古城西侧有第一条高垄很感兴趣，这条高垄从黄路头穿过今天的东苕溪，往南到黄泥口、金家头、反山、莫角山，一直往姜家山连接到凤山。报告认为高坝是第一道防洪系统，低坝是第二道防洪系统，我们认为这第一条高垄会不会是第三道防洪措施。第二，我们对水坝的一些测年数据提出了疑问。当时的数据只是基于 2010 年和 2012 年的第一批和第二批测量数据，第三批 2017 年的测量数据还没有出来。这些测年数据表明各个坝的建造时间都落在良渚时期，这对于考古人员而言是足够的。但是从工程的角度来说，不管是高坝东组还是高坝西组，这些坝在一个坝群内，肯定会一起建——因为在一个坝群里面单独建一个坝，是围不住水的。问题就在于：在一个大群里面，第一批和第二批测量数据显示了各个坝相互之间的测年数据相差很大，也就是一个坝群里不同坝的年代相差很大，虽然证明是良渚的水坝，但是从工程角度很难理解。第三，我们也从工程的角度指出，后期可以依据良渚时候的地形开展一些洪水演算，这样可以分析良渚先民建造水利系统的目的。第四，土石坝肯定要有溢洪道，因为土石坝不能溢流，溢流容易造成垮坝。对于溢洪道，我们猜测有不同的方式，但最可能的还是利用自然的基岩山口作为溢洪道。第五，水坝要使用，就应该有取水口，水取出来后也应该有水口下游的一些自然河道。

此外，我们对考古工作者在报告中采用的一些术语和描述方式不大适应，和工程的有些区别；不同的考古人员撰写的不同章节中，对同一个物体、同一层位的描述也会有差别，部分术语和工科的常用术语也有冲突。这是工程人员初次和考古人员以及考古资料接触时还存在的一个从不大适应到逐步理解的过程。

袁俊平：晓豹讲的这部分我补充两个地方。一个是关于第一条高垄的问题，我记得一起讨论的时候，晓豹就跟刘所和王老师提出来关于第一条高垄的问题。第一条高垄到底是人造的还是天然的？当时很怀疑是不是人为造成这样一条用于防洪的高垄。在后续的研究中也还一直怀有疑问，这条高垄在良渚时期或者良渚之前是不是一条完整的垄？我们觉得还有待进一步论证。关于术语，其实很有意思。比如黄土，地质或土力学里讲的黄土和考古学里的黄土，是两个不同的概念，土力学的黄土是一种特殊的土，一种风积土，考古学的黄土实际上就是黄颜色的土。再比如水坝里的高坝，按照现在的规范，坝高至少 70 米以上，才称为高坝；一开始听到高坝，让我一直以为坝很高，后来才知道其实没有那么高，当然良渚水坝在 5000 年前来说也是很高的了。另外，所谓的生土面，跟工程上所说的建基面也有很大的区别。这些差异给我们留下了很深的印象，后来慢慢才理解了两者表述上的差异。

袁俊平：经过前期的交流，我们还要去现场看一看，到底良渚水利系统是个什么样子。我们做好了准备，打印出收集的资料和地图，带着我和赵老师在南京大学和河海大学的研究生，一共九个人，租了一辆车，在 12 月 7 日第一次到良渚。刚到的那天傍晚，王宁远老师和考古所的同事，七八个人，一起在八角亭陪我们吃晚饭，我们才知道这个地方正好在莫角山的宫殿区旁，晓豹还开玩笑说，相当于在紫禁城的偏殿了，让人觉得很兴奋。吃饭的时候，发现氛围跟我们在学校里有很大的不同。学校里虽然也吃食堂，有时候老师们也一起聊天，但是在工作站里，技工、老师，所有团队的人都在一起吃，像一个大家庭一样，一边吃饭、一边讨论、一边聊天，感觉很亲切、很随和。

　　第二天，王老师就带着我们到所有的高坝、低坝、塘山长堤都跑了一圈。虽然拿着地图，也带着手机，看着卫星导航，但是转来转去就头晕了，里头好多小巷子拐来拐去，感觉连方向都搞不明白。后来，我们至少在跑了四五趟之后，才慢慢地把这些路搞清楚，跟以前跑一个单独的单体工程还是有很大的不同。晚上回到住处，当时住在瓶窑饭店，我和赵老师组织学生一起开会。出现场之前，我们做了工作方案，由于现场范围很大，要调查、现场查勘的内容很多，我们考虑分成两个组，其中赵老师和南京大学的学生主要负责现场的踏勘，包括各个坝体的走向、尺寸及高程的测量，到现场的山上、坝上去看，到周边去调研、走访；我主要带着河海大学的研究生做探查，看坝底的土、坝体的土，还有周围的原状土，取一些土样。因为这个项目涉及土样的一些基本性质的试验，要为后面的计算分析服务。

　　之后连续两三天，我们把所有的水坝，包括塘山都跑了一圈。跑下来的感觉是整个范围太大了，经王老师介绍，才对良渚水坝有了一个大概的、模糊的概念，确实是超视距的。站在莫角山顶看不到远处的高坝，也看不见低坝，最多能看到一点塘山的影子。站在岗公岭和老虎岭，也只是能看到相邻的水坝。已经能够感觉到整个水利系统规模的庞大。（图 4-33 ）

　　在岗公岭，能看到还残存着上面的半截，当时岗公岭上部还没有完

图4-33 水利系统调查（左起：赵晓豹、王宁远、袁俊平）

全被破坏，草裹泥的断面还在，能很明显、很清晰地看出来草裹泥的样子，而且从地面看上去有好几米高，确实很壮观。后来又去看了老虎岭的草裹泥，碳化之后一个个圈圈也非常清晰，能很清楚地知道是人工堆筑的。回到八角亭工作站，又看到了挖出来的完整的草裹泥，确实非常像我们后来看到的防洪用的草袋子，或者用土工织物的袋子，这样一种技术还传承下来，感觉到 5000 年前的良渚先民很有智慧。

同时我们也产生了很多疑问，高低两组水坝，不管是塘山，还是老虎岭、岗公岭，水坝体积这么大，整个系统范围这么大，到底为什么要建一个这么复杂的水利系统？为什么要这样建？到底是怎么建的？我们觉得非常不可思议，也一直想搞明白。这也是我们跟王老师和刘所第一次交流时提出来的一些问题。回到八角亭后，记得还问了刘所不少问题，实际上当时还处在了解的阶段。

赵晓豹：我们从野外回来以后，集中精力对从野外取得的土样进行了一些室内实验，然后根据野外勘测的数据，进行数值模拟工作及项目报告的撰写工作。年前，也就是 2017 年 1 月，我们参加了考古所 2016年的年终汇报会，听到除了工科以外的和考古相关的各方面的工作，包含植物、动物、陶器、石器、玉器、木器等，真是拓展了视野，也让我们更加了解良渚文化的内涵。我们也发现考古所人才济济，学术氛围非常好，和他们的讨论很热烈，大家为了一个目标能够没有障碍地进行交流。

袁俊平：当时我们觉得良渚水利系统太庞大、太复杂，我跟晓豹虽然出身水利院校，我也一直在做土石坝的研究，但还是担心对良渚水利系统的认识吃不准。2017 年的春节前，我跟晓豹一起，拜访了学校的两位做土石坝、水利的老专家，一位是我的博士生导师殷宗泽老师，还有一位是硕士生导师卢廷浩老师。我们把关于良渚水利系统的认识和了解到的情况，向两位专家做了汇报，也讲了我们觉得良渚水利系统研究还存在的一些问题，以及想怎么开展这些研究。按我们当时的认知，良渚水利系统首先当然可能是用来防洪的。另外，建成这么大一个上下级水库的水利系统，可能很重要的是要形成一个运输通道，为运木头给宫殿区用于建造等服务。殷老师提出了一个问题，这么庞大的水利系统，功能应该也比运输更庞大，如果仅仅用来运输，那可能是一个交通部长规划的事，但是这显然是一个国王规划的事情，不然规模匹配不上。一开始，我们还觉得殷老师的问题好像跟我们的认知、想法有矛盾，有点不太能理解，后来我们仔细琢磨，觉得殷老师说得很有道理，引发了我们对水利系统到底具有什么功能的进一步思考。后来我们才慢慢意识到，除了防洪、运输，良渚水利系统可能还有控水、调水这样一些功能，这是一个认识上的非常重要的转变。

在这之后，2017 年 4 月，我们也请学院的一些老师，包括殷老师、朱俊高老师，学院的高玉峰院长到良渚的现场去看一看，了解水利系统到底是怎么一回事，我们也想请这些老专家和学院了解我们从事的工作。高院长看了之后觉得这项研究很有意义、很有价值，也表示支持，同时也表达了跟浙江省考古所合作开展研究的意愿，并邀请刘所和王老师到学校来交流访问。

赵晓豹：2017 年上半年期间，我和袁老师跑良渚比较勤。参与了蜜蜂垄水坝的开挖，考察了水坝、坝底基槽开挖防渗的措施。也逐渐熟悉了路线，把低坝库区整个跑了一遍，核实整个库区在 9～10 米标高的范围内，哪些可能没有围合，存不存在一些缺口的情况。同时，也查看了罗庄泵站和毛园岭的取水口。另外，在塘山中段的东侧，我们发现坝顶有堆砌卵砾石的现象。

为了方便讨论，我们和考古所的同事，主要是王宁远老师、王永磊、范畴等，一起建了一个良渚水利系统的微信群，交流很热烈。有一次，我记得好像是某一天的晚上九十点，王老师让闫凯凯拿 GIS 在岗公岭的东部圈标高，王老师在当地老乡的提示下，知道在岗公岭东部，有一个山坳里面可能存在着高坝东组的溢洪道，所以圈标高来先大概核实一下这个可能性。不久后，王老师就用 GIS 在岗公岭东部的山坳里面另一个地方找到了溢洪道，解决了坝群溢流的大问题。溢洪道是土石坝群必须有的一部分。

此外，考古所确认了在骑鹤村白鹤溪的方向，也就是高坝西组白鹤溪方向没有水坝的存在。高坝东组和高坝西组的水坝建造形式完全不一样。高坝东组，是完全把山谷封闭的；而高坝西组，封闭了山谷的一部分。我们在现场调研高坝西组的时候发现，虽然在白鹤溪的方向上不封闭，但是在高坝西组的东边，可能存在溢洪道，溢出的水可以顺着山沿着自身高程坡度流到白鹤溪。水利工程里也有类似的例子，如京杭大运河的镇江段，地势比较高，为了保证水位，当地就在京杭大运河旁边开挖了一个叫练湖的水库。长江水位和京杭大运河的水位比较低的时候，这个水库可以放水到京杭大运河里面去，来维持京杭大运河在镇江段的水位。所以，我们猜想高坝西组的作用是不是要和白鹤溪组合起来。白鹤溪承担着通往西部山谷的运输功能，这和高坝东组完全封闭的水库的运输功能一样。但是缺水的时候，水位很可能会受影响。这个时候就能够从高坝西组放水，对其进行补充，保障运输功能。

袁俊平：简单小结一下，第一阶段大概从 2016 年 10 月开始，一直到 2017 年 5 月，我们通过一个偶然的机会，能够参与到良渚水利系统的研究中，接触到浙江省考古所的王老师等考古人员。我们的研究团队慢慢认识和了解良渚水利系统以及良渚遗址，开始思考良渚水利系统为什么要这样建，对它的功能、规划、营建技术等，逐渐形成一些认识。当然这个认识在当时还有一些模糊不清，是很初步的，而且有很多疑问。随着讨论和研究的深入，慢慢地找到了一些问题的答案，但是有许多问题其实还没有完全搞清楚。

第二阶段：古代水利系统和工程技术研究中心成立及良渚水利系统的深入研究（2017 年 6 月—2018 年 5 月）

　　袁俊平：2017 年 4 月，高院长和殷老师已经到过良渚现场。随着研究工作的进展，我们又向学院做了进一步汇报。当时学院里正好有一些培育项目申请计划，院长鼓励我们可以申请经费作为支持。院长和学院的其他领导听了汇报后，觉得我们做的工作非常有价值，而且我们是岩土力学与堤坝工程的教育部重点实验室，5000 年前的良渚水利系统是一个非常重要的研究机会。所以无论从学校的角度，还是从学院的角度，都应该把这件事做好。学院一致同意对我们的申请给予持续资助来开展相关的研究工作。当时我们没有任何其他的经费，考古所也没有经费，良渚管委会也没有相应的经费，完全靠我们自己解决。为了更顺利地组织工作，还专门成立了古代水利系统和工程技术研究中心。赵晓豹老师成为学院的外聘专家，形成了一个包括老师和研究生在内的研究团队。我们学院还跟考古所签订了一个合作协议，双方挂牌来促进合作研究的开展。

　　我记得大概是 2017 年 6 月，王老师告诉我，关于良渚水利系统的研究，曾经开过一次专家论证会，好像是 2016 年。会上的水利专家对良渚水利系统的认知有许多不同意见。王老师想让我们帮忙策划一下，邀请专家从水利专业的角度对良渚水利系统做一个评定，或者提供一个意见。我们就组织召开了一个良渚水利系统的研讨会，邀请国内比较知名的水利专家，包括长江科学院的原院长、南京科技职业学院的院长，还有大连理工大学的原副校长、中国水利水电科学研究院的研究所所长、华东勘测设计研究院有限公司的副总工等。我们把对于良渚水利系统的一些认识和了解，以及前期依托项目收集到的资料及所做的计算分析和试验的结果，向各位专家做了汇报。专家听了汇报之后，觉得我们的认识基本上是对的，也认可良渚水利系统总体上确实是一个完整的水利系统，而不是一个海塘，或者只是独立的、孤立的一些土堤。对水利系统的总体认知，对后续的研究工作，包括后续的申遗工作是一个非常有力的支撑。《中国水利报》上对这一次专家会也做了专题报道。

赵晓豹：2017 年底，我们和王老师一起参加了上海举办的第三届世界考古论坛，论坛的最后一天在良渚召开，期间我们协助带领世界各地的考古专家进行了现场考察。各位专家对良渚水利系统的草裹泥等工程技术赞叹不已。这一次带各位专家到现场来，也是为后面的申遗做一个铺垫。

2017 年，我们通过对大 C 形区域，也就是包含古城在内的 1000 平方千米的一个大区域，进行洪水演算，发现古城西部的水按照自然地势不会流向古城，主要流向是北湖的滞洪区。第一条高垄将古城附近的小 C 区划分为两个独立的水文区，并不是我们一开始认为的第三道防洪措施。当然，这两个水文区可能在高水位的时候会有部分的水力联系，北湖地区可能一部分水向南，一部分水向东，北湖作为泄流的主通道，水主要还是往南流。按照这个认识，良渚水利系统的防洪作用显著下降，与以前对于水利系统主要用于防洪的初步设想，有很大的区别。水利系统在塘山的东段及中段部分，还有部分防洪作用。但是整体的防洪作用没有那么大。之前殷老师等提出，水利系统在西北部的运输功能显而易见，但是单单为运输功能修建这么大的水利系统，很难让人信服。因为毕竟存在一些自然河流，在坝里也没有发现良渚遗址，古城以西坝区外的遗址也比较少，因此水坝不应该主要为坝区外服务。这个时候，对水利系统功能的研究走到了一个瓶颈阶段。

2017 年 10 月，我们拿到了考古所当年 7 月测得的第三批测年数据，显示水利系统中各个坝的测年数据较为统一，特别重要的是，表明了水利系统的年代与古城内的重要遗址——莫角山、反山、钟家港——属于同一时期，都是 5000～4850 年间，也就是存在一个外围水利系统和古城在短时间内统一规划建造的可能性。

因此，我们开始重视古城和水利系统的关系研究，加上前期对水利系统功能的分析，我们逐渐肯定良渚水利系统的主要功能，应该是为古城和东部郊区的日常生产生活服务。古城里有这么多人口，日常的交通及古城东部郊区的灌溉也有用水需求，因此，它的主要功能应该是蓄水、调水，为城市服务，同时兼顾西北方向的运输功能。第一条高垄的分水岭作用和水利系统与古城同期建造这两个信息是形成这个认识的重要基础。

　　有了上面的认识，我们由初期仅以水利系统作为研究对象，逐渐转变为以古城为立足点去研究水利系统。研究视角从独立的水利系统，拓展为水利系统和古城及其东部的整个区域，水利系统成为古城规划的一部分。

　　在对良渚水利系统的功能研究中，我们注意到，河流对于良渚先民的生产生活有很大影响。根据地方志的记载，目前的苕溪的走向是汉唐时期形成的，如果良渚时期的苕溪也这么走，它就介于古城和水利系统之间。现在苕溪还是杭州的防洪重点，那么良渚水利系统的修建就变得毫无意义了，因为苕溪的水还是这么大。如果防洪措施修在外面，就防不了洪。而且，苕溪的水量足够古城使用。因此，基于前面的洪水演算结果，我们开始从地质和第四系（地质学名词，属年代地层单位，即新生代第四纪松散堆积物形成的地层）的角度，开展良渚时期分水岭的西边和城区东边两个水文区的骨干河道的研究。研究视角已经拓展到整个大 C 形区的 1000 平方千米的区域。

　　在对古河道的研究过程中，我们发现大 C 形区的东部存在更高级别的骨干河道，也就是从钱塘江到太湖的古河道。由于重视到它，我们又将研究视角从大 C 形区拓展到整个德清和太湖地区，甚至整个太湖流域。因为钱塘江到太湖的古河道的存在以及它的湮灭，将影响到太湖的形成和下游古三江的演变。

因此，我们开始关注研究区，即大C形区与其他良渚文明区的关系。随着对水利系统与古城关系研究的深入，我们觉得古城的重要性高于水利系统，而水利系统是为古城服务的。虽然这个观点看起来是最直观、最简单的理解，但因为我们最初是以单独的水利系统作为直接接触和研究的切入对象，所以这个逻辑的转变真是来之不易。

既然水利系统是为古城服务，我们就要考虑古城为什么要放在这里，以及古城放在这里存在哪些优点和缺点，或者产生哪些需求，是这些需求导致了要在古城以及分水岭的西部再建立庞大的水利系统。由此，我们确定了研究顺序，即先研究良渚时期大C形区的地理环境条件，而后在这个环境条件里讨论大C形区内古城的选址问题，通过古城选址的确定，研究水利系统建设的必要性和可能性的问题。分析城市选址及其优缺点，辅助系统的规划，现代人也会这样做，在先秦著作《管子》中也有类似的阐述，合理推论良渚先民可能也会这么做。于是我们就按照上述的这个顺序展开了研究。

袁俊平：正是由于我们对水利系统的认识，从最初的一个局部的视角，或者工程视角，逐渐扩展到一个宏观的视角，整个规划，包括城市和水利系统的选址，以及为什么要建、如何建等整体规划，我们才可以从一个5000年前的总规划师的角度，来看为什么要这样选址、规划和建造水利系统。对水利系统功能有了这些新的认知，促使我们从2018

年左右开始，去了解良渚时期，特别是早期或中期时，周围的环境，包括地貌、温度、降雨、古河道等，以及环境如何变化。特别是河流的情况，从已有的《苕溪志》里看到苕溪应该是在汉唐时期才改道的，那么良渚时期的苕溪到底是什么流向？苕溪的流向在很大程度上决定了水利系统的建造跟古城之间的联系。

我们去了苕溪流域的水利站，余杭的水文站等，各处走访、调研。为了搞清楚地层和古河道的变化情况，我们到杭州地质大队、杭州地质勘探院、杭州地铁找专家朋友、同学咨询，收集了水利、地铁等工程的钻孔和地勘资料。还去了中苕溪、南苕溪、余杭塘河、未来科技城等现场，看河道的走向和当地的钻孔情况，试图找到古河道走向、位置和埋深的一些情况。经过前后将近一年的时间，把良渚水利系统周边的大 C 形区，特别是老余杭和杭州西边基本上跑了个遍，对周边的水文和地质情况有了一个比较详细的了解。

在这之后，2018 年 3 月左右，我们又向殷老师和卢老师做了汇报，重点讲述我们对水利系统的一些新的理解，认为水利系统可能除了防洪、运输之外，还有调水、蓄水——整体表现为水管、水控系统的功能。两位老先生总体上认可了这个认知，这更加坚定了我们的信心。3 月底，我们还到考古所工作站，跟王老师一起交流了想法。好像是 22 日那天晚上，赵老师在工作站做了一场《良渚文化研究中的第四系的地理环境问题》的交流报告，讨论非常热烈，一直持续到接近夜里十二点。经过跟考古和水利专家的交流和讨论，我们觉得对水利系统的认识越来越清晰了。

第三阶段：良渚申遗阶段（2018 年 5 月—2019 年 5 月）

袁俊平：我们第三阶段的研究工作主要是围绕或为服务良渚申遗展开的。

2018 年 8 月中旬，具体哪一天我记不清了，我收到王老师的通知——第二天最好尽快赶到良渚。我们到管委会的时候，蒋卫东主任告诉我们收到了 ICOMOS 的回信，信中有两个重点问题，水利系统是其中一个，还有一个是关于水稻的，要求对这两个问题要补充相应的内容，并做专题汇报。

我们前期已经做了很多这方面的工作，所以心里比较踏实，而且这两年的工作正好可以为良渚申遗发挥一点作用了。但是即便如此，8 月底要提交汇报材料，9 月专家就要来现场，准备材料的时间还是比较紧张的，我们马上就开始了准备工作。主要准备两份材料：一份是良渚水利系统与中国古代水利关系研究的工作，主要由赵老师负责准备。我负责准备良渚水利系统与工程技术研究的这部分工作。考虑到来的专家不一定是水利专业的，也不一定是工程技术专业，我们就利用跟考古所联合建设的现场实验室，做一个现场的演示和讲解，可以让专家对水利系统和相应的工程技术有更多的感性认识。

为了保证现场评审的顺利进行，我们按照管委会的要求前后做了两次预演，一次是 8 月底，一次是 9 月上旬。还配合管委会做了很多准备工作，包括汇报 PPT、实验室演示等。

9 月 21 日，ICOMOS 的评审专家莉玛·胡贾女士来到现场，我们先在联合实验室重点演示了草裹泥的剪切、压缩实验，还做了坝体黄土的渗透实验。向她讲解了良渚水利系统中这些草裹泥是怎么发挥作用的，坝料是怎么防渗的，等等。莉玛·胡贾女士虽然不是工程技术专业出身，但是因为现场有实验设备，又有草裹泥和土样，她一听、一看就明白了。第二天，在管委会安排的西溪湿地的会议室，我和赵老师分别做了专题汇报。我主要讲述良渚水利系统的组成、规模、功能、营造技术等；赵老师把良渚水利系统和中国古代部分著名的水利工程做一些比较，分析各自相同的和不同的特点。讲完之后，莉玛·胡贾女士还提出了一个疑问，我们说良渚水坝用来挡水，到底有什么证据？我们把蜜蜂垄现场的坝前淤积，塘山大堤上我们怀疑的库前淤积及翻在坝顶的鹅卵石坝料的情况，向莉玛·胡贾女士做了展示。她一听就明白了，觉得很满意，表示没有问题了，现场评审很顺利地通过了。我们把现场汇报的材料也整理成报告，提交给管委会，后来作为正式申遗的支撑附件，提交给 ICOMOS。

赵晓豹：2018 年后，我们和考古所一直在对水利系统进行调查。

王老师带着我们到塘山中段的东部，在山上的一个山谷里面又发现了一条坝叫石岭头坝，这条坝和良渚水坝的堆筑方式应该一样。王老师说虽然现在还没有测年，但是大概率是良渚的水坝。通过对这个水坝的观察，我们发现它其实就在分水岭的西边一点点，把西边山谷里的来水蓄起来，并通过它的溢洪道跨越了分水岭这条高垄，使水可以流向东边，而后通过塘山东段的引导，可以流向良渚时期的像金村这样的玉器作坊等地，供这些作坊使用。这条小小的水坝，功能其实也和大的水利系统的差不多，是一个小型的跨越水文区的调水示范工程，是良渚水利系统总功能的缩小版。

我们也和王老师一起考察了西边种猪场的良渚水坝。王老师说在大雄山里还发现了一些水坝，其实就验证了前期大家的一些观点，也就是良渚先民已经很熟练地掌握了水利工程技术，除了建造了我们现在熟知的由 11 条坝体构成的古城外围水利系统这一国家级的大型水利设施以外，他们还在各个区域上修建了小区域的水利系统。

我们还明确了塘山东段和塘山中段、西段具有不同的功能作用，塘山中段、西段是和低坝复合起来共同起作用的，而东段在分水岭的东边，作用不一样，主要是拦住康门水库出来的水，然后引导往东，供古城以及郊区使用。

　　管委会的规划建设局局长王辉是河海大学的校友，原来在余杭林业水利局工作过，我们也在他和管委会的支持和帮助下，进行了很多野外走访，还通过查阅文献，掌握了钱塘江至太湖古河道的大概范围，封闭的顺序、时间以及良渚地区受咸潮的影响情况，等等。现在王辉又干回老本行，到余杭林业水利局当局长了，以后应该还有很多机会交流。

　　2018 年到 2019 年初，我们团队还开展了常熟的黄泗浦的水利和港口功能发展演变过程这样一个考古遗址的工程类的研究，这个项目的研究也对良渚的研究有一定的促进作用。黄泗浦是常熟的一条河流，历史上是太湖下游东北方向泄流到长江的一个通道，而它也作为鉴真大和尚东渡日本的出发地而出名。通过对黄泗浦的研究，我们对太湖流域的碟形盆地和水系演变有了深入了解，同时对太湖流域的水旱灾害的特征也有所掌握。良渚古城区域属于太湖西南部丘陵地区，水文特征具有来水猛、去水快的特质，易洪易旱，因此塘山东段的修建和塘山中段的东部，有助于古城地区的防洪。但是由于汇水面积有限，同时受地理条件以及季风的影响，也很可能会造成干旱。太湖地区有史以来的记录显示，整体的水旱灾害比是 6.5∶3.5。在岗身和丘陵地区，也就是良渚古城的地区，特别容易发生旱灾。

同时，考虑到城市和水利系统的关系，包括古城和东部郊区的规模，附近水路交通的需要，以及稻作的需要，等等。良渚古城需要西部的水资源作为调剂，而西部的汇水面积又比较大。而且，西部还有不少丘陵可以用来修建水坝，同时给水坝的修建提供材料，所以可以在西部修筑水坝，蓄水再调水给古城使用。另外，由于水路运输的作用很重要，高低水坝在坝高设置上又重视水路的连接，对古城使用的大量木材以及垫石材料的相关研究，也表明水利系统具有重要的运输功能。

袁俊平：在这一阶段，我们主要做的是两件事：一件是为申遗提供技术支撑；另一件是与良渚水利系统直接相关的进一步论证、调研和验证工作，以及间接相关的太湖流域的部分水利工程和遗址的调研和研究工作。后面这部分工作虽然跟良渚水利系统不直接相关，但是研究对象有相同的地理环境和气候环境的背景，所以对良渚水利系统的研究本身有重要帮助，或者说有一个间接的验证作用。

第四阶段：申遗后的继续研究阶段（2019 年 5 月至今）

袁俊平：2019 年 7 月 6 日申遗成功之后，我们陆陆续续接受了很多相关的采访，包括王宁远老师帮我们介绍和安排的浙江日报、新华日报，还有央视 10 套的采访，让我们有机会把认识、理解良渚水利系统的一些过程，给大家做介绍。

7 月，良渚管委会和浙江省文物局给河海大学和南京大学发来了感谢信，对我们在良渚申遗过程中所做的工作给予了很大的肯定。

2019—2020 年两年间，我指导的四名研究生先后毕业。他们依托对良渚水利系统里一些工程技术问题的研究，完成了论文，也发表了相应的成果。其中有做良渚土坝、沙土广场的夯筑工艺研究的；有两名学生专门做草裹泥研究，研究它的力学机制，包括怎么堆砌，尺寸的影响等；还有学生研究土坝的力学和渗流稳定性的特点。这些研究也有助于我们对良渚水利系统的工程技术有更深入的认识。

正是由于一直在做良渚水利系统的研究，我们两个学校——河海大学和南京大学的很多老师也对良渚水利系统和工程技术有了很多兴趣。2019 年 10 月和 2020 年 10 月，河海大学和南京大学先后组织了不同的团队到良渚进行现场调研和学习，许多老师对良渚的水利系统和良渚遗址有了更多的认识。我们还进一步加强了几方的联系，在 2020 年 7 月，联合浙江省考古所、南京大学和良渚遗址监测保护中心，申报科技部的土遗址的保护项目。我们不仅要把良渚水利系统的规划、工程技术的研究工作做深入，也希望能够把良渚水利系统的保护工作做得更好。但很遗憾，这个项目没能申请到。不过，我们后续还是参与了不少良渚水坝和南城墙等的保护工作的一些论证，2021 年上半年还到良渚，为保护做相应的研究工作。

赵晓豹：2020 年下半年，我们协助南京城墙保护管理中心开展了南京与良渚古城的对比研究。通过这项研究，发现良渚古城和明代的南京城这两座城市离得不远，只有几百千米，但是两座城市差了将近 4000 年。这两座在历史长河当中相距甚远的古代城市，却有着非常相近的城市格局和设计思想。我们从南京和良渚的地理环境条件，对南京作为明王朝的帝都和良渚王城的选址进行了分析；接着对两个城市的形制和功能布局的特点进行了讨论；而后分析了南京和良渚的水资源管理系统，对比了调控和运输功能，还从建造技术以及礼制等方面进行了一系列对比。最终发现：从良渚王城到大明帝都，在上述五个重要方面是一脉相承的。2021 年，我们以研究报告为基础，出版了《帝都王城》这本书。也是基于这段时间的研究，我们理清了良渚地理环境条件、良渚王城选址、良渚水利系统建设的各种要素。现阶段正准备将这些内容整理成文字，来详细叙述我们的理解。

地质考古

王宁远

良渚的地质考古包含宏观角度的古环境研究和微观角度的石玉质遗存的材质鉴定及溯源，大致可以以良渚古城发现为界，分成前后两个阶段。

426

　　1936 年施昕更在良渚的考古工作，也是浙江史前考古的开端。施昕更是西湖博物馆地质矿产组的助理员，一位自学成才的地质学家，写过《浙江省地质矿产志》，考古反而是他跨界的工作。在他撰写的良渚考古报告中，遗址位置图上还标有地质岩性，显然是他从地质图里改绘的。施昕更和当时考古界的兴趣主要集中在良渚黑陶上，而当地出土的玉器普遍被认为属于周汉时期，施昕更的报告在"其他类"章节中资料性收录了两件良渚玉璧，当然不太受关注；在"石器"一节中，对 35 件石器进行描述时都做了材质鉴定；列了专门的"质料"一节，简略罗列了主要岩性和器类的对应关系，并特别指出：

　　杭县石器原料，多来自远方，或外省或外县，余尝在浙江境内，从事地质调查工作，已历数年，对于岩石分布，虽略有头绪，而同项岩石，性质相同，产地未必亦同，所以它的来源亦渺茫不可据，虽然大部分石器岩质，在浙江省内是有分布的，而亦不能说石器的原料都可确定在浙江产的。粗制石器岩质极为简单，绝少变化，皆为石英安山岩及矽质石灰岩所制，而凡是精制石器，岩质亦趋复杂美观，因为已由实用而转变为明器化了，所以对于岩质的选择，已具审美的观念，其时代先后，由此亦得以证明，石器的原料，都是矽质岩石，取其硬度高，抵抗风化力强之故。

　　虽然篇幅很小，但从我们近年来开展的石器材质课题研究看，八十

多年前施昕更的这些结论其实还是很正确的。所以，施昕更的良渚工作，也是浙江地质考古的开端。(图 4-34)

1949 年后，浙江省的考古工作者多不具备地质学背景。在 2018 年考古所成立地质考古实验室前，我们主要通过与高校、科研院所合作的形式展开研究。

1997 年，考古所与中国地质科学院地质研究所的闻广先生、荆志淳合作，对反山、瑶山、河姆渡、吴家埠、百亩山等遗址出土的玉器进行鉴定，发现了反山、瑶山、吴家埠、百亩山遗址的玉器绝大部分为透闪石类，还有少量的蛇纹石玉。因为某些原因，瑶山等的玉质鉴定结果没有正式提交给我们。早期也做过一些关于玉矿来源的零星调查，荆志淳曾经去浙江省地质矿产厅查地质图，认为天目山具有透闪石玉的地质成矿条件。据王明达老师回忆，荆志淳还骑着 28 大杠的凤凰自行车和他一起跑野外，在瓶窑良渚一带山里进行过一周左右的玉矿调查，但没有找到矿化点。

2011 年，中国科学院上海光学精密研究所干福熹院士提出一种无损检测玉器的思路，利用质子激发 X 射线荧光技术（PIXE）、X 射线衍射（XRD）、激光拉曼光谱法对反山、瑶山、汇观山、塘山等出土玉器进行检测。通过微量元素分析，认为与江苏溧阳小梅岭玉不同，应该另有来

插圖二、杭縣第二區遺址附近地形及地質略圖

图 4-34　施昕更《良渚》报告中遗址分布图上的岩性分布

源。2015 年，北京大学考古文博学院的秦岭老师有一个教育部课题：教育部重点人文社科基地重大项目"技术与文明——由玉器手工业探索中国史前文明形成的基础"（1938526），对浙江的良渚玉器也进行了 ED-XRF（能量色散型 X 射线荧光）分析。

除配合外单位的研究之外，因考古报告编写和研究的需要，良渚石玉器的鉴定工作主要由我们与浙江大学董传万教授团队合作展开。后来，在材质鉴定的基础上进一步开展了石玉质资源的研究，并由此建立了固定的地质考古基本团队，建立了实验室和标本库。

在微观的石玉器鉴定和研究之外，也有大环境方面的研究。最早是浙江省自然博物馆的吴维棠等对东苕溪的变迁做了研究，后来主要有莫多闻、郑洪波、李春海、戴雪荣等从各自课题研究角度，对良渚地区环境做过不同角度的分析。我们考古所主动发起的环境研究是从黄粉土的性质开始的。在良渚文化地层之上，普遍叠压着一层黄色细粉砂土，水相堆积，很纯，没有包含物。上边被战国地层叠压，这层土可能和良渚文化为何消亡有直接关系，所以我们委托南京大学地质系专门做土的来源分析，以便了解是由陆地上的洪水还是海水形成的。南京大学当时的研究生姬翔就是因为做这个项目来到良渚，最后入职我们考古所的。

董传万（浙江大学地球科学学院教授）

我跟考古所的合作，最起码有十多年了。

起因非常有意思，有一年，考古所的牟永抗先生坐火车去上海，边上座位是我们浙江大学地质系的何礼章副教授，两个人聊得很投机。牟老师说起石玉器地质鉴定的事，何老师就把我介绍给牟老师认识，这样就建立起了联系。说来也巧，我的岳丈是从浙江省自然博物馆退休的，自然博物馆和考古所一样，原来都是从省博物馆分出去的，所以说起来他们都认识。牟老师经常跟我一起探讨玉和玉器的事情，我也从他这里了解到考古方面对真玉、似玉、假玉的一些说法。大家一聊起来就很投机。后来，由牟老师介绍认识了刘斌，刘斌请我对南河浜出土的石器、玉器进行鉴定，由此开始了和考古所的合作。

合作从帮助性质鉴定开始。最早是南河浜，然后新地里、仙坛庙，到文家山、卞家山，一直到钱山漾，对这些遗址的石器、玉器进行鉴定，是一个经验和知识积累的阶段。考古项目挖掘结束，写报告的时候，我们把发掘品统一花几天时间做一个鉴定。然后过很长时间，等下一个考古项目再去鉴定，不是很系统。地质学家完全从地质学背景角度给一个岩性的判断，鉴定成果在报告里做一个附录，或者写一个章节，合作形态特别松散。也没有专门的课题经费，多是根据出差天数，开几天出差补贴。

　　真正开始以课题形式比较深入地介入考古研究，是从良渚古城城墙垫石的鉴定和石源研究开始的。良渚古城城墙底下都有一层垫石，是判定城墙最显著的人工标志。古城刚发现的时候还有人质疑，其中，浙江省社会科学院的研究员罗以民的观点认为，当时没有金属工具无法人工开采出石块，如果用先火烧后水激的方法，石头上却没有火烧的痕迹。那么这些石头到底是开采的，还是捡来的？哪里来的？如何来的？当然是需要解决的问题。考古所对石头的来源兴趣很大，因为可以研究其背后的人类行为和工程量。2012 年，刘斌让王宁远去文物局申请了一个文物保护科技项目的课题：良渚古城城墙铺底垫石的鉴定及石源研究。

　　项目人员由地质和考古两方组成，考古方面提出需求，双方讨论出技术路线。地质方面的工作分两大块：一块是对城墙垫石进行全面鉴定，包括岩性、块度大小和形态，即磨圆度等级；另一块是对周边区域进行野外地质调查和标本采集，绘制古城周边区域的岩性分布图。考古方面负责实验考古和对垫石分垄现象进行解释。双方都是深度参与，彼此不断交流和讨论，与之前纯粹花几天时间做石器、玉器鉴定不同。为了使结果更加全面，我们决定将城墙四面的探方中的所有垫石都做鉴定，其中东墙和西墙的小探沟挖完都已经回填了，考古所又重新把它们挖出来，所以这次鉴定的工作量很大。我们邀请了原浙江省区域地质调查院许红根高工，许工主要负责野外调查和填图。

记得当时是大热天，汗流浃背，我们带着吕青、马晓雄、顾红艳、周超四个研究生，分片分组对探方中的每一块垫石都进行了块度大小、磨圆度测量、石料岩性的肉眼鉴定，并选择一些有代表性的垫石边角料进行更详细的显微镜下鉴定。东南西北四面墙，其中西墙有大小两个探方，所以共五个探方，一共鉴定了 10526 块垫石。在鉴定的基础上，我们与许红根高工一道，对良渚、瓶窑周边的地质体进行了调查，还填了 1∶100000 的地质图。通过对周边地质的了解和对垫石岩性的鉴定，然后进行比对。首先进行石料比对；然后进行地球化学的比对，包括对主量元素、微量元素、稀土元素等各种元素的比对；最终确定了这些垫石的来源，基本结论是绝大部分是采集的散石，来自周边山体，而且搬运的路程不远，从山上到坡下或者冲进沟里。这些垫石的形态以次棱角、次圆状为主。

许红根高工想到可以利用地质钻孔资料和遥感卫片恢复良渚的水系，他在课题任务之外花了很多时间收集这个区域的资料，初步恢复了当时的水系。王宁远根据他提供的水系图，按照最短距离和垫石来源南北数量的不同，加权计算出从采集地到城墙的垫石运输的平均距离为 4 千米。

考古所方面则对城墙垫石分垄的现象提出了很新颖的解释。我们一开始就从形态上发现，特别是南墙垫石，存在分垄现象，即一堆一堆质地和形态都不同的石头分堆分布。课题设置时以为这是类似家庭包干的现象，后来王宁远经过分析，认为每一垄代表一次运载量，说明同时从不同的山谷运送石头过来，送到就直接铺放，没有统一备料造成的材料混杂。通过称重发现，大的石垄有1.2吨左右，小的600千克左右。进而又做出了运输工具的推论，认为是用一种竹筏运输的，因为当时都是水运，水上运输工具只有独木舟和竹筏，这两类都在附近遗址发现了实物。根据对现在双溪漂流竹筏的观察，估计运送小垄石块的是10根竹子的竹筏，两个这种竹筏绑起来，留出安全裕量（部件的最大破坏载荷超过设计载荷的部分与设计载荷的比值），可以运载1.2～1.3吨，正好与大垄石块总量相当。后来又发现，偶尔有几块大石头似乎有人工加工痕迹，请南京大学黄建秋观察了几块，认为少量大石头可能比较重，所以搬运前敲砸过，以便徒手搬运。

上述要素清晰之后，就开始实验考古。我们和范畴等人去北边东明山脚下的确认采石点做了石头采集、搬运与铺装的实验，即统计铺满2平方米面积的垫石需要的总时间。王宁远还专门约了《钱江晚报》的记者马黎一起去，在她后来那本《看见5000年》的书里还专门回忆了这次当时她感觉有点莫名其妙的邀请。（图4-35）

记录完这部分采集、搬运和铺装的时间，加上竹筏运输垫石的来回时长，根据垫石总面积，王宁远做了垫石总工程的估算，是8.4万工

a.采集　　　　　　　　　　　　　　　　　b. 搬运

c.铺装　　　　　　　　　　　　　　　　　d.完成

图 4-35　垫石采集、搬运、铺装实验

（一工即一个工作日，8 小时）。

这个项目从立项到结项，前前后后花了四年时间。吕青等在《华夏考古》2015 年第 2 期发表了一篇论文（《浙江良渚古城铺底垫石的特征与石源分析》）。我也到日本金泽大学做了垫石研究的学术报告，与日本考古专家们进行了交流。项目通过验收结项以后，良渚博物院出资，我们在课题报告书上做了修改，作为"杭州全书·良渚研究报告"系列的第一本——《良渚古城城墙铺垫石研究报告》由浙江古籍出版社出版。申遗期间，这本书也作为附件提供给了申遗专家。后来，英国伦敦大学的庄奕杰和我们一起对报告的部分成果做了补充，写成论文《让石头说话：良渚古城一个跨学科的石材收集和建设的调查》(Letting the stones speak: An interdisciplinary survey of stone collection and construction at Liangzhu City, prehistoric Lower Yangtze River, China)，发表在《地质考古学》(Geoarchaeology) 上。

通过这个项目的研究，我们地质和考古方面在很大程度上加深了彼此的了解，结下了深厚的友情。报告在出版过程中，许红根工程师在北京的一次会议上突发疾病，不幸去世。刘斌和王宁远本来要去北京参加追悼会，因为临时要开申遗的会议，所以请新来的南京大学研究生姬翔作为代表，和我以及许工的老师罗以达等去北京参加了追悼会。后来王宁远和我们课题组讨论，在报告后加一个纪念许工的后记：

……46 岁的生命，无论是对于考古还是地质年代来说，都只是一瞬间。在良渚古国的耀眼光辉面前，我们每个具体的研究者都是微不足道的。但是良渚考古 80 年一路走来，正是通过包括许工在内的许多研究者"上穷碧落下黄泉"的不懈努力，良渚才终于被拂去岁月的尘埃，成为实证中华 5000 年文明史的圣地。从这个意义上讲，许工又是幸运的，他年轻的生命是有恒久价值的。

今天是许工去世后的第一个清明节。此刻，远离尘嚣的莫角山洒满了阳光，不禁使人忆起许工暖暖的笑脸。我们课题组商量后一致决定，本书出版时不给许工的名字加黑框，仿佛他仍和我们一道，微笑前行。

第二年清明，他们打印了这份后记，在许工的坟前烧给了他。

垫石的研究进入后期阶段，我们都已经感觉到项目取得的成果将出乎我们的预料，大家都觉得这个方向很正确，可以进一步拓展研究范围和深度。有一年春节，王宁远到我家来，聊起这件事，我们在一张 A4 打印纸上，列了一个未来地质考古研究的计划表。

地质考古的研究属于资源与环境研究的大范畴。我们可以开展的工作从易到难分成三步：已经做过的城墙垫石研究作为第一步；第二步可以做所有石器的鉴定和石料来源研究；第三步做玉器的鉴定和资源研究。以后还可以进一步做陶器方面的研究。以上垫石、石器、玉器都是

自然界中的地球物质——岩石与矿物，对它们进行研究，可以了解良渚
先民对自然资源的认识和利用，进而可以从社会组织、社会分工、石玉
器加工工业体系等方面进行剖析和研究。

之所以这样分步骤，是因为垫石的采集范围肯定不会太远，它的质
地非常杂，没有特殊的质地要求，很可能就是从附近最方便的地方取过
来。所以我们就把范围缩减到小 C 形区的汇水区之内，也就是北边只调
查到大遮山的山脊以南，南边也只调查到大雄山，最终证实这个结论是
完全正确的。做垫石调查的时候，因为之前已经鉴定过一些石器，也有
一些印象，发现有一些石器质地不在这个区之内。所以做石器调查的时
候，野外的地质图的覆盖范围远远大于垫石的 200 多平方千米，大概到
了七八百平方千米，这个研究就是第二步。第三步是玉器，大家都知道
良渚的玉器非常出名，看见玉器总会问玉料是哪来的，这个问题其实到
今天为止都没法回答。之前也有人做过一些研究，有人说会不会是和田
玉，后来江苏溧阳小梅岭发现了玉矿，又觉得会不会是那里来的，反正
说法很多。这个问题为什么很难解决，或者不太有人敢拿一个专门的课
题去做这个研究？是因为在古代社会，一些特殊的资源有可能经过长距
离的运输和交易，这种距离可能远远超出现代人的想象。比如埃及的珠
子可以有几千千米的运输距离，玛雅文化的玉也来自几千千米的范围。
商代的时候，铅、锡这些青铜原材料，可以从湖北、云南等很远的地方
运到中原去，所以如果无法排除良渚的玉料也是长距离运输的可能性，

438

对玉矿的调查半径就要很大。玉矿还有可能是一个小矿脉，如果不具备经济价值，可能都没有标在现成的地质图上。

按照一般的课题项目，很可能到这里就算做完了，发现调查的范围内我们根本没有遵循特定的调查顺序，是出于两个方面的考虑：一是《山海经》里记载说天目山是浮玉之山，也就是浮在太湖边上，多金玉。另外，在做垫石调查的过程中，的确在天目山中发现了玉矿的线索，所以我们把找玉矿放到了第三步，第四步做陶器里的岩相分析、陶器产地等研究。为什么要放在最后？因为垫石、石器和玉器，经古人加工，只是改变了外部形状，内部质地没有改变，完全是一个物理加工过程。但是陶器不一样，它的胎除了基础的陶土以外，还会有意识地加进一些掺和料，然后经过高温烧制。做追踪溯源会特别复杂，所以我们暂时把陶器列到了第四步。有了这个路线以后，我们就能很清楚下一步应该怎么做。

垫石课题结项之后，我们又向文物局"文物保护科技项目"申报了"良渚遗址群石器鉴定与石源研究"的课题。因为这类项目的要求是创新，评审专家认为这个项目的技术路线和垫石课题是一样的，就没有通过。后来文物局金萍处长还专门给我发了一封邮件，说明缘由，并希望我们以后继续参与合作研究。我当然也做了积极表态。其实我认为，真正的文物研究和保护应该从最基础的数据资料的积累开始，所谓的创新不一定仅仅是技术手段的创新，地质与考古深度合作的理念、新资料的获得、通过数据资料分析获得新思想也都是创新。

文物局这边暂时没有了经费，但是该做的工作我们还是继续做，王宁远他们一叫，我们就去。后来这件事情有了转机，良渚博物院出版了我们的垫石报告之后，觉得可以继续合作进行地质考古的研究。2016 年，就由良渚博物院出资，委托浙江省考古研究所和我们开展这个项目。前后两年共有两个地质考古项目。一个是由赵晔领衔、许红根具体负责的良渚古城周边水系复原项目，就是许工垫石课题中对水系初步复原的加强版。课题研究过程中许工突然去世，就耽搁下来了。另一个是我们的石器课题。负责人王宁远，成员有我、考古所范畴、良渚博物院的夏勇和贾昌杰、余杭博物馆胡海兵，还邀请了地质调查研究院罗以达副总工负责野外地质调查。

课题的第一步当然是石器鉴定。良渚石器主要收藏在浙江省考古所、良渚博物院、余杭博物馆三家单位。我们把两家博物馆的良渚石器都找出来鉴定了一遍，在考古所又鉴定了汇观山等的石器，还把之前考古所鉴定过的文家山、卞家山的石器再加梳理，总共鉴定了大概 1900 件。鉴定工作首先从最远的、位于临平的余杭博物馆开始。到博物馆鉴定是有点麻烦的，要等到上班时间库房才能提取出来石器，堆在办公室开始鉴定，周六周日又不上班，所以不能一气呵成，来来回回分了好几次。第一次鉴定完，回单位报销还遇到了麻烦，因为余杭区属于杭州市，杭州市内不可以报销住宿费。但是如果每天来回，自然不合算，费用不说，时间都折腾在路上了。这些事都很费脑筋。

另一个方向是找石源，空间比垫石调查的范围要大。西边和临安交界，北边和德清交界，东边到半山，我们都进行了野外调查，并且有选择性地针对良渚石器中相关的原料类型进行了比较精细的调查和填图。

2016 年下半年，南京大学地质专业的研究生姬翔来了考古所，当然就成了课题的主力之一。我们考虑这个课题可以出两个成果：一个是良渚遗址群石器的图录，将石器和对应的岩石放在一起，作为田野考古人初步比对岩性的手册。石器里面有许多石料岩性类型，为了解读方便，我们增加了岩石的基本知识和对石器分门别类进行统计、归纳、分析这两部分内容。另一个成果是良渚遗址群内石器的石料来源的综合研究报告。以上工作曾向当时的考古研究所所长刘斌同志汇报，他很赞成，并建议对各时代的石器都进行类似的研究。

我和考古所合作这么久，有不少收获，也获得了考古所方面的高度评价。2019 年 7 月，申遗成功之后，王宁远曾发文回顾了我们的合作历程：

浙江大学与我们诸多合作团队中，对良渚考古贡献最大的是地质系董传万教授团队，毫无疑问。

最初，牟永抗先生请董老师与日本学者同时对河姆渡石器进行了背对背的鉴定，赢得考古所高度认可。是继闻广教授之后，考古所合作的最主要的地质学家。当时所谓的合作，基本就是董老师白帮忙而已。后来刘斌所长挖了南河浜遗址，申请了六千块经费，请董老师帮忙做玉器鉴定，据说只够当时浙大的 0.1 个工分。在浙江考古最窘迫的时候，他就是我们坚定的合作者，承担了我们几乎所有考古项目的石器、玉器鉴定。

良渚古城发现后，我申请了省文物局城墙垫石鉴定和石源的课题，董老师和许红根工程师成为合作方。课题经费 53 万，最终付给浙江大学 14 万，许工 8 万，南京大学 3 万，以便符合支付合作经费不得超出总额百分之五十的规定。他们分别做了啥？董老师带着吕青、马晓雄、顾红艳等研究生，鉴定了四面城墙探沟所有暴露出来的石头，一共10526 块，一块不落。鉴定内容包括质地、磨圆度、块度，全部编号做成数据库。许红根工程师将周边 220 平方千米范围内的山系重新调查，填好高精度岩石分布图。之后进行岩性比对，确定石源区域。有一次董老师说，别的来源都有线索，还有一种要继续探索。我仔细问了下，原来是萤石，总数是三块。在一万多块中的三块啊，其认真程度可见一斑。

本来如果有文字，只需"北山采石，船载以入"八个字就能说清楚的事，我们做了四年。

这是我所地质考古从简单的岩性鉴定转向全面系统的资源研究的开端，是考古学与地质学结合最成功的案例之一。这是我们目前讲得最好、逻辑推理最生动的良渚故事。听了这个像破案一样的研究，很多人彻底改变了对考古学的认知，赢得了他们对考古学科的尊重。

前几年，许红根工程师因病英年早逝，令人万分痛心。我们常常想起他，今年去嘉兴看望了他的家人，感谢他对良渚考古的贡献。

现在，董老师请许工的师父罗以达副总工出马，和我所以及良渚博物院开始了遗址群石器与石源鉴定的研究，将调查范围拓展到 1000 平方千米的 C 形盆地，重新鉴定区域内的全部石器，采集岩石标本，在中联实验室建立区域岩石标本库，取得了很多极有价值的线索。在这一课题完成之后，我们就会开展天目山系的良渚玉器来源的研究，范围涉及苏、浙、皖三省。（图 4-36）

董老师和罗工退休了，正带着我们的年轻人跋山涉水。他们说，要利用专业知识，给浙江考古留下一点东西。

前两年考古中心一下进来了七八个小姑娘，宋姝、武欣、朱叶菲、

图 4-36　石器鉴定（左为董传万，右为罗以达）

朱雪菲、廖文艳，还有很多实习生，名字像，样子也像。刚开始每次董老师来，小朋友见面一定笑问："董老师，我是谁？"还故意张冠李戴。之前董老师经常认错，现在清清楚楚，这游戏快玩不下去了。老老小小就像一家人。

姬翔：浙江省文物考古研究所　地质考古人员

我本科就读于中国地质大学（武汉）数学与物理学院的信息与计算科学专业，毕业后，除了少数几个保研的同学外，其他同学不管考研还是工作，基本都转行了，有的当了"码农"，有的学了金融，有的考上了公务员。而我，则是跨专业考研到了南京大学地球科学与工程学院的地球探测与信息技术专业。当时想法也比较简单，一方面，南京大学是我中学时代十分向往的学府，距离我的家乡滁州也比较近；另一方面，受到本科学校的影响，希望以后能从事地质相关的工作。考研报名时，看到南京大学的地球探测专业有"数学地质"的方向，想着能跟本科专业有所结合，就这么做了决定。

研究生面试时，主持面试工作的老师问我想选择什么方向，我说"数学地质"，他听了微微一笑，说这个方向现在没有了。面试结束后，我想这个研究生估计是念不上了，但最后还是被录取了。

2013 年 9 月入学后，我被分到了徐士进教授名下，由吴卫华副教授实际指导学习工作。入学没多久，我被叫到了鼓楼校区跟徐士进老师、吴卫华老师见面。去之前听本专业的几个师兄说起过徐老师的一些"事迹"，据说对学生特别严厉，所以见面时，我多少有些惴惴不安。徐老师先是让我简单介绍了下自己，然后第一个问题就把我问得愣住了——"你知道'梁祖'（音）吗？"我表示从没听过。他说："你们历史书上应该有的。"便给我介绍起来，"是新石器晚期长江下游地区的一个非常发达的文化，以精美的玉器闻名于世"。晚上回去后，我打开电脑，搜索"梁祖文化"，结果什么也没有找到，正纳闷时，看到搜索框下面有一行小字，"您要找的是不是：良渚文化"。点开后，发现与徐老师说的刚好对得上，这才反应过来。当时，良渚文化还没有被纳入历史教科书中，所以"良渚文化"对我来说，完全是一个新词。

见完了徐老师，我的硕士论文被定为做良渚遗址黄粉土的物质来源分析。吴老师那天也在，晚上他发给我几篇关于良渚的论文以及之前的采样记录。研读后，算是对良渚和黄粉土有了一个初步的了解。黄粉土广泛分布于良渚遗址的文化层之上，是一种黄褐色粉砂土，土质纯净，包含物较少，该地层一般被考古发掘人员称为"洪水层"。该课题的研究与解释良渚文化为何消亡这个重大问题密切关联。

研究的思路如下：采集良渚文化层、洪水层（黄粉土）的沉积物样品，利用地球化学的方法，与周边可能的来源地的沉积物进行对比，从而确定其可能的来源。作为对比的指标主要有常量元素、微量元素、同位素（锶 Sr、钕 Nd）、矿物学分析等。一开始认为，洪水层中的黄粉土来自良渚古城北侧的大遮山或者东苕溪流域，可能是山洪的产物。所以，2014 年初第一次到良渚古城遗址采集样品时，先是采集了大遮山上几条小河以及北苕溪、中苕溪、南苕溪上游几条河流的沉积物样品。第一次采样是跟着徐老师、吴老师一起过来的，采完古城周边的样品后，他们先回了学校，把我留在了良渚工作站，让我去钱塘江下游继续采样。后来先是跟着陈明辉、范畴等一起，坐陈骏的车去海盐采集了一些钱塘江的沉积物；然后我又自己前往慈溪、嘉兴等地补充了样品。回学校后，对样品进行了检测分析，发现黄粉土和大遮山以及北苕溪、中苕溪、南苕溪的样品存在较大差别，初步认为黄粉土并非来自这些地方。而位于钱塘江下游杭州湾地区的沉积物样品中，除了一个样品以外，其他的都与黄粉土十分接近。所以，初步判定黄粉土可能来自杭州湾地区。之后与吴卫华老师和杨杰东老师对此进行了讨论，杨老师提出，这个结果虽然说明了黄粉土与钱塘江有关，但是还需要对钱塘江中上游进一步采样，完善证据。

　　2015 年下半年，我们又先后两次来到杭州补充了玉架山、钟家港的样品，并针对钱塘江的中上游系统地采集了河流沉积物。2016 年初完成了新采集的样品的检测分析，新的数据表明，钱塘江上游和下游沉积物之间存在明显差异，反映了其沉积物具有不同的物质来源。后来，为了扩充对比数据，又搜集了长江、东海的沉积物相关数据。综合这些数据，发现黄粉土的数据介于东海和钱塘江上游之间，与现在杭州湾地区较为接近。而东海的数据则与长江中下游比较接近，这也比较好理解，毕竟长江为东海沉积物贡献了很大一部分。

依靠这些数据，我们认为存在两种可能：一是黄粉土可能是钱塘江潮水涌入后带来的泥沙（微量元素表明，黄粉土是陆相沉积物，排除东海海侵的可能性）；二是黄粉土源自钱塘江下游大范围的洪水灾害。我们倾向于第一种可能性，但要确定是何种原因，需要解决以下几个问题：一是黄粉土的分布范围问题；二是能反映沉积环境的生物证据（有孔虫、硅藻等）；三是黄粉土的自然搬运路线。后来与郑云飞老师交流过，黄粉土由于长期处于较为干燥的环境，有孔虫、硅藻等基本已经破碎殆尽，提取不出来了。2019年夏天又去过一次临平玉架山遗址，在附近的一条解剖沟内，看到了成层性非常好的黄粉土。从沉积学的角度来说，那里应该属于类似于湖边或者河边的一种沉积环境，水流快速涌入，带来了颗粒相对较粗的物质并在此沉积下来。水体相对稳定后，水动力减弱，细粒物质得以沉积。如此反复，便形成了这样的层理（沉积物以层状形式堆叠）。所以说，那个点很有可能是黄粉土在这个区域的一个边界。

科学没有止境，需要完善的工作还有很多。

良渚遗址群石器岩性鉴定和石料来源研究课题

2019 年 6 月底硕士毕业后，我来到浙江省文物考古研究所工作，先到了八角亭，后来去所里办了入职手续。工作后，我被告知近几年要做两个课题：一个是良渚古城周边的古环境复原研究（简称古环境课题）；另一个是良渚遗址群石器岩性鉴定和石料来源研究（简称石器课题）。第一个课题由赵晔老师作为项目负责人，许红根老师负责具体实施；第二个课题由王宁远老师作为项目负责人，浙江大学地球科学学院的董传万老师和浙江省地质调查研究院的罗以达老师负责具体实施。

2016 年 9 月 24 日—10 月 16 日，古环境课题的课题组在良渚古城外围开展了钻探工作。先是用机钻，但发现机钻的钻机挪动起来比较麻烦，费用也较高，就决定采用考古勘探的办法，主要利用洛阳铲进行钻探，每个点取两个钻芯，一个留作观察，另一个留作取样。那天机钻样品取出后，许红根老师端起泥芯，现场教我认地层，告诉我什么是湖相的、什么是河流相的。后来，由我带着技工、探工在古城北侧进行钻探取样，良渚博物院的周苏、贾燕等也会时不时地过来帮忙。第一批钻孔取完后，许红根老师来到八角亭，交流后发现我对课题的理解还不够，就拿起来一块白板，在院子里现场给我和工作站的其他同事上起了课。那块图文并茂的白板，现在保存在良渚遗址考古与保护中心的档案室中。（图 4-37）

图 4-37　许红根（中）在指导土质判定，右立者为姬翔

　　不幸的是，2016 年底，许红根老师在北京开会时因病去世。第二年，也尝试过继续推进这个项目，但最后还是因为势单力薄、精力有限，只能暂时搁置。

　　相对来说，石器课题的推进则要顺利很多。

　　大致是 2016 年 10 月，石器课题组在八角亭开碰头会，那是我第一次参加课题组会，也是第一次见到董传万老师和罗以达老师。刚见面，董老师就满脸笑容、十分热情地同我握手。会上，董老师、王老师等介绍了项目缘起和今后的分工情况。石器课题是在良渚古城城墙铺垫石来源研究课题（简称城墙课题）的基础上衍生而来的，其研究方法与城墙课题相似，主要还是依托岩石学的方法，具体思路是这样的：一方面，对良渚遗址群内的良渚文化石器进行全面岩性鉴定，分析其岩性组成情况以及不同石器选材上的差别；另一方面，在良渚遗址群所在的 C 形区开展野外地质调查，厘清该区域岩石资源情况，探究石器所用石料的来源；最后，与考古资料相结合，探讨良渚先民的运输路线。

　　根据课题的工作路线和方法，石器课题的主要工作内容后来被划分为室内和野外两个部分：室内主要是我配合董传万老师去良渚博物院、余杭博物馆对馆藏良渚文化石器进行鉴定整理；野外则是地质调查工作，主要是我配合罗以达老师进行，范畴、夏勇、贾昌杰等也会抽空参加。会后，罗老师给我发了一份《浙江省岩石地层》的文档，说是老俞工写的，老俞工基础非常扎实，做了很多工作，系统梳理了浙江地区的地质情况，让我有时间看看。后来，我也在网上找到并购买了正式出版的《浙江省岩石地层》，主编是浙江省地质调查研究院的俞国华老先生，也就是罗老师提到的"老俞工"，名字听起来有点像"老愚公"，没有"愚公移山"这样坚持不懈的精神，这本书也是难以完成的。打开文档后，首先搜索"休宁组"，这个词是开会的时候罗老师强调了很多次的。罗老师查阅了地质资料，也问了老俞工，石器中出现较多的、具有纹层的硅质岩，在 C 形区中只有休宁组的岩石地层中才会出现，此类石料很可能就是取自这个层位。2016 年底，我先跟罗老师跑了一段时间野外调查。2017 年 3 月，跟着董老师先后去了余杭博物馆、良渚博物院，把馆藏的一千多件良渚石器全部鉴定了一遍。

2016 年 11 月 5 日，我第一次跟罗老师出野外，第一个调查点是临安冯家庙纸造里 5 号，那里有罗老师经常提起的休宁组的基岩出露。当时在一个民房边找到了基岩露头，用地质锤敲了几块标本下来，通过观察新鲜面的岩相学特征，罗老师将其定名为"浅灰色条纹状凝灰质粉砂岩"，虽然具有条纹，但并不是我们要找的硅质岩。后来，又在附近一个叫"夹沙坞"的小水库边采集到了角岩化粉砂质泥岩的标本。这个地点比较有意思，第一次的记录是"夹沙坞"，后来为了寻找休宁组的硅质岩，又去过好几次，看了地图发现又改称过"牛棚坞""牛栏坞"。关于小地名的问题，罗老师后来也跟我讨论过好多次，最后大家统一称之为"牛栏坞"。

2016 年 11 月 30 日，我和夏勇、罗老师沿着牛栏坞上游的溪沟一路向上追索，为了找到一个层位的基岩，罗老师决定爬到山顶看看。上山的路走着走着就没了，我们就抓着竹子往山顶爬，山不高，爬到山顶并没有花费很长时间。山顶有一条相对平整的脊线，我们沿着脊线一直走，但没有看到很好的基岩。将近下午四点时，我们决定下山，原路返回的路途有点长了，就准备找条新路，直接从山的另一侧下去。手机信号不是很强，但是提前在 Oruxmaps 软件下载好了离线地图，所以大致能确定位置。我看到卫星地图上显示不远处有一条像是路的线，于是自告奋勇打头阵探路。山上树木非常茂盛，没走多久，我和罗老师、夏勇就互相看不见了，只能时不时地喊两声确定彼此的大致位置，保证没有走散。走着走着，发现坡度越来越陡，一开始还能靠抓着较粗的树枝、竹子等往山下行进，后来碰到一处的树木间距有点大，手够不着。我也是缺乏经验，初生牛犊不怕虎，直接两手放开，准备靠近一个树干时，再伺机抓住。结果，一下子抓了个空，人差点翻下去，随身的一个包顺势掉落，沿着山坡滚动了好几米，碰到一处小断坎，直接摔落下去。我还算反应比较快，身体立刻往后仰，一屁股坐下滑行了两三米，抓住了身旁的树枝才停下。罗老师当时离我不是很远，听到了我的背包摔落的声音，连忙呼喊我，怕我摔下山去。听到我回应后，他也松了口气。最后我们总算安全顺利地下了山。到了山下，我再回过头看时才发现，我以为的"路"哪里是路，分明是一条干涸的溪流，而且正是这座小山最陡峭的地方。罗老师这次也被我吓到了，担心我缺乏经验容易出事，在后续的野外调查中也尽量避免像这次一样强行翻山了。

　　2017 年 9 月 11 日，我跟董老师、罗老师、贾昌杰等又来到了牛栏坞，不知道是因为枯水期还是水被抽走了，这个小水库基本见底了，水库边，我们找到了休宁组的"纹层状硅质岩"。不过经过仔细观察对比，发现与石器中出现的纹层状硅质岩不是太像，一是颜色有些差距；二是纹层不够平直，属于平行层理，与石器中出现的水平层理有些区别（水平层理和平行层理野外识别看岩层沉积扬粒径大小。水平层理主要产于泥质岩、粉砂岩以及泥晶灰岩中，粒质细碎；平行层理主要产于砂岩中，粒质粗，沿层理面易剥开。在剥开面上可见到剥离线理构造）。那天，我们沿着水库边的山坡坡脚行进时，董老师不小心踩到了一个捕兽夹，把我们吓了一跳。幸运的是，这个捕兽夹比较小，而且锈迹斑斑，董老师幸亏穿的是一双户外登山鞋，所以没有受伤，算是虚惊一场。

罗老师是老地质学家了，虽然已经退休，但腿脚比我灵便得多，野外调查时，经常走着走着就走到我前面去了。还有一次，可能是 2017 年，我跟罗老师两人又一次来到牛栏坞，准备测剖面。中途，罗老师慢慢地又走到了我前面，穿过小溪时，突然脚下一滑，摔了一跤，把我吓得够呛。所幸罗老师身子骨比较硬朗，人没什么事。2021 年 5 月，跟董老师去建德跑野外时，听他和罗老师的一个朋友说起，罗老师早年工作时出了意外，一只耳朵几乎失聪，导致平衡感受挫，所以他过河、过桥时一定要特别小心。罗老师从未跟我们提起过这件事，这也让我想起来，当年罗老师摔的那一跤可能跟这个有关，如果我早些知道，或许就可以避免了。

2017 年底，我们对石器鉴定结果进行了梳理，石器中比较常见的是泥岩、粉砂岩、硅质岩等，一些石器则出现了明显的选料特征。如石刀、石镰等用得比较多的是角岩，石锛用得比较多的是硅质岩，而石钺中则出现了很多其他石器里不太能见得到的凝灰岩。这种凝灰岩的石钺，一般出现在反山、瑶山这样等级较高的墓葬中，被统称为"花石钺"。当时，初步的野外调查工作基本结束了，让我们困惑不已的是，在以良渚古城为中心约 1000 多平方千米的范围内，除了少部分泥岩、粉砂岩外，基本没有找到与良渚石器材质较为相像的岩石，这完全超出了我们的预料。而石器中出现的泥岩、粉砂岩等，仅仅依赖肉眼和显微镜观察，还无法将其与在野外见到的不同地质时期的诸多泥岩、砂岩进行一一对应，不过借助地球化学的方法，或许可以帮助解决部分问题。基本可以明确的是，石锛中出现较多的纹层状硅质岩，肯定不是来自调查区内的。而关于"花石钺"的凝灰岩，罗老师查找了地质资料，又问了一些同行后，向我们提供了线索，良渚古城附近 10 千米处有个仇山，那里可能会有这种石料。仇山是一个非常小的山体，地质图上也不是很明显，图上把它统一划归了黄尖组的火山岩。

2018 年 11 月 23 日，我们前往仇山进行地质调查。仇山东侧原先是个开采膨润土矿的小矿场，后来伴随着浙江大范围关闭采矿场而被关闭了。我们进入后，沿途看到了很多大大小小的石块，都是从基岩上开采下来的，主要是凝灰岩。半路上，我看到地上有一个大的石块，经历了风吹雨打，表面已经发生了一定程度的风化，基底是紫红色，另外还有几条黄色蚯蚓状条带，一眼望去，与反山的一种"花石钺"十分相像。我连忙喊罗老师过来看，他也觉得有点像。随后，我们又去边上观察基岩，看有没有比较相像的。可能是没怎么经过风化的缘故，与"花石钺"还是存在一些差别。后来，我们又和董老师一起到过仇山，还找人搬了几件大块标本，也复制了几件石钺。最后在整理标本时，我们把 C 形区内所有的火山岩全部比对了一遍，除了仇山这几块标本有点像之外，其他的都相差很远。因此，"花石钺"的石料来源问题，至今仍然没有解决。

2018 年 11 月 25—26 日，为了寻找硅质岩，我跟随王宁远老师、董传万老师、罗以达老师等先后去了临安石长城、临安河桥镇等地进行野外调查。第一天去了石长城，见到了一些灰黑色纹层状硅质岩、泥质硅质岩等，地层大致属于皮园村组，也见到了少量的蓝田组、陡山沱组的基岩。此处的硅质岩体量相对较小，且脆性较大，部分硅质岩中含碳量也比较高，与石器中出现的不大一致。所以当天傍晚，我们打算前往河桥镇，先住下，第二天去石室寺调查。晚上大概七点多的样子，天已经黑了，跟着导航，我们几个到了目的地。比较奇怪的是，这个小镇显得有些空旷，一条宽敞笔直的马路贯穿了小镇，可能就是这个镇的主干道了。路两边是新修的仿古建筑，有小饭店和小旅馆，冷冷清清。我们乘坐汽车沿着这条主干道缓慢前行，想找一家小饭馆吃晚饭，路边的小店每家似乎只有三两个人，见我们路过，都一言不发地看着我们。王老师半开玩笑地问我："你是不是导航导错了，这里看着也不像啊，这两边的店怎么一个个看着跟'黑店'似的。"于是我们决定先行离开，继续寻找河桥镇。开出去没几分钟，只觉得越开越偏僻。于是王老师又打开了导航，寻找河桥古镇。跟着导航，我们一路往回走，又回到了原来的地方，看来就是这里了。无奈之下，只能找了一家"黑店"先吃饭。吃饭的时候，我们就打听，怎么路边一辆车也没见到。老板说这里路边不能停车，边上有一个专门的停车场。又问他怎么这里人这么少，他说这里是新修的，有的店还没弄好，本来也就是每年有几个活动的时候人才会多一点。老板的话解开了我们心中的疑惑。

　　吃完饭，我们找了家旅店先安顿好，看时间还早，正好导航软件显示附近有一条老街，便决定去逛一逛。街上路灯很亮，但几乎空无一人，颇有点电影中末日的景象。老街的入口对着昌化溪，溪边有几户人家，房屋也都比较有年代感。拐进溪边小路，走着走着，看到一个老房子，夯土墙上夹杂有很多鹅卵石，我们觉得这些石块可能就是边上昌化溪里的，多少会反映上游山体基岩的情况，便打开手机的手电筒，站在墙边一边观察一边讨论。突然，听见一个女人的声音，"你们是外地过来旅游的啊？"回头看，边上院子里站着一个大概五十多岁的阿姨，我们随口回应，"嗯嗯，是的"。然后又专注地看墙上的石头。忽然听见她悠悠地飘来一句，"你们把我忘记啦？"这一问，我顿觉后背发凉，吓得够呛，难道撞鬼啦？！还是罗老师先反应过来，笑着跟她聊起来了。

我还一头雾水，难道是罗老师以前在这边出野外的时候认识的？不过很快，我们搞清楚了，这个阿姨是刚刚那个饭馆里的服务员，给我们上过菜。只是当时我们都在聊天，没怎么留意她，只有罗老师记住了。这个野外的小插曲让我们自嘲了很久。

第二天早上，我们乘车上山，前往石室寺。山的海拔可能也就几百米，因为早上温度低，加之山里湿气大，八点多的时候在山上看到了类似于黄山云海的景象。车子开到了没有路的地方停下，便是石室寺村。只零星住着几户人家，老乡说政府出资在山下建好了安置房，大多数人都搬下山了。还记得那里有一处大瓦房，石头砌的墙，方位大概是坐西朝东，正好避开大山的遮挡，早上的阳光洒满院子，坐在院子里晒太阳应该会十分惬意。

我们沿着小路继续往山里走，走了一段路，看到了一些基岩露头，但都不太理想，要么已经风化，要么太小，只露了一点点。走着走着，拐过一个大弯后，立刻就看到了一大片基岩横亘在我们前方不远处，层理很清楚，与地面大致呈 30 度角。我们立刻加快脚步赶过去，部分风化的表面可以看到十分明显的水平层理，与石器中出现的极为相似。这一发现，振奋人心，我们立刻开始进行野外记录，并采集基岩样品。我们将采集的标本先留在原地，继续前进，准备回来的时候再把样品顺便带走。最后，我们敲了好几块大标本，也采集了一些小标本，董老师、王老师、罗老师还有我，每个人都背了很多。小块的样品被我塞到了包里，大的则抱在怀中。罗老师经验比较丰富，见到我搬一块大的标本时有些费劲，说我搬的方式不太对，然后直接夺过去放到了自己的肩膀上，快步离开。这样我们基本确定了基岩的位置。下山后，我们再度回到河桥镇，在昌化溪的河漫滩中继续寻宝。河漫滩中有很多磨圆度尚可的流石，不乏带有纹层的硅质岩、粉砂岩等，甚至有一些形状很好，稍作加工便可制成石锛、石镞等。我们又采集了很多样本，并用这里采集的基岩做成石锛复制品，与出土的石器十分相像。

午饭时，我们又看了一下地图，发现昌化溪位于分水江的上游，而分水江则是钱塘江上游的一个支流。方向明老师曾在桐庐县内的分水江边，发掘过一个主要从事石器加工的方家洲遗址，这样就串起来了。我们现在一般认为，良渚先民不太会直接从基岩上开采石料，主要是通过采集流石获取石料。他们很可能在河桥这里采集完石料后，运用水路运输，通过昌化溪进入分水江，再沿着分水江进入钱塘江，之后借助钱塘江到达杭州，最后再利用杭州的一些古河道到达现在良渚遗址群的位置。当然，中间可能会有一两个中转站，进行石器的粗加工。这条路线其实也有迹可循。明清时期，河桥古镇就是徽商的一个重要的贸易港口，可见其水路交通十分发达。20 世纪五六十年代，当地人也曾利用这条水路，将山上砍下的树木扎成筏，一路航行到杭州，再解开木筏，卖掉木材，由陆路返回，来回大概两三天。

河桥之行，基本帮我们解决了硅质岩的部分来源问题。这个地点，后面还要去做很多工作。

2019 年 11 月 4 日，我跟罗工、张依欣等前往百丈镇仙岩村附近的胡家埭进行补充调查，此行主要是为了采集印渚埠组的泥岩标本。沿途，我们采集到了钙质泥岩、角岩化泥岩等标本，基本完成了此行的任务。准备回去时，由于车还没来，我们就去路边的溪沟里转转，看有没有新东西。溪沟里看到的主要也都是些泥岩、花岗岩的鹅卵石。正翻弄着溪滩里的石块时，一个大拇指大小的鹅卵石吸引了我的注意。这件标本黄底黑点，黑点呈芝麻粒状，正是我们在石器中见到过的斑点角岩。发现后，我又跟罗老师、张依欣在溪滩里翻找了好一会儿，发现了很多小块的、磨圆度较高的斑点角岩卵石。虽然溪沟两边被修整过，但堆砌的石块与这种角岩明显不一致；而且磨圆度这么好，块度又这么小，肯定经历了长距离的自然搬运。所以，在这条溪沟的上游一定有斑点角岩的基岩出露。2019 年 12 月 4 日，我们再度来到仙岩村，沿着这条溪沟往上游追溯基岩。途中，也在溪沟里捡到过一些斑点角岩的卵石，只是一直也没有找到基岩。回去后，罗老师又查阅了资料，推测我们可能走错了方向，要往另外一条岔路上走，而且角岩的主要分布区域可能在山的另一边。但是不管怎么说，算是知道了角岩的大致分布区域。（图 4-38）

石器课题是关于良渚遗址群的地质考古工作的第二步，第一步是关

图 4-38 石器课题团队在河桥镇调查（左起：罗以达、董传万、姬翔）

于良渚古城城墙铺垫石来源的研究，已经比较好地完成了。石器作为第二步，虽然没能像城墙课题那样完满，但大体也算解决了一些问题——至少颠覆了我们原来的认知，对"就近取材"的"近"有了更深刻的认识。第三步是关于良渚玉器玉料来源的研究，目前还没有开展，但是在做石器课题时，已经顺便做了一点工作。

2019 年 11 月 1 日，我跟罗老师、夏勇和陈明辉一起去余杭区中泰街道附近开展地质调查，此行目的主要是采集板桥山组的白云岩标本。我们一行驾车到了铜山村附近停下，地质图显示附近有板桥山组的基岩出露。去之前，罗老师还开玩笑说："运气好的话，我们没准可以在这发现玉料呢。"下车后，我们沿着山路前行，路边基岩露头情况不太理想，风化严重，看着有点像花岗岩。半山腰上，看到了一堆大石块，走近观察，发现主要是深灰色的砂质白云岩和碳质泥质白云岩。大的石块直径有两三米，看着不像从外面运过来的，毕竟，从外面运这么大的石块上山做什么呢？所以，我们觉得可能就是山上的基岩开采下来的。于是，先对这堆石块进行了观察取样。突然，陈明辉拿了一块绿色的石头走到我跟前，问我："你看这个像不像玉啊？"我看着比较像，但觉得也有可能是蚀变的白云岩，于是又请教罗老师。罗老师看后，觉得可以算是玉化标本，可能是蛇纹石化的白云岩或大理岩。听到这个，我们也非常激动，立刻加快脚步，继续往山上走。没走多远，就看到一处白花花的、挖机开采过的基岩露头，应该是要开劈一条道路。走近观察，看到上面有一些绿色的脉，宽度大概三五厘米，应该就是发生蛇纹石化的大理岩或者白云岩。我们在那采集了很多标本，回去做了分析检测，确定了里面就有蛇纹石矿物。虽然不算真正的玉，但至少发生了玉化，说明这里有可能存在蛇纹石玉。蛇纹石玉虽然在良渚玉中属于较差的那一类，但在良渚晚期被大量使用，也非常重要。这也算为后面的玉矿调查打了一点基础。

2019 年 12 月 4 日，受到中泰这个调查点的鼓舞，我们来到安吉县上墅乡，继续寻找玉矿。这个点是王老师根据回忆和以前的卫星定位截图确定的，他说之前和许工、董老师跑角岩调查时，许工提醒说这里可能有玉矿，专门和范畴一起来过。许工还说边上河道里应该是一个人工坝，因为挡在河道中间，样子很古怪。当时去了河滩找卵石，还在公路边看到过一块大的石头好像有点花头，但是觉得太重没有搬回去。董老师回去切片鉴定过是透闪石。所以，王老师一直心心念念要再来找找。如果找到玉矿，边上还有个匹配的良渚大坝用于蓄水运输，那就太完美了！

这次查了地图，显示附近还有一条路，叫"罗董线"——不正是董老师和罗老师的组合嘛！好兆头啊。我们来到王老师当年定位的位置后，简单看了一下路边基岩，感觉并不像玉。路的另一边是一个大坡，坡下有一条大河，河中间有一段大坝，高度三四米的样子。王老师翻阅了卫片，发现五六十年代就有了，他觉得可能是个古水坝。然后，我们分成了两组，王老师带着钻探工人去疑似水坝上钻探，我和董老师、罗老师、夏勇等则在河滩里调查，看看卵石中有哪些种类的岩石。我们发现岩性组成比较单一，主要是一些花岗岩、南沱组的砾岩、黄尖组的球泡流纹岩和荷塘组的碳质硅质岩，在良渚石器中都没有出现过。翻了二十多分钟，并没有新的发现，我们就准备回去了。王老师的钻探发现这个"水坝"至少是人工堆起来的，就是年代不确定。时间接近中午，便准备去吃午饭。王老师向董老师请教怎么辨别透闪石，董老师说透闪石有一种纤维柱状交织结构。听我们说这次没找到，公路边的大石块也不见了，王老师有点失望，想会不会被人翻到下边了，又跑到公路下边去找。一边叨叨着上次的确是有的，一边把石头翻过来翻过去地观察。突然他十分激动，"董老师，这个是不是就是你说的那个什么交织结构？"董老师接过去，拿起放大镜看了看，微微一笑，说："诶，真的是诶！"我们听到后，立刻围上去，确实在放大镜下见到了放射状的晶体集合。我们又跑到路边仔细观察基岩。最后找到了一块十分突兀的大理岩，它的岩性与两边的并不一样，像是嵌进去的。我们敲了几块样本，有一块上看到一条绿色细脉，宽度只有两毫米左右。回去后，我们送出去制样，磨制成薄片在显微镜下观察，确定了那条绿色细脉主要是透闪石。虽然只是一条窄窄的、不起眼的细脉，但至少说明了在这里有透闪石的成矿条件，说不准以后就会发现玉石。带上标本，我们开开心心地在回去的路上找了家餐馆吃午饭。王老师向老板打听起那条坝，老板真还知道，说是"大跃进"时期县委书记修的，名字叫"争气坝"，修了一半书记调走了，就扔那了。虽然不是"古水坝"，让人略微有点失望，但总算知道了它的修筑年代。

石器课题算是告一段落了，基于石器课题研究成果编写的良渚石器图录也在出版中。我们还将接着完善石器课题的研究报告，并在此基础上不断补充材料，继续推进良渚地质考古工作。

许红根、我与良渚地质考古

罗以达（浙江地质调查研究院教授级高工　退休）

我加入到考古的队伍中，回想起来是比较偶然的，当然可能也是必然。我原先在浙江地质调查研究院工作，2015 年退休。2016 年，浙江省考古所和良渚博物院启动了一个良渚石器的石料资源调查的项目，在良渚周边进行。我接受了董老师的邀请，当然也得到了王老师的信任和认可，加入了这个项目。对我来讲，能在退休以后发挥余热，再做一点与本行相关的工作，是一个难得的机会。

我从地质调查研究院退休之前，主要的工作内容是全省的区域地质调查。主要是对浙江省的地层，包括岩石类型特征、空间分布等情况进行调查，也就是什么样的岩性，什么样的地层，分布在哪个地方。所以我具备进行石源调查的基础条件。

我与许工的关系不一般，有人认为是师徒，也有人认为是师生，许工总称呼我为"老罗"，所以我们更像是同事关系。在 20 世纪末（1996—1999 年），我们二人结下了不解之缘。当时我们共同参加横跨浙西大部分、三大岩类兼具的梅城测区地质调查。四年中，许工从见习组长干起，成长为优秀的填图组长，这与他的地质天赋和自身的努力，以及严格规范的传帮带密切相关。他完整地掌握了地区调查的基本方法，擅长沉积岩石学、沉积学的研究，同时兼顾其他岩类，灵活、科学地拓展了地质文化的创新与实践。根据多年来我对他的了解，我觉得许工确实是地质、文化研究方面的人才。

20 世纪 90 年代，他进入中国地质大学的地质学专业学习。在校期间成绩优异，打下了非常扎实的地质理论基础。1992 年毕业就去了浙江省地质调查研究院工作。地质调查研究院需要进行最基础的地层剖面研究和地质填图，相当于考古工作中的田野考古。他的地质填图基本功相当扎实，所以很快就掌握了一些野外的基本工作方法。后来开始承担多个地质调查和一些专项研究项目。做项目的过程中，他往往能在完成基本任务的基础上再提升一步，最后做出来的成果里都体现了拓展创新的理念。

传统的区调工作，说透了就是三分三，管牢自己的这一块，要求我们做哪里，把它调查清楚，界线画好，就完事了。他做的工作不是这样，他更多地考虑地质体，调查地质体是怎么形成的，以及它们相互之间有什么关系。他在调查过程中带着一种研究的思路，单位里的区调项目中真正出成果的就是许工带队完成的几个项目，比如说常山 1 ∶ 50000 这个区调测区，除了圆满完成区调任务外，其主要成果是黄泥塘金钉子剖面研究，后续凭此建立了常山国家地质公园和常山国家地质博物馆。前期工作主要是他和老俞工，还有一位老先生一起做的，这个项目的意义非常重大。它运用的是一套全球的地层剖面的标准，而且经过普遍的详细研究，提升了业内专家的认可度。常山国家地质公园，分为达瑞威尔界金钉子界线层型剖面区和浙江晚奥陶世藻礁灰岩组成的三衢石林，这个层位是长坞组泥岩的指叉状相变。变形构造，分变形带、滑塌构造（古地震）等现象很有典型性，在国内很少见。

梅城项目，也非常有创新性。他对标了这个地区的一大套沉积岩，不仅仅是单纯地研究沉积岩的空间分布，对沉积环境、沉积相都进行了系统的总结研究。他后来自己出来开山水地文公司，短短几年里，承担了很多项目，比如说浙江温岭长屿硐天的一套火山岩。公司为旅游局服务，讲述地质背景山水形成与采石故事。该硐天相当于龙游石窟千古之谜，许工根据存留的采石痕迹恢复了当年先民的采石过程，实际上也是一个地质考古项目。还有江郎山，最后成功申请成为世界文化遗产，跟他也有非常大的关系，因为前期的科学考察工作都是他做的。

他做了一系列的项目以后，得到了有关部门，特别是像建设部（现在叫住房和城乡建设部）的认可，成为特聘专家。主要监管全国的一些地质公园、地质遗迹的保护开发，每年他都要去巡视。这样一来呢，他在全国的名气还是比较大的。

他不仅仅是地文公司的老板，实际上也是公司的业务骨干，最关键的开创性的、创造性的、前瞻性的成果，都是他自己一手完成的。这些项目还有一个最大的特色，就是都讲了一个地质故事，而且是以实地调查的形式来讲，他不同意以书本上的理论为基础展开，教条式地讲故事。他能出成果最大的因素就是他的理论和实践创新。2011 年，黑龙江省的五大连池想申请世界地质公园，申请之前要进行科学考察和成果汇报，可能跟考古的一些申请流程有些相似。在全国招投标的过程中，有很多比较优秀的团队都参加了竞标。结果这些团队没能中标，最后是许工的地文公司中标。甲方单位看了他以往的一些项目的研究成果，认可他的工作思路、工作方法，所以毫不犹豫地定下来，一定要叫他来做。原来黑龙江区调队做的五大连池总共有 12 个火山构造，他们当时认为是 1200 万年以来形成的。许工经过系统详细地填图以后，层层剥离，把它分为了七个期次，通过测定年龄，确定了火山什么时候、从哪里开始喷发，到什么时候，又转移到了哪里。最后一次喷发，大家可能都知道，是在康熙年间。有了这个成果以后，各个景点的说明，也是他一手完成的。东北地质系统的一些专家说，以前只是把一些特征笼统地摞在一起，而许工通过观察火山岩的这些基本特征，把一个一个期次分离出来。地质学里的大多数岩类，他的工作基本上都涉及了，沉积岩类、火山岩类、岩浆岩类，除了变质岩类，其他都做过。

许工在良渚这个项目里的工作主要有两项内容：一项是有关地形地貌的古地理、古环境的分析，对沉积、钻孔资料的分析；还有一项就是后来找到的垫石的来源。他也通过一些细节分辨出来，原岩的来源是从山坡上滚下来的。另外，他还能够把这块火山岩区的图系统地填出来，他总共分了九个填图单元，我觉得他总结归纳的这九个填图单元是比较好的。在野外，从露头、标本上能比较直观地看出来是什么岩性，一个是成分的变化。而粗细的相差通常是一两个毫米，也就是大小基本上都差不多。① 一个岩性跟另外一个岩性有什么差异。比如说凝灰岩里面，经常看到一种晶屑（晶体碎屑），他注重的是一两个最重要的宏观标准，一个是含量的多少。许工在对周边这 200 多平方千米的区域进行填图的过程中，下了很大的功夫。

所以我想，良渚的发现和地质考古，不能没有施昕更，但也需要八十年后的许红根。"江山代有才人出，各领风骚数百年"，未来就要寄托于年轻一代的身上了。

地质考古以及考古的概念，一开始我也是不明确的。我以前只是单纯地从地质角度，考虑"这个东西是什么？""要调查、查证什么？"而地质考古跟我们原先承担的工作不太一样，所以在思路方法上可能也要做一些调整。

① 含量的多少和成分的变化是非常关键的特征，而且一眼就能看出来。拿一块标本先对比，不需要借助岩矿鉴定，就能得到大致的分类。

169

回过头来反思，我参加的 2016 年开始的石源调查项目，不管是从技术的角度，还是从工作思路的角度，还有很多需要调整或者改进的地方。比如进行前期调查的时候，很多地段和地区露头不好，看到的东西也很少，时间、力气也花了，却没有很好的效果。以后的工作中，就应该更多、更充分地利用前人的资料，包括原来的地质填图的资料，开展有针对性、有方向性的调查。

从工作流程考虑，石器鉴定这项工作应该是最先开展的。最先进行石器鉴定的好处是知道了良渚先民采用哪些材料，应用哪几种岩性，就可以有针对性地去找主要品种和次要品种，方向很明确。但是当时我们这个工作几乎是同时、同步进行的。良渚石器中主要的一类是硅质岩类；另一类是"花石钺"，相当于熔结程度很强的一套火山岩。如果能早点明确以这两个品种为主的话，那么在我们还没有调查之前，利用地质图等地质资料，基本上就可以推断，主要的石源应该来自外地，也就是施昕更老前辈推断的结论。他在这方面是比较正确的，他实际上也讲到了这个东西，他当时就认为在这个位置是没有的，即使有也可能是在其他地方。在其他地方就算找到它的基岩，也不一定就是这种。

另外，现在用的主要还是岩石矿物学里的岩矿鉴定的手段，但在进行石器鉴定时，不能太多地提取样品进行测试分析，也不能切成薄片，所以得到的材料非常有限，主要还是依靠肉眼鉴定。肉眼鉴定的误差很大，所以现在我们定的这些岩石名称，也只能达到这个水平。真正要区分其中关键性的石器岩性，比如说去对照野外露头上的岩石类型，还是缺少一些标志性的或唯一性的特征，还需要加入一些地球化学的方法，也就是微量元素和痕量元素的分析研究，才能敲定到底是还是不是。所以今后的地质考古，可能还要加入一些新的测试方法和技术手段。

地质编图是石器课题中很重要的内容。为什么要编一张以良渚为中心的完整的地质图？首先要说一下地质图的用处，地质图根据不同的比例尺，也就是不同的精度，说明一个地区的地质情况。比例尺越大，精度越高，很小的东西，在图上可能也能反映出来。比例尺越小，可能有的地质体在图上就找不着了。比如说良渚古城周边的一些小山包，就不会被标上去。所以周边地区内，我们可以利用而且好利用的资料，包括原来施昕更老前辈可能用过的地质图，基本都是 1∶50000 ～ 1∶100000 的比例尺。我们这次就编了一张 1∶100000 比例尺的地质图。因为地质考古工作用到的最基本的基岩部分，就是露出地表的，而不是被第四纪松散沉积物掩盖的，组成了低山、丘陵等这些高出来的地貌区域。这些区域，从我们掌握的资料看，在图上还是能比较清楚地反映出岩类。

如果原来的图在一个比较完整的图幅里面，良渚这边的图就比较好编。但是良渚古城及其周边区域所在的位置，刚好在以前编录的几个图幅的边界附近。以往的工作，都是根据图幅分布的经纬度来卡边界，比如说图里有一条 120° 的经线，在良渚古城的东面一点点，南面是桐庐，北面是德清；还有一条 30°10′ 的经线，实际上也就是在瓶窑南面。因为特殊的地理位置，前人的地质图刚好把我们需要了解的地方切成了好多块，导致这个区块出现在了不同的地质图、不同的调查报告里。我们要凑成完整的一幅，就需要以良渚古城为中心把图拼起来。由于不同的区域对应不同的图，无法机械地拼接在一起。不同年代的，不同单位的人的认识程度不一样，对岩石地层的分类也不一样，所以叫做"编图"而不是"拼图"，需要把这些地层接通后再进行编辑。编图的资料来自各个测区，如瓶窑、余杭、杭州等的至少四五份报告的附图。很多关键的地质资料分散在各个单位，我们克服了很多困难，最终把资料搜罗了起来。

编制是比较细致的工作，也要有比较大的框架思路，既需要归纳又需要统一，还需要技术处理。一个人很难兼顾每一项工作，所以在编图过程中，还有项目组其他的同志一起帮忙。我尽了最大的努力，也花了不少心血，最后总算把图编出来了。尽管可能还有这样那样的不足，但做出这个基础版的数字矢量图以后，将来如果有新的资料，或者发现有差错，再进行改进和完善，应该就比较容易了。我给这张数字地质图配了一个说明书，说明书里对图上的主要地质体，特别是岩石类型、岩石组合以及一些空间变化，都进行了说明。我想，对地质考古来说，这张地质图是很有用处，也是非常宝贵的。

我们在调查工作中，也有意识地把标本库作为项目里的一个内容，标本库的作用可以说是非常大的。

我们通过挑选，把原来在调查过程中打回来、捡回来的一系列岩石标本，包括基岩的，包括水沟里的流石、砾石等非常多的标本进行整合。开始的时候，我们放在仓库里，基本上按照调查时观察点的号码排序堆放，这样排序主要是为了之后资料整理时查看方便。第一轮工作时，我们把标本放在很多架子上，铺得比较散，把所有的标本都放上去了；第二轮工作时，把原来的号码都打乱了。第一轮叫"原始标本"，我们调整以后称它们为"陈列标本"。陈列标本是根据各个岩类分门别类地放到架子上，这样就可以系统地看。比如要看火山岩，调查区内主要是良渚周边北面和西北面大片的火山岩，我们在调查的过程中把主要的岩类标本都采集回来了。再比如许工参加的城墙垫石来源这个项目，他在 200 多平方千米调查区内采集的主要的火山岩标本，我们也全部翻出来进行梳理。梳理了一遍以后，把主要的一些变化品种，全部排在了一起。也就是说，通过标本库的标本可以看到，这里的火山岩到底有几个品种？到底有没有"花石钺"的料？标本库里的标本就能回答这些问题。

我觉得标本库的建立，一个是通过直接对比，可以了解周边有哪几种岩石类型；还有一个就是为进一步的研究提供了方便。比如我想拿一块标本去做岩石地化分析，不需要再翻箱倒柜地去找或者到山上去采，直接从标本库里拿一块就可以了，这个方面还是非常有优势的。

现在我们的工作刚刚起步，陈列标本已经摆放出来了，而且不仅仅是周边区域的，只要是我们去调查过的，从其他地方，甚至比较远的地方采来的标本也都已经放到标本库里了。比如南苕溪有一套最老的岩石地层，叫休宁组。休宁组剖面在南苕溪实际上是不完整的，露头也很差。为了对比，我们到了建德下崖埠这个地方，那里有相当于南苕溪这套地层的标准剖面，我们把这套标准剖面的标本采来，目的是进行区域间的对比。所以我觉得标本库是非常有意义的。

遥感与地理信息技术考古

王宁远（科技考古室主任）

在良渚考古中，地理信息技术（Geographic Information System，GIS）和遥感（Remote Sensing，RS）的应用非常广泛，在很大的程度上改变了我们的考古范式，成为良渚大遗址考古一个非常富有特点的技术。先来说说 GIS。

GIS

GIS 就是地理信息系统，它在良渚考古中的应用其实是由一个很偶然的事情引发的。

2009 年我和丁品在发掘茅山遗址时，接到刘斌通知说 12 月在成都有一个成都平原考古调查项目，联合了成都考古院、北京大学和哈佛大学等中外单位进行合作，哈佛大学的傅罗文（Rowan Flad）等人在项目过程中准备举办一个关于 GIS 和遥感的讲座以及培训。当时成都考古院并没有给全国各个考古单位发放正式的通知，只是电话通知了一下，我们这边就打给了刘斌。我本人虽然是学传统考古出身的，对 GIS 也并不太了解，但因为平时比较喜欢计算机和软件操作之类的，加上我们单位并没有专业学 GIS 的人，所以刘斌认为我去参加比较合适。我在 2002 年负责发掘仙坛庙遗址时曾经用 Access 编写过几个桌面型的小型数据库，包含有墓葬数据库、器物数据库，还有各种遗迹数据库。这些数据库可以自动生成考古需要的各种器物登记表，跟 Word 结合后可以自动生成考古报告需要的器物介绍，我就此写过相关内容的文章。此外，我在工地上试验过用数码相机拍照来绘制墓葬平剖面图的方法，就是站在人字梯上，从比较高的位置垂直向下俯拍，获取墓葬的局部照片，并沿着一条水平线移动，拍摄多张照片，然后把这些照片的中间部分拼起来以减少变形，之后用拼接后的照片来描遗迹图，效果很好。

　　等我到了成都，发现还有贵州、湖南等考古所的人参加这个培训，主要是成都考古所的年轻人。培训持续约一周，讲的内容比较丰富，其中涉及 GIS 的部分主要讲述并演示了 ArcGIS 的各种功能。据说在哈佛大学，ArcGIS 的考古课差不多要上一年左右，而我们在成都考古院上课只有一周时间，并且除了 GIS 以外，还要讲授数据库和遥感等的相关内容。GIS 和遥感课的老师是哈佛大学的杰森·乌尔（Jason Ur）教授，全部采用英文授课。考虑到我们可能不能完全听懂，哈佛大学和北京大学的研究生林永昌、张闻捷、秦臻等人先把英文讲义翻译成中文，并在上课的时候同步翻译，这就相当于上课时间又少了一半。所以课程内容只能是老师把 ArcGIS 软件的各种功能都演示一遍，然后学员在自己电脑上依样画葫芦操作一遍。大家实际上仍然是一头雾水。

　　由于数字地图的管控比较严格，演示和练习用的是一张可以公开使用的四川地区 1∶500000 的地图。

　　一周时间很快过去，各种课都讲完了，我自己觉得似懂非懂，心里琢磨着，千里迢迢跑来，好像收获不大。培训课结束以后，那一年的成都平原考古调查就要开始了，我想，不如跟着去看看现场的实际操作是怎么样的。在取得家人和刘斌的大力支持后，我就跟着去调查了。

　　那次，我们是到那个以生产豆瓣酱出名的郫县，参加田野调查。项目的中方负责人是成都考古院的周志清，还有索德浩、杨占峰等，从外地来短期参加的有我和湖南考古所的徐佳林，还有北京大学的张闻捷、秦臻等，另外大部分是从港澳台地区和国外来的。调查思路按照美国人设计的，根据经纬线把大片区分成多个网格的方式进行。我们的驻地在郫县县城一个叫仙客来的小旅馆，每天五六点钟天还没亮，到旅馆边上的小餐馆匆匆忙忙吃好早饭，然后大家分成几组，带上工具，乘坐租来的小面包车，一路奔赴到预定的地点，开始调查。每组包括四五个人，人与人间隔大概一两百米，每人沿着一条预定的平行路线往一个方向走。

调查时，我们身上都携带有手持 GPS、对讲机等，我的说法是武装到牙齿了。每人沿着规定的路线走，在地面上发现了陶片或者其他遗迹就定位并记录。同时每一组还有几位技工，他们拿着一个钻探工具，这种钻具是美国人研究土壤专用的，带一个旋转头，钻出来的直径比我们常用的洛阳铲打出来的孔径大很多，因此地层地面的土、大的陶片，还有石头都能带上来。但这种钻具也有缺陷，一是价格较高，一套原装的要几万元；二是它钻上来的土是散土，而不是成段的，因此不便于观察地层叠压关系。由于组数较多，这种完全进口的钻探工具价格太高，于是就拿了一件样品，请这边一位家里开小工厂的司机师傅"山寨"了一批，价格相对便宜，每个只要一两千元。我觉得便宜还好用，后来就买了两套带回来。美国人设计的方案比较死板，也就是严格按照设计路线走，发现遗物就下钻，哪怕线路边上是高墩也不会去碰，这和良渚地区重点钻探高墩的方式不太一样。他们认为这种方式比较符合统计学原理，不会增加主观干扰，平地遗迹不会漏。在一次专访中，傅罗文说不同的方法有不同的优势。在这之前，当地也觉得成都平原的商周遗址比较多，且可能多分布在高墩上，而这次调查的的确确在平地上发现了一些遗址。

此次调查队伍的人员比较多，除了哈佛、北大等高校的研究生和成都考古院的同志外，还有来自美国、德国、加拿大等多个国家的学者，都是不同地区、不同知识背景的人。调查进行了几天就到圣诞节了，由于日常野外调查时间紧张，条件也比较艰苦，大家每天早出晚归，中午到哪就在附近小餐馆吃一顿。考虑到队伍里的外国人比较多，于是决定圣诞节当天休息一天。

难得歇一天，很多人都出去逛了，我不太爱逛，就待在驻地。忽然想起培训的时候用 GIS 做高程模型挺有意思，但当时只是亦步亦趋地做了一回，很不熟练，我就想把良渚地区的地图用这种方法试着做做看。良渚古城发现后，良渚管委会曾对良渚古城一带约 4 平方千米的区域，做了 1∶500 的高精度测绘，我去向管委会建设局的俞蕾要来了这个地图文件，同林永昌和张闻捷一起，用地图做了数字高程模型(Digital Elevation Model，DEM)，模型做出来的效果十分惊人，良渚古城中心的莫角山在图上特别规整，简直跟尺子画的似的，上面三个高台子也很清楚。更惊人的是，在古城外围的东南边，发现了一个近似长方形的框，而这个框的西北角正好被良渚古城的西城墙和北城墙所压。我的直觉是，这么大体量的框形肯定是城市的一种几何结构，而良渚古城的城墙又在框内，推测有两种可能：一是良渚古城的城墙曾经重新建过一次，且重建时位置往东边挪了些距离；二是它属于良渚古城城墙外的另外一种结构。我当时很兴奋，认为不管怎么样，这都是一个很重要的发现。其实这个框的南侧部分——一个东西向的条状物，就是赵晔已经发掘过的卞家山遗址，而且已经证实了遗址属于良渚时期。过了三五天我回到良渚，立刻把这个图发给刘斌和赵晔，说如果我们能证明这个近似长方形的外框的其他几条边也是良渚时期的，那就能确定这个框是良渚时期的一个非常有意思的结构。大家都很兴奋，说要么在框子北部发掘一块，要么东边再找一个地方发掘一下。第二年，我们就去试掘了东边一个叫"美人地"的地方，一挖下去果然有收获，不但证明这块是良渚时期的，还发现了木桩护栏之类的遗迹。在此基础上，2011 年的持续发掘取得了重要收获。至此，我们利用 GIS 技术找到了良渚古城的外围结构，同时也明白了从 2002 年开始挖了三年的卞家山遗址，实际上是外郭城的一部分。（图 4-39）

　　良渚古城发现以后，为了建设遗址公园，曾由良渚遗址管委会花了大约三四百万元委托陕西龙腾勘探有限公司，对古城周边进行过非常细致的钻探，也画出了遗址的分布范围，就是高程模型中黄颜色的部分，

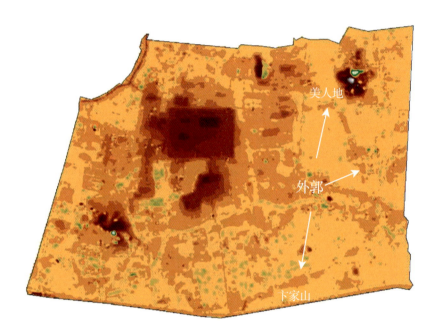

图 4-39　良渚考古的第一张 DEM（数字高程模型）所显示的古城外郭结构

但是画出的范围只显示了遗址的平面位置，并不体现遗址高程。用颜色标示出的位置可能是遗址本体，比如城墙，也有可能是生活在城墙上的人往城墙两侧丢弃垃圾导致标示范围偏大。而我们要寻找的，其实是古城中由人工堆筑的结构体。良渚古城的城市功能区基本都还保存在地面上，它跟周边的河道有一定高差，在 1∶500 的图上，相邻两条等高线的差距是 0.5 米，因此大部分的城市结构都可以体现出来。外郭城墙原来是连续的，遭受了多种建设和破坏后被分成了一段一段，人走到跟前时并不能意识到这些东西原来是同一个结构体。但是在数字高程模型上，就可以把相同高程的地物^①涂上相同的颜色，断断续续的墙体就会以同种颜色显示出来，还能显示原来的几何方向布局。我们认为用这种方法来找城墙结构等大型人工建筑非常好。

因为管委会已有的地图范围不够大，后来我们就每年自己去测一些区域，从而慢慢扩大地图的范围。在申遗过程中，又获取了整个地区的 1∶2000 的图和重点区域的 1∶500 的图，至此我们就获得了这个地区比较全的 GIS 地图资料。当时测绘 1∶500 的地图每平方千米花费约五万元，如果测绘区域比较小，可能花费还不是很多。但如果在一个较大范围内测绘的话，成本还是太高。

2011 年，我们获取了由美国拍摄的良渚地区的卫星影像，在那上面可以找到一些地面痕迹，所以后来我们需要在大范围内寻找遗址之前，就先用卫星影像来找，需要进行特别精细研究的时候会借用 GIS 分析。后来河海大学的研究团队又把 GIS 技术应用于良渚水利系统溢洪道的寻找和库区的分析。其实利用 GIS 技术获取高程模型不一定要通过测量地

---

① 地物：地球表面上各种固定性物体，可分为自然地物和人工地物。

图的方法。目前，无人机可以携带激光扫描感应器，飞机飞行时，感应器可以通过树的缝隙，收集地面反射的信息，从而形成该区域过滤掉植被后的地表模型（DEM，数字高程模型），而不是带有植被高度的模型（DSM，数字表面模型）。我们用这种方法对水坝、塘山等遗址做过资料采集。

我曾建议管委会的监测中心分重点、分等级地采集整个遗产区的高精度地形，作为基础资料，包括倾斜摄影的立体影像采集以及激光扫描图，之后每一年再把重点区域重新扫描一遍，检查这一年来有没有出现地面剥落崩塌或者建设破坏加高的情况。在世界遗产范围内，会根据遗址的等级对其进行扫描，最高级的可能每年扫描一遍，山体部分可能若干年扫描一遍，获得地区内不同等级的遗址所具有的不同精度和时间间隔的基础数据。这些数据我们都可以直接借鉴，同时我们也会把我们的历史资料与监测中心共享，建立了一种共赢的合作关系。

此外，参与了 2009 年的成都平原调查后，我们认识到欧美的调查方法有很多可以借鉴的地方。我们获得灵感后，请北京大学的张海老师帮我们编制了考古测量控制网，此后，良渚及周边地区的发掘都是按照"区—块—方"的模式控制下来。在这之前都是单点的遗址，哪个片区发掘，就在哪里布探方 T1、T2……即使采用四角象限法，也是以单个遗址作为着眼点。而我们布设的考古测量控制网涉及的范围有几百平方千米，那时，我们已经充分意识到良渚遗址群里面的这些遗址不是单体，从某种意义上说，可以理解为良渚都城系统的郊区或者国的某一个功能区，我们把这些区域当成一个超大型的遗址来对待。在这样一个超级大的遗址里面，探方的记录系统应该是统一且不能重复的，不能这个遗址里面有一个 T1，那个遗址里面也有一个 T1。在我们现有的体系之内，已经用实时动态测量（Real Time Kinematic，RTK）等仪器具把全区的探方都布好了，每一个探方的编号都按照"区—块—方"这种方式不重复地记录小遗址，在记录里面会有一个比较长的位置编号，由此就建立了统一的记录体系，但一般叙述的时候，为了方便仍然以小地名来命名遗址。后来我们也搭建了良渚地区的一个考古 GIS 框架，但因为涉及的工作比较多，并没有往里面填充很多数据，现在正在逐步建立一个比较实用可行的 GIS 体系。

遥感

遥感从平台来说，有地面遥感，也有航空和航天遥感。良渚遗址应用地面遥感考古的时间是很早的。

1995 年以后，浙江省教育学院在长兴、安吉、德清、吴兴开始开展一些早期的遥感工作。1998 年，中国科学院、教育部和国家文物局曾经设有一个"国家遥感考古联合实验室"，浙江省教育学院的祝炜平老师是实验室下属浙江站的站长。1998 年，我们对绍兴印山越王陵进行发掘，好像是华东水利勘察设计院，采购了一台很先进的探地雷达，当时大概要三四百万元。经祝炜平老师协调，借用到印山越王陵，探测墓坑位置。遥感技术在良渚遗址考古中的应用，实际上是 2000 年下半年。我们对良渚古城西南边凤山西坡的文家山遗址进行发掘，刚刚把地面表土去掉刮平，还没有往下挖的时候，也拿了探地雷达来做测试，看看能不能找到墓。探地雷达外形看起来像一个中号的旅行箱，平放在地上。探测时，前面由一个人拖着走，后边数据线连着一台笔记本电脑，另外一个人拿着电脑跟着走。探地雷达往地下发出雷达波，笔记本电脑记录这些信号回波的波形，然后根据波形判断地下有些什么东西。我们都没见过这些高科技设备，当然对"功效"很期待了。祝老师做完后给了一份结论，根据标示说地下好像有蛮多墓。结果实际发掘后发现，画出来有很多墓的地方，一个墓都没有，而空白的地方，倒挖到十多个墓。我们就觉得这个技术是不是对土遗址和土坑墓的辨识度不高，所以不太有效果。2000 年 10 月，商周考古室的同事在良渚遗址西北边的彭公挖了"彭公大墓"，我们后来知道那其实是良渚的一条水坝，但是当时把它判断为一个春秋战国墓。发掘的过程中也拿探地雷达去测了几条线，提供了一份比较简单的测线的报告，标示出了几处异常。后来和实际发掘情况比对，也没有什么指示意义。所以探地雷达这个东西后来就没怎么用了。

　　除了探地雷达，地面遥感还有电法、磁法等物探手段。2007 年，良渚古城城墙确认之后，浙江省文物局的鲍贤伦局长觉得我们可以和浙江大学合作，进行一些新的地面遥感探测。刘斌报了一个省文物保护项目课题，请浙江大学地质系的田刚老师采用电法和磁法对良渚古城城墙进行验证。良渚古城城墙底部都铺着石块，平均宽度 50 米，上面堆着土，石块是看不见的。我们判定这个垫石层是良渚城墙最显著的一个特征，就想让田老师测一测，能不能看出底下什么地方有石块。田老师就在这边做了一些实验，但效果不是特别明显。后来浙江大学又陆陆续续在良渚做过其他的地面遥感项目，包括莫角山东坡的红烧土等，用过电法、磁法和地震勘探的方法，做了不少探索性的研究。2015 年，因为岗公岭水坝无法实施考古勘探，石战结老师帮我们也做了地面遥感探测，给出了坝的底部结构，但是我们一直没有进行验证。[①]

　　后来在杭州市考古所，石战结老师用这个方法做古代城墙和海塘的探测，据说效果比较好，所以我们觉得可能这个方法更适用于砖石的硬

---

① 电法勘探：探测地下的电阻率、电导率等物理参数，常用来定位水、金属或其他高阻类的地质体。

磁法勘探：探测大地电磁的分布情况、区域的磁力异常等，常用来定位特殊矿产。

地震勘探：探测地下岩层的地震波速度与岩层度密等物理参数的关系，常用来解释地下岩层的起伏形态、构造的分布状况、岩物的变化情况等。

遗址，对于良渚遗址这种纯粹的土遗址来说，效果不是特别明显，在这里也就没有继续做下去。

在我们这边真正发挥大作用的，其实是航空遥感和航天遥感。

良渚地区最初的影像遥感研究不是我们自己做的。2002 年，华东师范大学的张立、刘树仁老师曾经在《考古》杂志上发过一篇文章《浙江余杭市瓶窑、良渚地区遗址的遥感地学分析》，是利用解放军总参测绘部门在 20 世纪50—70 年代拍的航片 [①]，对良渚遗址群的部分结构做了一些分析和推论。我们看了这篇文章以后，都觉得不太相信，因为文章里没有把真正的航片影像放上去，而是用软件做了一个白坯的莫角山区域的立体模型，就直接下结论说这个上面哪儿有个东城，哪儿有个西城，哪儿有门，哪儿有路。我们考古的就觉得，怎么看照片就能得出这种结论呢？只有几张线图，没有原航片。他发文章之前，也没有来和在一线做良渚考古的人聊一聊，一起去实地看一看。所以我们看了之后其实都不信。这篇文章发表以后也没有产生什么影响。后来，我们通过国外的遥感影像，发现文章里边列出来的，如坝和墙等的判读，有很多都是对的。很多遗迹在那个影像上面非常清楚，但是他为什么没有把原片放上去，而要放一个电脑做出来的立体的白坯进行论述，开始我感到迷惑

----

① 航片：航空像片、航摄像片，泛指用航空摄影装置拍摄的各类遥感像片。

不解，后来有从事遥感考古的人告诉我，可能是因为他当时用的这些国内航片还属于没有解密的军事情报，不能把这个片子公开发表，所以只能做一个模型来间接说明问题。他又没有和我们做考古的人进行非常充分的合作沟通，有些判读也不准确，所以他的结论没有引起考古人的重视，其中有价值的信息就被我们忽略了，因为我们谁都不信。

我们真正意识到遥感的作用，是 2011 年。就是在水坝发现中讲述过的，美国加利福尼亚大学李旻老师赠送给我们的那一张美国 CORONA 卫星影像，让我们发现了良渚水利系统低坝，确认了水利系统的整体结构。

李旻副教授主要研究商周，但他比较关注遥感技术应用。2011 年，他当时回国内，准备到良渚这边来转转。之前他没来过，他和刘斌也不认识，是扬之水先生介绍的。他来之前，从美国国家地质局（USGS）的网站上购买了一张影像，当作见面礼。影像是数字文件，大概 1G 大小，是一个窄长条影像被切分成了 A、B、C、D 四个文件，边上是有卫星任务编号和片号。良渚就是其中的西侧第一段。文件拷在一个 U 盘里面，他到了浙江就把这个拷贝给了刘斌。后来刘斌把这个东西拿给我，因为我对这些东西比较感兴趣。2009 年，水利系统高坝已经发现了，刘斌的意思是让我看看高坝区域里边还有没有落下的、没发现的坝体。

这个文件很大，用电脑自带的看图软件打不开，需要专用的图形软件，我用的是 Photoshop 软件。因为文件太大，要看清楚地物，在软件里要不停地点放大、放大，点四五次后，才能看清楚。Photoshop 的放大，是以光标所在的位置为中心的，有一次我点放大的时候，没点准，光标稍微往南面偏了一点，点开一看，哈，这不就是一个坝吗？为什么我会判断那是一个坝呢，因为我们观察已经勘探出来的六条高坝的影像以后，掌握了一定的规律，发现都是在山谷的谷口找一个两山之间最狭窄的位置筑坝，以节省土方量。在俯视的影像上，山体都比较大，坝是在谷口位置把两个山连在一起的一个窄长条，看起来就跟哑铃一样，左右两边山体像两个铁球，中间的人工坝体就像哑铃的柄，这个特征非常明显。所以俯视看起来是这种结构，而且垂直于水流方向的，就很可能是坝了。山上的水流下来，从自然地貌的角度，这些山谷口应该是开放的，现在有个东西垂直于水流方向，把水直接拦住，这种东西就应该是坝。

我怕看不准，把"谷歌地球"打开，果然还是有类似结构。这个位置距离原来应该找的高坝的位置，有 4 千米左右。"谷歌地球"上，新 104 国道已经从它东边穿过去了，我非常兴奋，觉得很可能是人工坝。我们立刻找了技工去钻探。陕西人祁自力是当时的主力技工，良渚古城整个城墙的勘探，就是他带队具体实施的，技术很好，也有丰富的经验。

　　他当时正好在古城东边挖外郭城的美人地遗址，他说过两三天，发掘工作空一点，就带人去钻。那个地方离古城有五六千米，还是有点距离的。过了几天，应该是 4 月 24 日这天中午，我记得很清楚，在八角亭工作站食堂门口，他叫住我，说："王老师，你说的那个地方我去钻过了，那一条的的确确是人工的，而且在它的左边和右边还有两条也是人工的。"

　　那这个东西厉害了，说明我们的判断是对的！于是我又把那张图打开继续找，看看边上还有没有别的坝。这一看不得了，果然发现它的左边还有一两个疑似的地方，而且还发现了一件令我们非常兴奋的事情。这几条坝把这些山连起来以后，往东通过栲栳山和南山两个比较大的山体，竟然连上了 90 年代发现的良渚的塘山遗址；西边沿着一组低丘一直向北，就跟高坝连在了一起。这太令人兴奋了，90 年代我们就发现塘山属于良渚时期。当时认为它的性质可能是个拦洪大坝，但是不知道塘山在西南边转折过来以后往哪去了。在它南边叫毛元岭的位置，还有一条渠道流过来，相当于是不封闭的。单单这么一个坝，如果不能封闭，怎么起到挡水的作用呢？当时也没有卫星影像和航片，连比例尺大一点的地图都没有，根本没办法进行图上研究，只能实地踏勘。我记得曾经跟着王明达老师等人，沿着毛元岭往南找。塘山在毛元岭往南拐以后，会不会一直往南延伸？这样它就有可能把良渚遗址群包在里面，是整个遗址群的城墙？但当时在南边没找到。这时从卫片上才看出来它根本不是往南边走，而是通过西边两座很大的山往西南跟这些短坝连在一起了。原来的塘山和 2009 年钻探发现的高坝的那六条坝连不起来，是两个游离的系统。现在我们发现，通过低坝就把高坝和塘山连成了一个整体，这就意味着如果新发现的这些坝属于良渚，我们就发现了完整的良渚水利系统！后来经过碳 14 测定，这些坝的确与塘山和岗公岭山口的坝一样，都属于良渚时期，它们共同构成了良渚外围的水利系统。

水坝的发现让我们切实感受到遥感影像的巨大作用，我们开始了自主的遥感考古实践。

巧妇难为无米之炊，遥感考古的第一步当然是航片和卫片的收集。

当时我们正参与科技部的重点研发项目"中华文明探源工程"（全称：中华文明起源与早期发展综合研究），良渚是其中都邑子课题的重要地点。探源工程内设置有专门的 GIS 和遥感的子课题，我们非常期待，觉得应该能够从国内军事部门或者国外别的路径找到早期影像，还期待能提供遗址的高精度高程模型。但是直到文明探源工程结项，无论我们如何提要求，最终也没有通过项目拿到过哪怕一张遥感影像。求人不如求己，我们意识到要靠自己想办法了。

中国历史博物馆遥感与航空摄影考古中心的杨林等曾经从美国购买了很多第二次世界大战中侵华日军和美军在中国拍的航片，另外也包括部分 CORONA 卫星影像。他来良渚开会时，曾经给过管委会一张良渚区域的遥感影像。这期间，中国社会科学院考古所刘建国老师曾经利用课题经费，通过中介从美国采购过国内一些重要遗址的 CORONA 卫片，他很爽快地把采购的宁波和浙北地区的片子无偿拷贝给了我们一份。那段时间，刘建国老师几乎成为国内考古界的美国 CORONA 航片的主要提供者。

刘建国老师还告诉我，解放军总参谋部测绘局在 50—60 年代也曾经对整个中国地区做过航拍，是为了编制 1：50000 的军事地图，但是这批资料一直都没有解密，放在娘子关解放军的一个档案库里。他早先曾经因项目接触过这批材料，据说查阅手续非常麻烦，精度也不如 CORONA 卫片，建议暂时不要打这个主意。北京大学的张海老师也提醒我，这个影像即使拿到了，也不能发表，不能打印了贴在墙上。这时候我才明白，张立老师他们可能也受到这种限制，不能直接发表一手原片，才发一个二次处理的模型出来。所以我觉得现在国内遥感资料的管理制度，对于遥感考古的研究形成了很大的制约。

当时我没有细问刘老师购买卫星影像的具体流程，后来在网上看到一篇文章，得知提供影像购买和下载的是美国地质勘探局（United States Geological Survey，USGS）的网站。进网站一看，发现这些卫片的查找非常方便。首先有一个谷歌的现代全球影像，找到要下载的位置，用几个点联成范围，就可以查询出涉及这个位置的所有影像编号，还可以进一步根据卫星任务号、影像编号、影像精度、尺寸类型、是否免费等条件精准检索。我设定浙江地区的范围一查，简直像发现了宝藏：在 1996 年解密的包里，涉及浙江的影像有 2000 多张，其中高分辨率的有 600 多张，这 600 多张中可以免费下载的有 200 多张，覆盖浙江省全境。因为这些卫星影像是拍摄于 60—70 年代的物理胶片，USGS 可以提供其数字拷贝的购买，对首次购买的人，每一景的价格含税是三四十美金，这个费用实际上是扫描拷贝的人工费，USGS 只收一次，也就是说，全球范围内，只要有一个人付过一次钱，接下来这景影像就会放在网站上，供人免费下载。我后来了解到，除了刘建国购买的部分外，浙江省测绘局的天地图网站，因为制作 60 年代浙江全省的卫星影像的需要（这个经过专业配准的天地图 60 年代图层对我们帮助巨大，后来被我们当成影像配准的基准影像），购买了浙江全省的卫片，所以这些影像都可以免费下载了。我大喜过望啊！那个月，我用电脑日夜不停地把这些免费的影像，包括长三角周边安徽、上海、苏南的都下载下来，成为遥感资料的最初资源。

这批影像是冷战期间美国空军与美国中央情报局（Central Intelligence Agency，CIA）进行的 CORONA 计划（日冕计划，后来改称"KEYHOLE"——锁眼，透过钥匙孔偷窥的意思）中间谍卫星任务拍摄的胶片，主要针对苏联和中国等地区进行太空秘密侦察，1995 年开始解密。全球考古学家发现这些影像年代早，覆盖面积大，对考古学研究帮助太大了。我们下载的 1960—1970 年间的每一景影像涵盖范围长 193 千米，宽 16 千米，面积达 3000 平方千米。在那个年代，我国还未开始大规模的基本建设，遗迹景观破坏小。同时，因为当时在本地区还都烧柴火做饭，很多山上被砍得光溜溜，使地形和遗迹的暴露比较彻底，用于寻找遗迹比现在的谷歌卫片要好得多，因此成为目前最方便和经济的遥感资源。

　　这批遥感影像的数量多，在良渚考古中的作用很大，相信在其他遗址中也可以发挥大作用。我开始萌生建立区域遥感数据库的想法。做全国范围的当然不可能，但是做浙江省的已经有较全面的免费数据，有了一定的基础，适当时候也可以拓展到整个长三角地区。

　　做遥感数据库需要专业人员，像我这样的"三脚猫"应应急凑合，正式做起来当然不成。卫星影像因为是在空中，进行很长距离的扫描拍摄，除了星下点的垂直位置，图幅的其他位置都有不同程度的变形，一景影像真正拍摄的地面范围两端大中间小，像个领结。如果要准确把影像套放到现在的"谷歌地球"中，需要通过专门的软件配准。最开始时，我们没有做遥感的专业人员，拿到这些影像后，都是直接在电脑上打开，寻找遗迹线索，找到可疑位置后，打开"谷歌地球"等软件找到对应位置，所以定位其实是靠估算的。第一次帮我们做配准的是城墙垫石研究课题组的地质学家许红根工程师。他已经离开人世好几年了，我还常常想起他，在我们众多的合作者中，我觉得他是最聪明、技能最全面的一个。他在编写垫石报告时，曾将李旻赠送给我们的 CORONA 影像拿去配准。据他说，试遍了各种 GIS 软件，最后发现 Global Mapper 软件的配准效果最好。因为没有专业人员，我就让单位里的年轻人闫凯凯跟着许工学习，后来闫凯凯在良渚遥感和 GIS 方面做了不少工作，成为多面手。我们一直很想找到专业的遥感人员进行合作，后来认识了南京大学地质系做遥感的董少春老师，她的研究生张依欣来到我们这里实习，这些配准和 GIS 的具体工作就主要由张依欣来做。

卫片经过配准后，就有了真实的经纬度坐标，意味着可以进行实际的定位，但是不知道有没有方法在手机上使用，因为笔记本电脑都没有 GPS 硬件定位功能，拿着在野外使用不方便。一次，我请董少春老师和张依欣来做一个遥感的讲座，耳朵刮到一句，说在手机和 iPad 上用"地图加加"软件可以加载影像定位。我回来立刻翻出几年不用的 iPad，下载了这个软件，发现果然很好用。将配准后带有坐标的卫片导入机器，立刻可以看见实时定位的蓝色圆形标记出现在 60 年代的影像上，这样，我们就可以拿着带有定位功能的平板电脑，根据上面的历史影像去寻找和定位遗迹了，即使这些遗迹现在可能已经被房子覆盖或者被破坏了。这相当于让历史影像具备了实时定位功能，对于田野调查来说，实在太方便了！再也不用看着历史影像再切回"谷歌地球"定位了。我很是下了点功夫研究"地图加加"的功能，发现除了加载自定义的影像图片外，还可以通过扫描二维码的方式直接加载外部网站的在线地图。闫凯凯告诉我，天地图浙江网站上有浙江省全境的经过配准的60年代的卫星影像图层。理论上可以通过编写软件语句、制作二维码的方式，直接把这个地址拉进"地图加加"软件，实现在线历史影像的实时定位。但我不会计算机语言，一直没有操作成功。后来我女儿悄悄帮着搞定了二维码，在一个父亲节告诉我结果，果然顺利导入了平板电脑，我觉得这是我收到的最好的父亲节礼物。这个影像除了直接用于寻找遗迹，还有个巨大的功能是可以用来做基准影像，它本身即是60年代的，用来配准我们下载的同时代影像，非常容易找到地貌参考点。而之前我们以现代的"谷歌地球"作为基准，毕竟相差几十年，地貌和建筑变化巨大，要找到合适的配准的控制点很费劲，精度也难以保证。经过测绘局专业配准的早期影像让确定控制点的工作量大减。后来我碰到了浙江省测绘局具体从事这个项目的同志，他告诉我这个影像中城市建成区 [①] 边界的位置，因为缺少合适的控制点，最大误差可能接近20米。虽然如此，从我们考古寻找遗迹的角度，这个问题也不大。

浙江的问题解决了，我又想顺便把上海和江苏的影像也做一下。我

---

①   是指城市行政区内实际已成片开发建设、市政公用设施和公共设施基本具备的地区。

发现江苏天地图网站也有 60 年代的 CORONA 影像，但是这个历史影像只显示在"多时相"那个栏目中，作为一种对比影像出现。于是我想能不能依样画葫芦，和浙江的天地图一样，把这个影像也链接到平板电脑里。我女儿分析后告诉我，江苏这个影像的瓦片 ① 非常奇怪，不是按照标准方式切割的，没有办法按照常规方法自动引用。我问了专业公司，也说是这样的。如果不能直接在线使用，那么能不能下载这个影像，作为配准的基准？如果用现代影像做基准，几十年间地貌和建筑变化太大，参考点很难找，配准精度无法满足要求。专业公司告诉我，下载这个影像的几十万个瓦片，因为没有标准坐标，不可能自动拼接。这就麻烦大了，我一直耿耿于怀。有一天，我女儿想了个折中的办法，就是不以标准经纬度坐标的方式去拼接每块瓦片，而是编了一个程序，以按照下载顺序的方式，自动拼接一幅没有坐标的总影像，再对这个影像进行配准，因为是标准的影像，只要给这幅图的四个角输入坐标，就都有标准坐标了。如此，总算解决了整个长三角地区基准影像的问题。

这期间，参与良渚考古遥感研究的还有日本学者渡部展也，他是日本金泽大学中村慎一教授领衔的中日合作"稻作与中国文明——综合稻作文明学的新构筑"课题的成员。遥感与地理信息系统（GIS）之类

---

① 瓦片：遥感术语，是指将一定范围内的地图按照一定的尺寸和格式，按缩放级别或者比例尺，切成若干行和列的正方形栅格图片。

的工作，因为涉及中国的地理数据，所以国际间的合作限制很多，比较
难开展，根据相关规定，较大比例尺的地图和影像、测量数据等都不允
许提供给外国学者。渡部展也主要对 USGS 上供公开下载的 60 年代良
渚地区的像对进行立体处理，来研究良渚古城和水坝。这时候我们才知
道，原来 CORONA 卫星有前后两台相机同时对地进行拍摄，形成立体
像对。在 CORONA 影像中编号带有 DA 的是后照相机拍的，带有 DF 的
是前照相机拍的，把这两张照片印出来并排放在立体镜下面，透过立体
镜看，就会形成立体效果，这样地貌高低就会显示出来，可以用绘图仪
画出等高线地图。计算机技术发展后，立体处理就可以在电脑上进行操
作了。但是这种处理设备都无法搬动，哪怕放到笔记本电脑上，也无法
实时定位。渡部展也有一副 SONY 的快门式的双目立体眼镜，这个眼
镜其实是左右两个很小的液晶显示屏，通过有线连接电脑，分别投放左
右两张影像，左右两个屏进行高频率交替开关切换，从而使人脑产生错
觉，观看到立体影像。他用这个方法看出地形的高低，然后用不同颜色
标注到平面图上。发现良渚古城的时候，经过洛阳铲勘探北、东、南三
面城墙各发现两个水门，西墙北侧也发现一个水门，南侧因为整体被村
庄占压，地面硬化无法勘探。渡部先生根据立体影像，标注出了水门位
置。几年后村庄搬迁，经过勘探验证，那个位置准确无误。他还首先在
影像上发现了塘山双坝间有堵头，并对整个塘山体系功能进行了细致分
析。简单打个比方，直接用单张影像平面观察，就相当于我们只用一只
眼睛看，物体的远近不直观，两只眼睛就会形成立体观察，很有优势。

但是渡部先生的这个方法需要昂贵的头显设备，还要有线连着电脑，不具备野外移动使用的条件。2019 年 3 月 5 日那天，他随日方课题组来访，与我和南京大学实习生张依欣聊起来这个事，说整天带着电子眼镜，一天下来头晕目眩，非常伤眼睛，很是头疼。这时我忽然想起来陕西十月科技公司曾经给我们打印过一张红蓝处理的立体影像，就是最古老的那种，通过红蓝眼镜就能看出立体地貌的方式。这种方式有个缺陷，颜色都是偏色的，但历史遥感影像都是全色波段，也就是黑白的，所以不会受偏色的影响。它的好处是不需要电脑和昂贵的有源快门立体镜，只要几块钱的塑料红蓝眼镜就可以了。那天聊着聊着忽然脑洞开了下，是不是可以对立体像对进行红蓝处理，配准，导入平板电脑，就可以在原来平面影像定位的基础上，实现最经济的立体影像定位？我这么一说，大家都觉得可行，立刻动手尝试。我马上电话联系十月科技，打听到他们用于处理 3D 红蓝影像的是一个叫 Stereo Photo Maker 的小软件，而且是免费的。立体像对的材料就用渡部下载的那两张。渡部老师手脚很快，连夜对两张影像分别用了三个参考点，做了粗略的地形配准。图形很快做完，翻出一副纸质的红蓝眼镜，立体效果很好。接着导入了平板电脑，第二天我们开始野外实验。那天是我开车，沿着水利系统低坝跑，渡部和张依欣拿着平板电脑，戴着红蓝眼镜坐在后座，一直给我播报，定位点和实际行进路线非常吻合，这个方法完全可行！太激动了，我们用最经济和简便的方法，代替原来昂贵不便的专用设备方案，实现了移动设备的历史影像实时立体定位功能。相当于在"百度地图"和"谷

图 4-40　渡部展也与张依欣在处理影像

歌地球"之上，叠加了不同时代的数字虚拟沙盘。渡部老师是个非常温
和、安静的人，那天明显也激动了。水坝的村路上，估计有人会惊诧地
发现车里这几个戴着红蓝眼镜、手舞足蹈、莫名兴奋的人。（图 4-40）

　　立体影像制作成功以后，我们就想，能不能把经验用于其他地区

的遗址。我们就去检索已经收集到的免费影像，发现这批影像虽然覆盖了浙江省的全省，但是可能只是为了做一个平面的影像，并没有考虑到立体的处理，所以都只买了像对里边的其中一张，或者是 DA，或者是 DF，那么我们就需要把像对缺的那张补齐。我申报了浙江省文物保护科技项目"CORONA 卫片的立体影像处理及考古应用技术研究"课题，获得立项，申请了 38 万元经费，用于购买影像和相关设备。因为购买影像要用美国的信用卡在 USGS 的网站上进行支付，我们直接支付比较困难，所以委托了杭州原力公司做一些筛选，完成采购，并且帮我们做一些基础的配准工作。课题的影像拿回来以后，在这个项目里还要解决一些具体的技术问题，比如跨多张影像进行立体处理后，视觉断层的消除、自动配准的方法、配准控制点数量和密度的调整等。经过一段时间的研究，我们形成了一套比较成熟、效果也比较好的大区域立体影像的制作方法。独乐乐不如众乐乐，我们在省内外各兄弟考古单位，把这个方法以及资源做了推广。我们单位里，现在基本上每一位考古领队都配备了一个有硬件 GPS 的平板电脑，根据各自的工作区域，我们都会制作好平面和立体像对推送给他们，让他们在遗址调查发掘中，能更加精准和方便地进行定位。

60 年代以前，空中遥感主要依靠飞机的航片。总是年代越早，对地面遗迹的破坏越少，所以我们对这些航片的搜集也很上心。

在我们拿到李旻老师赠送的 CORONA 卫星影像之后，刘斌曾经跟我说，大概在 90 年代，牟永抗老师给他看过一张侵华日军拍的瓶窑的航空照片，莫角山等遗址看得很清楚。我马上去问牟老师，他回答我说没有。可回来问刘斌，他说肯定有，他见过的。① 过段时间，我碰到牟老师时又问起，几年间前后一共问过三次，牟老师每次都很肯定地回答我说："没有这回事。"

到了 2016 年五六月间，有一天，方向明发来一个消息，说牟老师退休后移交给他了一些资料，其中有八九张瓶窑、良渚这边的老航片，要交我处理。我拿过来一看，觉得非常重要，共有九张正方形的黑白照片，照片背面边缘都贴着 Unclassifiled 标签。其中八张是垂直角度拍摄，前后有重叠；有一张是侧向拍摄，正好涵盖了整个良渚遗址群，这张照片旁边有编号，上边有时间信息：1946 年 5 月 24 日。我以为这九张航片都是那天拍的，后来才知道，垂直拍摄的那八张来自 1945 年另一次拍摄。另外还有一张硫酸纸描的地图，都装在一个台北故宫博物院的旧信封里，贴邮票的地方剪了一个口子，信封上有牟老师用红色圆珠笔写的"良渚遗址群历史上的航片"几个字。（图 4-41）

....

① 2021 年 6 月 17 日，我做口述史录音时，王明达和芮国耀都说见过这张影像，黑白的，放在牟老师办公室的橱里，边都卷起来了。

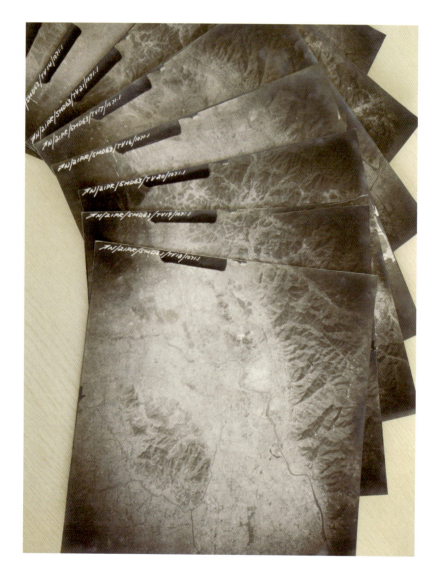

图 4-41　牟永抗先生提供的 20 世纪 40 年代的航片

因为很重要，6 月 18 日，我把照片和地图交给单位档案室保存，请他们扫描成 1600dpi 精度的数字文件，在信封上注明文件来源，关照档案室，这个照片原件不要外借。这些照片是怎么来的呢？我马上联系牟老师，他让我去一趟他家里，和我讲了相关细节。因为当时他做完手术，身体比较虚弱，我本来打算稍微了解下航片的事情就行，结果那天他不知不觉跟我说了很多，等我告辞的时候发现已经过去三小时了，这时候他说他站不起来送我了，我才意识到实在聊得太久了，心里很歉疚。牟老师说这批老航片是美国考古学家吉德炜（David N. Keightley）先生给他的。吉德炜先生研究甲骨文，并不研究良渚文化。牟老师说，1991 年，吉德炜先生来北京开会，会后苏秉琦先生告知他良渚反山、瑶山和莫角山的新发现，建议他到良渚来转一转，他就来了杭州。牟老师带他到良渚参观，也观摩了良渚玉器，还陪他游了西湖。吉德炜先生问他有没有早期的航片资料。当时我们肯定是没有的。牟老师说，他后来才知道，吉德炜先生所在的美中学术交流委员会是美国中央情报局资助的研究机构，所以吉德炜知道中央情报局原来有一批第二次世界大战期间日军和美军在中国内地拍摄的影像，可以申请解密。并说他先回去查一下，如果有就申请解密，不行就算了。他回去以后，一查还真有。（后来听王明达老师讲，吉德炜先生应该告诉过牟老师，说提供影像拷贝每张要 100 美金。大家开始还有过想法，但是当时的月工资大概也不足 100 元人民币，怎么出得起啊，所以就没有想法了。）过了一段时间，吉德炜先生就把这九张照片和一张地图寄过来了，可能是吉德炜先生自

图 4-42　1991 年，牟永抗先生与来访的吉德炜教授在西湖

己掏钱买下来，送给我们的。（图 4-42）

　　我这才明白刘斌说的日军拍的影像应该就是指这批，准确地说是抗战结束前，美军侦察机拍的。

　　以牟老师对良渚的重视，他不可能忘掉这批影像。他说给王明达等几个人也看过。我开始也很疑惑，因为跟牟老师聊这事那天，所有的细节他都记得清清楚楚。但是之前多次问他，即使是我搞错成日本人拍的，他也应该会联想到这批影像，但是他每次都跟我很肯定地说没有。

504

我去访拜访牟老师的时候，有这样的疑问，但是我不太敢直接问他。

后来和李旻老师讲起这个疑惑，他说这太容易理解了，因为他也碰到过国内的学者有这样的顾虑。因为这批资料来自中央情报局，背后还贴着解密的小标签。牟老师这辈人，因为家庭的历史问题，在历次运动中受到过很大的冲击和伤害，还差点被开除党籍，他肯定对公开这些资料有所顾虑。

2016 年，他把这批资料移交给方向明，可能也有把衣钵交代给后人的意思，他当时已经身患癌症，可能也就没啥顾虑了。如今牟老师已经驾鹤西去，具体的原因无从知晓了。牟老师是个以学术为生命的学者，良渚又是他关注的重点，以他对良渚遗址的了解，如果没有种种顾虑，应该能在影像上发现很多有价值的信息。

除了 40 年代的航片，还有精度更高的影像，就是大名鼎鼎的 U-2 侦察机拍的。我有次去中科院对地观测中心参加一个遥感考古会议，听杨瑞霞老师提起台湾"中研院"有 60—70 年代对大陆侦察的 U-2 间谍飞机航片。2016 年还是 2017 年，北京大学考古文博学院的张海老师给我发了一个莫角山附近的 U-2 影像的电子文件。我这才第一次领教了 U-2 航片的惊人解析力，比 CORONA 卫星的影像好太多了。我最初看的这张照片在莫角山附近有横平竖直的很多小黑点，就像报纸上清晰度不高的照片一样，我怀疑是不是片子被污染了。后来我忽然意识到黑点其实是当时种在大观山果园的果树，所以这个分辨率非常惊人。我不由又产生了收集这批影像的念头。当时我以为影像收藏在台湾"中研院"历史语言研究所，我没人认识，无从打听。刘斌和方向明都去历史语言研究所交流过，我经常念叨，让他们下回去的时候帮着打听下。方向明说："你联系邓淑苹先生啊。"我一听豁然开朗，邓先生是研究玉器的大家，经常来良渚，我很熟。她的先生臧振华院士曾任历史语言研究所的所长，拜托她肯定能打听到。果然，邓先生很快传来臧院士那了解到的信息：是有一批航片收藏在台湾"中研院"的人文社会科学研究中心。并告知负责其事的廖泫铭研究技师很快将到北京参加一个遥感考古的学术会议，可以去见个面。可是会议期间我正好有事，我打听到北京大学的张海老师也要参会，就拜托他帮我要来了廖技师的名片。我根据邮箱地址给廖技师去了信，表达了建立区域考古遥感资料库的愿景，希望获得帮助。结果我的 QQ 邮件被他的电邮软件误归类到垃圾箱，过了好几天才发现。他在 2019 年 1 月 16 日回信，表示乐意协助提供相关历史航片来支持我们的考古工作，欢迎我们赴台参会时面谈。并且告诉我，除了 60—70 年代的 U-2 航片外，还有更多数量的 40 年代第二次世界大战前后美军拍摄的中国航空照片。另外，还介绍了他们长期合作的天津大学建筑学院的何捷老师给我们认识。我立刻向刘斌所长汇报，他建议我马上去趟台湾，落实这事。咨询外事部门得知，赴台的流程很复杂。前一年，台湾"中研院"历史语言研究所曾经邀请我所一同事赴台参加会议，就没有批准。所以我做了赴台会面和大陆会面的两手准备。不久廖技师来信说，他将在 4 月 19—20 日参加北京联合大学举办的"第五届历史地理信息系统（HGIS）学术沙龙"，我们商定那时在北京会面。为了沟通顺利，4 月 19 日下午，我带着在我所实习的张依欣一同前往，在北京大学东门的地铁站出口与廖技师和天津大学何捷老师见了面，并一起步行去北京大学拜会张海老师。大家都认为，鉴于当下海峡两岸关系的原因，双方公家单位正式新签合作协议的概率很低，最简单的方式是通过与天津大学的何捷老师合作，获取影像和开展共同研究。这批影像是实物照片或胶片，数量巨大，何捷老师团队一直有实习学生长驻台湾"中研院"人文社会科学研究中心，帮忙做很多基础工作，筛选、整理和扫描等都方便实施。

　　所里觉得该方案可行，正好结合中国古代物质文化基因库建设，分两期项目与何捷老师的团队签订合作协议，第一期是"浙江地区历史地图及 40 年代遥感影像采集处理"，第二期是"浙江地区 U-2 遥感影像采集处理"。第二期项目实施期间，2020 年春节前突然爆发新冠疫情，我非常担心是否两岸会断航，导致项目无法顺利完成，万幸何老师的学生在断航之前携资料回国，在国内完成后续处理，总算是有惊无险。因为前期不知道可以获取的影像数量，所以第二期项目是按照浙北地区可能的预估数量签订的，结果发现 U-2 影像覆盖浙江地区非常多，取回的航片已经超出合同数量不少，还仍然有其他区域的航片需要以后继续获取。（图 4-43）

图 4-43　良渚古城 U-2 影像及细节（右图中排列整齐的每个小黑点均为一棵树）

　　我们拿到的这些影像，是由第二次世界大战或冷战时期的军事侦察机拍摄的，和正常状态下的摄影测绘——沿着某个纬度来来回回地全覆盖摄影不一样。侦察机飞行时，要躲避下边的飞机、高射炮、导弹等，所以航线经常游移不定，并没有覆盖所有的区域，只是对特定的侦察目标航线进行拍摄。比如当时规定 U-2 每飞 15 分钟就要转弯一次，这样确保对方无法知道它要侦察的目标是什么。要利用这批影像，必须知道它的航线和覆盖范围。每次侦察任务完成以后，都应该会有一份航线轨迹和照片覆盖范围图，用于对照编号和确定拍摄位置。这些影像中，有一部分带了航片轨迹图，基本上以经度、纬度各 1 度为单位的一个正方形的格子，把相应的每张照片的覆盖范围画在上面。但是比起 CORONA

影像，这太不方便了，USGS 网站能直接数字化显示每张卫星影像的覆盖范围，还可以直接下载。40 年代的影像和 U-2 影像并没有做过数字化处理。美国国家档案馆的网站上，可对每一方格的范围进行查询，可以查询出档案馆收藏的从 20 世纪二三十年代开始，到六七十年代的所有影像的航片位置索引，然后根据特定的任务找到该次任务的覆盖范围图的照片。也就是说，一次飞行如果穿过了很多经纬度，它的航片覆盖图就会分成很多张，落在不同的格子内，用起来非常不方便。

　　我们拿到了这批影像以后，首先要进行配准，就需要知道这张照片是在哪里拍的，然后找到相应位置的基准影像，才能进行配准，或者要查某个地方有没有航片，就必须知道这张影像有没有覆盖这里。如果一张一张地核对覆盖位置，非常烦琐，也无法精确定位，我们必须想一个办法，让每一次任务的航片覆盖范围整体加载到现在的地图上，以方便检索。我们从美国国家档案馆的网站上，把覆盖浙江地区的任务的索引图都下载好，然后根据每次飞行任务拼起来。我想了一个比较简单的办法，按照每个任务，在 Photoshop 里把一格一格的小索引图拼起来，做成这次飞行在浙江境内一个完整的航片覆盖图，把图的背景去掉，留下航片的框子和里边备注的照片编号，然后到 Global Mapper 里标注上正确的经纬度，再导入平板电脑的"地图加加"里，作为一个图层，叠加在现代影像上，就可以在现代影像上看见每一次任务的覆盖影像和对应编号了。

通过查看任务轨迹，我发现经过杭州良渚地区的应该有两次任务，其中一次的航片上全部都是云层，所以真正有用的只有一次，任务代号为 C174C，时间是 1964 年 7 月 7 日。

这段时间，我们也对 U-2 侦察任务所属的中央情报局"快刀计划"，以及执行任务的台湾"黑猫中队"的历史做了比较全面的资料收集和梳理。过程中发现了一个事件，即 C174C 任务当天，有一架 U-2 被解放军导弹部队击落。

U-2 属于绝密的战略高空侦察机，为了能飞得更高一点，武器和防护设备被全部去掉，相当于一架携带照相机的高空滑翔机，非常难驾驶。美国飞行员曾在侦察苏联时被击落，飞行员被俘，引起外交上的轩然大波。在对中国大陆进行侦察的时候，遴选了国民党空军里的飞行精英，到美国参加训练后执行飞行任务。当时解放军已经秘密组建了导弹部队，从苏联进口了萨姆 -2 防空导弹，在中国境内先后五次击落了 U-2 侦察机，其中有一次就是在 1964 年 7 月 7 日。

那天，"黑猫中队"出动了两架 U-2，一南一北同时执行侦察任务，这似乎是唯一的一次 U-2 双机行动。北边的一架任务代号 C174C，从上海进入，一路向西到南京做了个大转弯，扫过杭州从宁波出海，海上飞行一段后又向西从台州再次进入大陆，转向南进入福建，最后从福州出海回台；南边的一架任务代号 C184C，从广州进入，一路曲折，最后准备从厦门出海回台。大概为了迷惑大陆军方，还派了一架低空侦察机 RF-101，也在附近进进出出转悠。那天漳州埋伏着中国地空导弹第二营。二营一共有四发萨姆 -2 导弹，这种导弹三发齐射的命中率是 97%，如果没有干扰，三发齐射，飞机基本上无法逃脱。据说导弹营长岳振华很纠结选择打三架飞机中的哪一架。结果北边这架 U-2 和 RF-101 几乎贴着导弹的杀伤边界飞过去，没有捕捉到发射机会，最后决定专打南边这架 U-2。等到机会，三弹齐发，U-2 凌空爆炸。这架 U-2 的飞行员李南屏死在驾驶舱内，没有跳伞。据说美国的 U-2 都装有导弹来袭警告和信号欺骗系统，但是迟迟不给执行大陆侦察任务的 U-2 安装，怕被打下来后机密泄露。而北边那架从杭州飞过，最终侥幸逃过一劫的 U-2，飞行员名叫王锡爵，这次编号 C174C 的侦察是他第一次执行作战任务。菜鸟活下来了，老鸟却送了命。在 U-2 十余年的整个任务期内，飞过良渚遗址的有几次，但是大都被云雾遮盖，只有这唯一一次留下了清晰的影像。王锡爵后来安全完成十次飞行，转入台湾中华航空成为民航飞行员。1986 年 5 月 3 日，他劫持一架华航的波音货机投奔大陆，降落在他曾经侦察过的广州白云机场。后来他担任了中国民航华北管理局副局长兼总飞行师，连续四届成为全国政协常委，退休后住在北京。这时候，埋在漳州城外的李南屏连坟都找不到了。王锡爵肯定没有想到，当时他拍的影像，有一天会被考古人用来研究遗址。

前面提到牟老师交给单位的那八张垂直拍摄的航片编号是 21PR/SMD63，并没有附带拍摄者、拍摄时间和高度等任务信息。有了台湾"中研院"的影像后，我们检索发现有前后相邻的两次任务，21PR/5MD62（1945 年 3 月 30 日）和 21PR/5MD65（1945 年 3 月 31 日），可以推知其拍摄时间当在 3 月 30 日或者 31 日。但是这批影像中却恰恰没有牟老师的影像，照理说吉德炜不可能把任务的原始影像直接拿过来，所以缺失的原因不明。后来查到美国国家档案馆中 21PR/5MD63 的任务涵盖图，显示时间为 1945 年 3 月 30 日，高度 30000 英尺，这才把那次任务的信息补齐。（图 4-44）

目前我们收藏的更早的一批航片是 30 年代的。大概在 2011 年，我所文保室的傅峥嵘给了我一批 30 年代的影像文件，一共 65 张。其中有五张非航照，两张是放大器、晒图桶等设备，两张是国外飞行人员与飞机，另有一张是一个人站在庙宇的前面，其他 60 张都是呈正方形的航片。每张照片索引的上部都印有 zhejiang ZHJ30+ 编号（Hansa Luftbild 1930）。小傅说是为了大运河的研究项目，一位老先生给他的。我看其中有几张是西湖，就以为这些可能都是浙江省内大运河沿岸的影像。小傅问我能不能把这些影像拼起来，我也不会用软件配准，所以是在 Photoshop 里把这些图形拼起来的，当然有一些局部变形。除了三张确定是西湖，另外大部分拼接起来后，在杭州附近找不到位置，所以就搁置下来了。直到十年后，也就是台湾的影像拿来以后，才又想起这批航

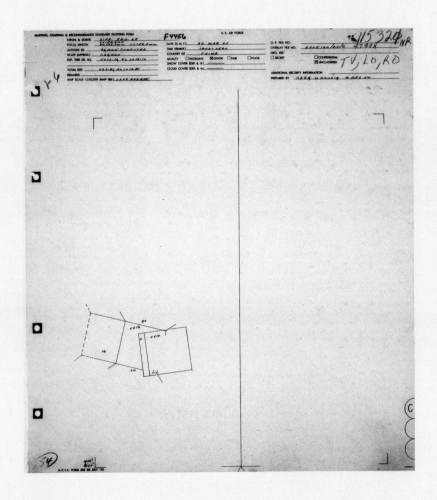

图 4-44   21PR/5MD63 的任务涵盖图

片。根据 60 年代的影像找不到位置，不知道 40 年代的影像能不能行。2021 年 4 月，我忽然想到尝试别的办法，在百度搜索输入了"1930+ 航空摄影测量"这几个关键字，竟真的搜出了一篇刊登在 1990 年《中国科技史料》第 11 卷第 1 期上，名为《中国的首次航空摄影测量》的文章，说浙江省水利厅为了对钱塘江流域进行测绘，在 1928—1931 年间从德国购置飞机和航测设备，雇用德国飞行员，进行了中国首次航空摄影测量。这就跟我们这些影像的时间以及杭州的位置非常吻合了。这篇文章有个引文，是 1932 年《水利》第 2 卷第 3、第 4 期中顾世楫的《浙江水利局办理飞机测量之经过》。我马上又搜索这篇文章，居然在古籍网上找到了这篇文章的扫描版。一看果然是的，这篇文章详细讲述了浙江省水利厅进行摄影测量的全过程，最关键的是还放了几张照片，一张蔡司牌自动校正仪的照片就是这批影像里编号 47 的照片，飞机机型也一致。我们就确定了这批照片的来源。（图 4-45）

文章里说正式航测的时间是 1931 年，地点选在浦阳江流域的一段。之后飞机就被国民政府调到陆军总参谋部航测队了。一直找不到位置的那些影像会不会在浦阳阳江流域？我们数字实验室的三个人在 60 年代天地图的影像上使劲比对，因为不知道飞行方向，还颠来倒去地从不同角度找了好几天，结果一无所获。还把影像发给中国社会科学院考古研究所刘建国老师，请他也帮着找找，我们还把查找范围扩大到浙江全省，但都没有头绪。

图 4-45 《水利》杂志的文章所附照片，即本次影像中的 ZHJ30-47

　　影像上的道路和大型建筑显示这是一处相当繁华的都市，会不会是 30 年代到 60 年代间城市变化太大所以找不出来？当时浙江省沿钱塘江流域大一点的城市无非是杭州、绍兴、宁波、嘉兴，我们从 40 年代影像中找这些城市做比对。首先，肯定不是杭州，往东看绍兴，绍兴的影像在台湾"中研院"影像中编号 06-7353 的任务里有，这些影像由左、右两个相机拍摄，分别在分左右的 LS-RS 两个影像包中，每个包有 107 张航片，按照覆盖范围图找到对应的片号，实在不像绍兴。于是顺着片

图 4-46　航片 06-7353-RS-122 显示的玄武湖、大校机场及倒 L 形河道

号往下浏览，看是不是附近地区，这就相当于大海捞针。从傍晚开始，一直浏览到夜里十点半，忽然在影像里发现了一条熟悉的倒 L 形市内河道，找到了！编号 06-7353-RS-122，这张影像最有价值的线索是其西边连着一个大湖，湖中心还有四个岛。（图 4-46、图 4-47）

　　哪座城市在 30 年代就很繁华，南部有机场，而且有个大湖呢？找了绍兴柯岩、宁波东湖比对，都不是。半夜十一点，想发个朋友圈，问问有没有人知道这个湖。这时候脑子里闪过，好像我念大学的南京的玄武湖中有几个湖心岛，正好天地图江苏也有历史影像，打开一看，果然是玄武湖！这时，朋友圈里江苏的同行也回复说是玄武湖，还说图中间交叉的跑道是大校机场。由此，十年的悬案就在这个晚上解开了。为什么这些不同地区的影像会混在一起，到底是从哪来的，是否还有别的影像？我请傅峥嵘再向提供影像的老先生打听，据说老先生也想不起来了，这是个还需要继续探索的谜。

图 4-47　航片 ZHJ30-23 显示的倒 L 形河道

讲这么多收集整理遥感资料过程中的细节，说明做这个工作真的太不容易。花这么多精力去做，是因为除了良渚遗址之外，遥感资料已经在安吉古城、龙山大墓、绍兴宋六陵和越国王陵、章安古城等考古工作中显示了巨大的作用，据此找到了很多现在隐匿不彰的迹象，并可以预期在未来的考古中发挥更大作用。我们也特别期待有关部门能够学习国外先进经验，将束之高阁的大量早期历史影像开放给社会公众和学术研究机构，使之发挥更大的效用。

总体来说，我们建立浙江地区历史遥感资料库的设想已经基本上实现了，接着我们会完善各类影像的电子索引，建立不同时间的全省航片配准，对重点区域进行三维地貌重建。在这些工作的基础上，开展进一步的遥感分析和研究。

植物考古

郑云飞

在开展系统植物考古以前，我们研究所的考古野外发掘人员对遗址中的植物遗存已经比较重视，特别是与人类食用有关的植物遗存。1958年马家浜发掘的时候，牟永抗先生等在遗址中发现了水稻遗存，反映出稻作在先民食物中的重要性。20 世纪五六十年代，在多处考古遗址中发现了植物遗存，发掘人员进行了提取和记录，部分遗存送浙江省的高校或专门研究机构进行种属鉴定。遗憾的是，这些标本基本上没有留存下来。有目的地做植物遗存工作是从河姆渡遗址发掘开始的，因为遗址中发现很多水稻遗存，特别是第四层，发现了厚厚堆积的水稻遗存，厚的地方有七八十厘米，薄的地方也有四十几厘米。发现这么多水稻，年代又这么早，当时对许多人来说难以置信，迫切需要一个是野生稻还是栽培稻的明确答案。我们考古人员没有这方面的知识背景，就把出土的稻谷送到浙江农业大学农学系，委托专业人员进行鉴定。因为考古遗存的特殊性，只能做一些形态方面的鉴定。浙江农业大学游修龄教授把稻谷进行了一个大致的分类，发现这些出土稻谷具有多样性，里面既有大的也有小的，并进行了稻谷形态的测定。测定数据显示，出土稻谷跟野生稻已经完全不一样了，也就是说，无论从籽粒的大小，还是籽粒的形状，都跟野生稻不一样。他认为属于栽培稻，而且他判定是籼亚种中晚稻型的水稻。这个鉴定结果引起了很大的轰动，一下子把水稻栽培历史提早了 2000 多年，追溯到了距今 7000 年前，颠覆过去国际上一直认为稻作起源于印度的观点，确定中国是稻作的起源地。河姆渡遗址的发掘揭示了长江流域有别于黄河流域，稻作也是文明社会发展的物质基础，长江流域和黄河流域都是中华文明发展的摇篮。比河姆渡遗址稍晚几年发掘的罗家角遗址，年代也是距今 7000 年，也出土了很多碳化米，出土稻谷遗存情况与河姆渡遗址差不多，再次支持了长江下游稻作起源地和长江流域也是中华文明的发源地的说法。

　　水稻发现之后，很多史学工作者和考古工作者开始关注长江流域稻作起源问题。河姆渡是当时发现稻作遗存最早的遗址，严文明教授在《农业考古》上发表论文《中国稻作农业的起源》，提出以长江下游为稻作起源地，随后向周围扩散的传播模式，影响很大。在河姆渡等考古遗址出土的稻谷研究过程中，还有一件事值得一提。云南省农业科学研究院粮食作物研究所是当时在国内现代水稻品种研究方面比较有地位的研究所，所里有一位水稻育种方面的著名专家程侃声，他看到长江下游地区出土了年代这么早的水稻，就派研究人员周季维过来，对这里出土的古水稻进行全面测试和鉴定。他根据水稻粒型，对河姆渡、罗家角等遗址出土的稻谷（米）重新做了分类，认为出土稻谷（米）可以分为两类，一类属于籼稻，一类属于粳稻，以籼稻为主，粳稻数量较少。这个研究成果为严文明教授综合研究稻作起源提供了一些数据支持。

　　河姆渡遗址既有水稻，又有大量的动物遗存。在开展系统的植物考古工作之前，只能对尺寸大的、肉眼看得到的植物种子，比如南酸枣、桃子、橡籽等遗存进行收集，装在玻璃试管里带回研究所，有一些现在还保存在研究所的库房里。在罗家角遗址也收集了一些植物遗存，但由于发掘面积没有河姆渡遗址大，所以收集植物遗存的数量也比较少。80年代末90年代初，长江中游发现了很多早期稻作遗址，如湖南澧县彭头山和八十垱等，进一步丰富了稻作起源的资料，更新了对稻作起源的认识。

就我们考古所来说，系统的植物考古工作是到了 21 世纪初，建立科技考古室后开始的，因为受到业务人员配置数量以及人员学科背景的制约，开展科技考古的领域定位于植物考古。2002 年我来研究所后，曹锦炎所长去文化厅争取了 30 万元经费，买了一台生物显微镜、一台简易的体视显微镜和一个离心机，加上我自己带来的一个显微镜，配置了一间十几平方米的房间作为实验室，工作就这样开展起来了。当时，中国科技考古工作刚刚起步，只有中国社会科学院考古研究所有一个科技考古实验室，在全国的地方考古所中，我们是起步比较早的，其他省所可能还没有以田野植物考古为中心的科技考古室，后来这个方向逐步发展起来。现在很多高校设立了植物考古研究方向，培养研究生。

科技考古室开展工作之初，主要做一些同田野考古相结合的植物遗存调查。记得第一个主动开展植物遗存调查工作的是蒋乐平主持的跨湖桥遗址第二次发掘。现在回看，当时的工作还不够细致和系统，留下了一些遗憾，但收获还是很多。通过浮洗土壤①发现了很多水稻遗存，也发现了一些南酸枣、桃子、橡籽等。发掘人员也收集到了较多尺寸较大的植物遗存。这些水稻遗存为进一步研究判断 8000 年以前的水稻是否属于栽培稻提供了材料。经过各角度研究，发现是栽培稻，由此把长江

---

① 碳化植物遗骸比一般土壤颗粒轻，比重略小于水，因此将土壤放入水中便可使植物遗存脱离土壤浮出水面进而提取之。

下游地区栽培水稻的历史提早到 8000 年前，与中游地区的八十垱遗址同时期，比彭头山可能稍晚一点。遗址中发现的大量树木遗存，让我们认识到进行材质鉴定的必要性，通过组织鉴定和肉眼鉴定相结合，进行初步鉴定，并开启了木器材质鉴定工作。浙江省文物考古研究所也是全国较早开展木器材质研究的考古文博单位。

2003 年，赵晔主持开展余杭卞家山遗址发掘工作。遗址中出土了很多南酸枣、桃子等较大种实，也浮洗出碳化米等尺寸较小的植物遗存。在卞家山遗址工作期间，我们也想做一些稻田遗迹的调查工作，在遗址周围进行了一些钻孔，但是受业务水平和工作精力的限制，没有进一步实施这项工作。2005 年，丁品主持发掘湖州钱山漾遗址，通过植物遗存调查，获得了数量较多的钱山漾、马桥文化时期的植物遗存，还发现了由纤维织成的比较精致的带子。联想到 1958 年钱山漾第一次发掘出土的丝带等遗物，非常兴奋，马上带回实验室，放在显微镜下观察，看上去确实像丝带。为了进一步确认，我联系了大学同学——浙江大学蚕学系的钟伯雄教授，进行蛋白质电泳研究，发现丝带含有类似丝蛋白的成分。丁品后来在灰坑遗物清理中还发现了一片织物，结构致密，经纬线精细，和 1958 年出土的绢片非常相似。我委托中国丝绸博物馆周旸研究员做了氨基酸分析，发现氨基酸组成与蚕丝蛋白不同，认为这不是丝带，是一种植物纤维的织物，推测是麻织物。另外，我还委托浙江大学动物科学院的一位同学进行了取样分析，发现里面含有丝蛋白质，怀疑纤维中混有蚕丝。在中日合作开展的"长江下游植物遗存调查研究"课题实施过程中，日本专家也进行了取样分析，结果显示织物纤维不是蚕丝，是植物纤维。许多专家提出有必要对 1958 年发掘出来的织物再做鉴定研究。

2005 年，财政厅认为植物考古很重要，提出可以向财政厅申请经费资助。单位以"浙江史前农耕遗址的考古研究"为题申请科研项目资助经费 60 万元。当时孙国平正在田螺山遗址发掘，在遗址周围进行了大规模勘探，打了 100 多个钻孔。从钻取土样中看到，有的地层很像稻田土。做了植硅体分析以后，发现水稻植硅体密度很高，知道这里埋藏着两层水田，第一层是河姆渡晚期，面积有 110 亩；第二层是河姆渡早期，面积有 95 亩。2005—2006 年钻探调查后，2007 年开始试掘，挖了一个编号为 T1041 的探方，基本上跟我们的钻探地层相对应。剖面的地层堆积和植硅体分析结果，都跟钻孔调查和分析的结果基本吻合。但是由于试掘面积只有 50 平方米，在平平整整的耕作层没有发现别的遗迹。在另外一个地点也进行了小规模的发掘，有 150 平方米，发掘出了河姆渡文化早期和晚期的古稻田和田埂。有了古稻田和田埂，就可以理直气壮地说，稻作是河姆渡文化的农耕文化特色。150 平方米的发掘面积大概要赔给农民 12000 多元钱，因此当时不具备进一步扩大发掘的条件。河姆渡遗址发掘以后，在国内外产生了重大影响，对河姆渡文化的稻作农业也出现了一些质疑的声音，认为当时是采集狩猎社会，遗址出土的稻米来自于采集。现在找到了农田，又有粒型证据，栽培水稻的证据就更加确凿了。2011 年春季，对临近居住遗址的西北角又进行过一次发掘，发现了水渠和田埂组成的灌溉系统。道路用树枝条铺垫而成。当时也不明白歪七斜八铺垫的树枝条是干啥的，一时难于理解。由于发掘面积小，没有系统揭露；如果面积大，很可能与最近发掘的施岙遗址的古稻田结构相似。此遗址距田螺山遗址直线距离只有 500 米。田螺山、施岙遗址的古稻田类型，在宁绍地区具有普遍性，在宁波镇海乌龟山、吕岙等遗址也发现了此类遗迹。田螺山遗址古稻田是已经发现的世界上最古老的稻田，发掘和研究成果是全新的。2009 年，成果发表在国际刊物 *Journal of Archaeological Science*（《考古科学杂志》）上，杂志编辑把论文放在刊物的第一篇，在评论栏目中向读者推荐。当时国内考古工作者利用考古材料研究成果在国际学术刊物上发表文章还不多见，在中国科学院主办的《科学通报》（*Chinese Science Bulletin*）上刊载的考古研究文章也是寥寥。河姆渡文化的古稻田研究文章没有在国内学术杂志上发表，国内考古界知道的人不多。

关于河姆渡文化时期到底是采集社会还是农耕社会的问题，目前我们还不能给出明确的答案，但有一点是肯定的，稻作在河姆渡文化的经济活动中占有重要地位。田螺山遗址发掘从一开始就引入了科技考古的理念，开展动植物遗存调查和多学科研究。北京大学和浙江省文物考古研究所向教育部申请了一个"田螺山自然遗存的综合研究"的项目，并邀请英国伦敦学院大学（University College Condon，UCL）的国际著名植物考古学家傅稻镰（Dorian Fuller）教授一起参加工作。傅稻镰在田螺山遗址待了很长时间，与研究所业务人员一起进行土样浮洗和植物种子的分拣和鉴定工作。通过对反映稻谷落粒性的小穗轴基盘①的观察研究，证实了田螺山遗址的水稻遗存属于栽培稻，并且根据进化速率，推测长江下游水稻驯化的时间可上溯到跨湖桥文化时期。这个推论现在看起来比较保守，但这是西方学者首次与中国研究人员一起开展稻作起源的考古学实证研究，研究成果发表在美国 *Science*（《科学》）周刊上，在欧美产生了很大影响。

　　野生稻谷落粒性很强，成熟后自动掉落；栽培稻谷不易落粒，需要用人力或机械力对稻穗进行脱粒处理。由于脱粒方法不同，形成了小穗轴基盘的形态差异。两者落粒性不同，主要由小穗轴基盘上离层组织的发达程度决定，野生稻具有发达离层组织，而栽培稻离层组织发育不完全。利用小穗轴基盘判别野生稻和栽培稻，开始于 90 年代中日合作的河姆渡遗址出土稻谷的研究工作，从出土稻谷中发现了四粒野生稻谷。2005 年，我们采用这个方法，对跨湖桥、河姆渡、罗家角等遗址出土

---

① 小穗轴是稻谷与稻杆小枝桠的连接部位，是承托稻谷的基盘。野生稻有自然脱粒的特性，稻谷脱落后，小穗轴的接触面是光滑的；而驯化后的栽培稻失去了这一特性，需要人工脱粒，其小穗轴的接触面就留下了"疤痕"。

的稻谷进行观察和研究，证实距今 8000 ～ 7000 年前的遗址出土的水稻遗存是栽培稻，打消了部分学者对稻作起源的一些疑问，并推测水稻开始栽培的时间可上溯到 10000 年前。研究成果以中、英两种文字发表在 2007 年的《科学通报》上。[1] 目前，小穗轴基盘特征已经成为国际公认的鉴别栽培稻和野生稻的最有效方法。最近几年，随着研究所科研条件的改善，我们开始利用电子显微镜对小穗轴基盘离层组织结构进行研究分析，开创了稻作农业起源研究的新途径。

田螺山农耕遗址发掘以后，2009 年，丁品主持发掘了余杭临平茅山遗址，这是一次应对房地产开发的抢救性发掘。记得是 8 月 17 日，丁品打来一个电话，说墓地前面是一大片开阔稻田，是否可以调查一下与遗址相关联的古稻田。翌日，我和陈旭高带上工具前去钻探调查。钻孔间距约 20 米，东西向和南北向各钻探四个地点。从钻孔土样的土质、土色，当时就判断有可能埋藏古稻田。钻孔过程中还遇到雷阵雨，雨很大，淋湿了衣服。回到研究所后，马上对采取土样进行前处理和植硅体分析。镜检时，看到了密密麻麻的水稻植硅体，相当兴奋。将分析结果电话告知了在发掘现场的丁品，并就富含植硅体地层的属性进行了讨论，确认这些地层不是居住区，也不是墓地，初步判断可能是生产区，即稻田。我们把前期的工作和基本判断向李小宁所长做了汇报，他同意

[1]　《科学通报》早期是中英文对照出版。

526

进行试掘，但建议试掘面积不要太大，有 100 平方米就差不多了。大概一星期后，丁品在钻孔取样地点位置，布了一个 200 平方米的探方。借用了开发商的挖掘机，把表土和自然洪水沉积层挖掉，到达稻田层上层，通过民工剥剔，揭露出田面。田面很平整，色泽黑黑的，为黏土，与叠压在上面的淡黄色自然淤积粉砂土层形成鲜明的对比，并且自然淤积层与稻田土层很容易剥离。民工清理田面，发掘人员观察遗迹，在清理过程中，发现田面上有规律排列的一个个下陷的小坑，内充填上层的淤积土。上层淤积土清理工作完成后，呈现出一串东南—西北走向的脚印，基本判断是动物留下的。为了知道是什么动物的脚印，发掘人员测量了脚印的间距，还到附近的养牛场，测量了牛脚印的间距，进行比较，基本可以断定是牛的脚印。技工渠开营对脚印内淤土进行清理后发现，脚印大小、形状与牛蹄十分相似。现在看来，这个发掘点选得真好，除了牛脚印，还在探方东北角发现一堆红烧土，后来扩大发掘，才知道是红烧土铺面的田埂。发现牛脚印、红烧土等遗迹后，单位认为茅山农耕遗迹很重要，有必要进一步扩大发掘。大面积揭开后，良渚文化晚期的稻田非常壮观，由一条条的红烧土铺面田埂分隔成的 1000～2000 平方米的田块，还有水渠、河道等配套的灌溉系统。茅山遗址发掘时间很长，从 2009 年开始，到 2011 年结束，发掘面积超过 10000 平方米。发掘出古稻田后，为了知道稻作生产规模，在遗址周围进行了大范围的勘探调查和植硅体分析，发现茅山遗址周围的湿地并没有完全开垦，稻田只分布在居住遗址和墓地南侧 100 米左右的一条狭长地带，远的地方就没有了。根据土质、土色和植硅体分析结果，最后框定稻田面积在85亩左右。

　　田螺山遗址和茅山遗址的古稻田显示，浙江地区的新石器时代稻作农耕遗迹和90年代在苏州等地发现的马家浜文化晚期的稻作农耕遗迹是不一样的。在茅山遗址的良渚文化晚期的地下，还发现了良渚中期稻田，呈现出大小不一的坑状田块，面积比较小，和晚期大片稻田面貌完全不一样。从农耕遗迹来看，马家浜文化晚期水稻生产还很落后。江苏草鞋山遗址是我国发现最早的古水稻田，是江苏省农业科学院和以日本宫崎大学藤原宏志教授为代表的日本课题组的合作研究成果。经过国家文物局的批准，在前期进行大面积的钻探调查和植硅体分析的基础上进行发掘，在生土面上发现了许多坑状的遗迹，遗迹土壤检测显示水稻植硅体含量很高，里面还浮洗出碳化米等植物遗存。这些遗迹形状不规整，大小不一，面积为1～10平方米，综合各方面的数据，研究团队认为是利用自然地形的低湿之处，经过人工修建后种植水稻的原始水田。草鞋山遗址的农耕遗址考古工作在我国是开创性的，在稻田类型学方面对考古发掘工作有不小的影响。后来，在江苏昆山绰墩和澄湖等遗址，以及山东赵家遗址也发现了此种类型的稻田。如何理解草鞋山类型的古稻田，各国学者都有一些自己的想法和理解，有人认为是中国最早的灌溉水田，是早期水田的原始性表现；还有人认为，这种小面积水田有利于水稻自交系统的形成，加快完成从野生稻向栽培稻的进化过程。我国

图 4-48　郑云飞等做农耕遗迹调查

开展稻作农耕遗迹考古的时间还很短，发掘的遗迹案例还不多，许多问题还处于研究摸索阶段。近年来，浙江的田螺山遗址、马家浜遗址、茅山遗址以及施岙遗址均发现古稻田，呈现出大规模、大田块的特色，是一种不同于草鞋山遗址古稻田的崭新类型，且茅山遗址的灌溉系统比较完善。大规模稻田的发现，对良渚文化晚期进入文明社会的判断起了很大作用。（图 4-48）

　　2010 年，芮国耀主持了嘉兴马家浜遗址的发掘，科技考古室配合发掘人员一起进行遗址农耕遗迹调查工作，在遗址周围 100 多个地点进行了钻孔取样和植硅体分析，发现古稻田的埋藏区域。调查后，挖了一个试掘坑，发现灰褐色的平整耕作层，厚度约 20 厘米，保存得很好。尽管没有大面积发掘，但从马家浜遗址的试掘情况看，这里的古稻田与草鞋山遗址的坑状稻田类型是有区别的。

　　日本学者采用水稻植物蛋白石（plant opal）分析法进行水田遗构的探查。植物蛋白石是植物硅酸体在土壤中形成的化石（又称植硅体、硅酸体或植硅石）。禾本科植物具有从土壤中大量吸收硅酸的特点，进入植物体内的硅酸会在特定细胞的细胞壁上沉积下来形成植物硅酸体（silica body）。由硅化物形成的植物硅酸体在植物死后具有不被氧化、分解的特性，以其原有的形态半永久性残留在土壤中，成为土壤粒子。不同植物的硅酸体具有不同的形态特征，从而为植物类型的定性、定量分析提供依据。研究表明，每克干土壤样本中含水稻植物蛋白石的数量在 5000 粒以上时，该土壤来自稻田的可能性则很大。[1]

---

① 宇田津彻郎、王才林、柳沢一男、佐々木章、鄒江石、汤陵华、藤原宏志：《中国・草鞋山遗迹における古代水田址调查（第 2 报）・遗迹土壤におけるプラント オバール分析》，《考古学と自然科学》第 30 期第 37-52 页，日本自然科学考古学会出版，1995 年。

　　古稻田发掘后，许多人提出了稻田的亩产量问题，这就需要进行估产。我们对每个探方里良渚文化晚期和广富林文化的稻田层都取了样，一共 70 个探方，共采取了 140 多份土样。对这些土样进行植硅体分析，获得稻田的植硅体平均密度，结合稻田地层的延续使用年代推算出茅山稻田亩产稻谷 141 千克。当时许多人说这个产量估测过高了，说实话，即使茅山古稻田亩产 140 千克，能否代表良渚文化时期的平均产量，我们心里也没底。亩产量是根据宫崎大学藤原宏志教授发明的硅酸体系数来估测的。硅酸体系数是 6.25×10^{-6}，即一粒水稻植硅体相当于稻谷重量的 6.25×10^{-6}。在新石器时代，摘穗是先民主要的收获方式，秸秆、稻叶等大部分返回到耕土中。有了这个系数，就可以根据植硅体密度、土壤容重、耕作层厚度计算出单位面积的植硅体数量，估算出总产量，再除以耕作层的使用年限，计算出亩产量。上面的植硅体系数是藤原宏志教授团队基于日本栽培品种的研究结果，他认为，估测中国古稻田亩产量最好使用基于中国农家品种研究的植硅体系数。关于良渚文化时期的水稻亩产量，北京大学赵辉教授在他的文章中做过推测，大约 100 千克稻米，如果按 70% 出米率计算，非常巧合，就相当于大约 140 千克稻谷。用这个方法，我们对田螺山遗址河姆渡文化时期的古稻田也估算了亩产量，晚期稻田是 65 千克，早期稻田是 55 千克。这些估算亩产量数据是否接近实际情况，现在还不好说，但比起以前没有任何数据，还是有了进步，毕竟是基于科学分析数据的一个估测。

浙江省稻作农耕考古工作的另一个重大发现，是莫角山遗址东坡粮仓遗迹。茅山发掘结束后，2011 年 12 月的某一天，王宁远打来电话，说在莫角山东坡解剖探沟里发现黑色的土层，里面有稻谷，已经取了一部分土，放在坡上，希望浮洗一下。到现场后，我们首先采集少量土样进行初步浮洗，发现密密麻麻的碳化米。看到这种情况，意识到这有可能是粮仓废弃堆积，对理解良渚文化的稻作农业具有重要意义，很有必要对埋藏范围、地层深度以及埋藏总量进行详细的调查研究。在技工祁自力等人的协助下，经过钻孔调查，框定堆积地层分布范围约 900 平方米；测量解剖沟不同位置的地层厚度，并用 50 毫升土样罐采取了不同位置的十几个土样，进行定量分析。结果显示，土壤中碳化米密度非常高，一些地点的 50 毫升土样中含有碳化米近 400 粒。根据地层平均厚度，计算出总土方数，根据单位体积土样中含有碳化米的平均数量，计算出埋藏的稻米总数量，按稻谷千粒重 15 克（低于现代水稻千粒重），计算出埋藏稻谷重量为 12000 多千克。如此巨大稻谷埋藏量的发现，对考古界来说是一件前所未有的大事，许多专家惊叹不可能！不可能！在此之前，良渚文化遗址从来没有出土过这么多碳化稻米，多的有上百粒，少的只有几粒，后来经过两位民工对解剖沟的部分土样进行淘洗，装满了好几个塑料筐。除了碳化米，土样中还发现了烧土块、木炭、草绳等遗物，发掘解剖沟时还出土了几件木质建筑构件。地层中埋藏的既有碳化米，也有数量不少的稻谷。为了回答废弃粮仓储藏的是稻谷还是稻米的问题，我们统计了土壤中的小穗轴数量，约为稻米数量的 85%。

通过对遗存的综合分析，明确了带穗稻谷是当时的储藏形式，仓库因火灾而废弃。

后来，莫角山西坡等地陆续发现稻谷堆积层，其中埋藏量最多的是池中寺遗迹。根据同事武欣调查估算，总量接近 20 万千克。在莫角山遗址周围，迄今已经发现七个稻米遗存集中仓储地点，既反映了良渚文化时期发达的稻作生产和繁荣的稻作文化，也在一定程度上反映出良渚古城的人口密集程度。大规模稻作农耕遗迹和大型粮仓遗迹等的发现，为世界遗产委员会的结论评语"良渚古城是稻作生产高度发展基础上的区域性文明"提供了技术支撑。

植物遗存调查不是单纯的研究，这些植物遗存本身也是文物，具有展示和收藏功能。稻谷等植物遗存不仅具有经济方面的意义，在叙述文化方面也具有重要意义。发现植物遗存后就要考虑展陈的需要，应该尽可能多地收集植物遗存，以增强展示效果。正是由于莫角山遗址粮仓遗迹的发现，才有可能把大量良渚文化稻米放入博物馆，为观众呈现一种距今 5000 年稻作农业如此发达的震撼画面。

在良渚古城周围，也做过古稻田探查工作，但结果并不理想。美人地遗址周围，14 万多平方米的区域打了 100 多个孔，无论从地层堆积情况，还是植硅体分析结果来看，都没有发现遗址周围埋藏古稻田的迹象。在荀山北侧的钻孔调查中发现富含水稻植硅体的地层，做小规模试掘发现了古稻田地层，但是整个稻田面没有揭示出来。水稻田发掘工作需要揭露面积大，靠试掘是很难发现稻田遗迹的。日本金泽大学教授中村慎一课题组有一个稻作文明学综合研究的项目，由宫崎大学宇田津彻郎教授、爱媛大学田崎博之教授负责稻作农耕遗迹调查研究课题，他们分析了良渚遗址群的黄泥口遗址等几个地点的样品，发现可能是古稻田的地层，但没有进行试掘确认。农耕遗迹发掘工作很重要，钻孔取样和植硅体分析只是前期调查工作，目的是明确遗址周围存在古稻田的可能性及分布范围。探查后，还需要经过大面积发掘进行确认，并揭示古稻田的形态和耕作方法。

在良渚遗址群的莫角山、卞家山、美人地、钟家港等遗址，也做了植物遗存浮洗调查工作。根据植物遗存调查结果，基本可以构建起良渚先民的经济生产活动模式。水稻肯定是良渚文化时期最重要的栽培作物，其次是江南农村的传统水果，桃子、梅子、李子、杏子等一应俱全。良渚时期的水果种植，与现代专业化、规模化和商品化的生产不同，没有成片的果园，也就是在田边地头、门前屋后种一点。除了果树，良渚先民还种植菜瓜等蔬菜。叶菜类研究不太好做，许多十字花科和菊科植物都可作为蔬菜食用，遗址中发现的这些植物种子也不能排除是来自良渚先民的食用蔬菜，这方面还有许多工作要做。以往的植物考古工作中，除了粮食作物，其他的一般当成野生植物处理。实际工作过程中，我们经常思考，除了栽培禾谷类粮食作物外，真的就没有栽培其他作物吗？理应不该如此。于是，我们就以种子大小作为切入点，在甜瓜、桃子方面做了一些工作，研究结果显示，这些果蔬在新石器时代都有人工栽培的迹象，从良渚文化时期开始，有一个明显的品种选育过程。其他如南酸枣、葡萄等，在新石器时代遗址出土的数量也不少。南酸枣在中国古代文献中没有栽培的记录，但现在南方地区已有栽培，用于制作蜜饯、酸枣糕等食品。尽管目前我们还不能说史前栽培南酸枣，但也不能排除先民对房前屋后的植株进行除草、施肥等管理。原始先民对一些经济作物的管理很早就开始了，他们在刀耕火种的时候，把桃树等有用的植物留下来，并把周围其他植物除掉，促进有用植物的生长。良渚文化时期，很多作物栽培开始慢慢系统化，栽培技术水平提高得很快。

对良渚水坝草裹泥的研究是植物考古功能外延的一个典型例子。岗公岭水坝和莫角山西坡的草裹泥被发现以后，很多人询问草的种类，由于长期地层叠压，单单根据外部形态很难分辨。经过植硅体分析，发现许多芒属植硅体。对比周围的现生植物后，认为最有可能来自南荻（旧分类归属芒属）。负责这项工作的主要是陈旭高，他是学生物的，比较注意分类细节，经过仔细观察，在西坡草裹泥上发现了南荻的穗子，查阅相关资料后，认为用来包裹泥土的南荻可能收割于 10—11 月。他也注意到了用来固定草裹泥的圆木桩，尝试根据年轮判别砍伐季节，发现最外层年轮具有晚材特征，推测可能是秋冬季砍伐的树木。通过南荻穗子和树木年轮分析，推测堆筑草裹泥的施工在秋冬季进行。尽管相关基础工作还有待进一步完善，但的确是一个很好的工作思路。

浦江上山遗址的发现和发掘，开启了中国稻作农业起源的新局面，是植物考古工作必须提到的事件。2003 年，蒋乐平送来试掘出土的陶片，说陶片中有许多稻谷印痕，希望做进一步分析。由于专业方向的原因，首先想到对陶片进行植硅体分析，结果不出所料，在陶土中发现了大量稻属植硅体。2004 年，上山遗址开始正式发掘，主持人蒋乐平在发掘前制订了包括多学科研究在内的详细的工作计划。计划中对多学科研究有明确分工：中国社科院考古研究所赵志军负责植物遗存的浮洗，香港中文大学吕烈丹负责残留物分析，澳大利亚拉筹伯大学（La Trobe University）刘莉负责石器微痕分析，我所科技考古室负责植硅体分析。2005 年初，赵志军邮寄过来一台浮选机，浮选工作开始进行，其他人员也各自按计划开展各项工作。经过一年左右的时间，各项工作均取得了一些收获。但由于丘陵地带土壤中的有机质不易保存，浮选出的植物遗存，尤其是碳化米的数量非常少，不足以支撑对一万年前稻米文化属性的判断。既然陶片中掺杂这么丰富的稻谷壳，是否可以从这些掺和料中找到一些证据？抱着这种想法，我们尝试通过剥离陶片等手段进行观察，最终发现了一些可用来进行栽培稻和野生稻判别的小穗轴。根据小穗轴基盘特征，得出了上山遗址古稻属于带有野生稻性状的早期原始栽培稻的判断。上山遗址地层和灰坑土壤中，稻植硅体密度也非常高，说明稻米在上山人生计中的重要地位。吕烈丹后来也做了一些植硅体分析工作，验证了我们之前的工作。刘莉等做的石磨盘残留物分析也取得了收获，在石磨上发现了稻植硅体和橡籽淀粉粒等。2006 年，蒋乐平、刘莉等在英国 *Antiquity*（《古物》）杂志上发表文章，讨论上山遗址的稻作问题，在国际上引起了很大反响。我们的研究成果于 2007 年发表在《考古》杂志上，后翻译成英文再次刊在 *Chinese Archaeology*（《中国考古学》）上。

　　研究所的科技考古室成立后，以植物考古为中心开展工作，主要获取史前先民吃什么、怎么吃、是否吃得好等与社会经济发展相关的考古学证据。实际工作中还经常会遇到许多需要用植物考古方法解决的问题。由于地处长江下游，浙江省的许多遗址埋藏在地下水位之下，常常出土许多饱水木质文物，需要鉴定树木的种属，业务人员边做边学，启动了此项工作。树木遗存种属鉴定工作开始于跨湖桥遗址，后在卞家山遗址进行系统取样和种属鉴定。2003 年，"浙江省新石器时代木制器物材质特点的研究"课题获得国家文物局的科研经费资助。2004 年，田螺山遗址开始发掘，发现了大量木质建筑构件，即开始着手对这些树木遗存做种属鉴定。正是这一年，经国家文物局批准，启动了"长江下游新石器文化的植物考古学研究"中日合作研究项目。2005 年，中日两国研究人员开始对跨湖桥、田螺山、卞家山等遗址出土的木制品进行材质鉴定和研究，做了不少工作。2014 年，浙江省文物局的"文物考古动植物遗存分析检测平台建设（一期）"项目启动。2015 年，对田螺山遗址出土的木器和建筑构件再次进行系统取样和种属鉴定，共鉴定木构件 1600 余件，木器 580 余件，每一件木构件有自己的明确编号和位置，是该遗址最全面的一次木质遗存鉴定工作。为了提高植物种实和树木遗存的鉴定正确率，现代标本必不可少。省文物局的平台建设项目启动后，通过与杭州植物园合作，开始了制作木材组织标本和收集植物种实标本的工作，目前已经制作木材组织标本 300 余份，收藏植物种实标本 500 余份。现有的种实和树木组织标本库还是太小了，需要继续工作，不断扩大。

在田野植物考古工作中，除了浮洗植物种子，还会遇到来自考古发掘的各类问题，需要我们回答。2002 年的跨湖桥遗址发掘中，发现在文化层之上，覆盖有约 2 米厚的自然沉积相地层，与跨湖桥文化的兴衰有密切关系。我们尝试利用硅藻分析解释地层的成因，发现地层中含有来自海水中的硅藻，判断覆盖在文化层之上的自然沉积地层可能与海侵有关。在田螺山遗址发掘过程中，也发现文化层之上覆盖着青灰色淤泥，初步分析结果也显示与海水进入有关。2006—2008 年，在外围的稻作农耕遗迹发掘中发现不同时期的古稻田地层之间存在青灰色淤泥间隔层现象，引起我们的极大兴趣。我们对剖面土样进行了系统的硅藻分析，发现间隔层为海相淤积，证明全新世①海平面波动引起的海退和海侵，一直影响着沿海地区先民的生产和生活，是决定先民生存方式和生计模式的重要因素。研究结果以中英文论文形式发表在 2012 年的《科学通报》上，引起学术界的广泛关注。

浙江文物考古研究所的植物考古工作比较早地开始了中外合作的尝试。第一个项目是河姆渡遗址的稻作农耕遗迹的中日合作调查，日本方面的负责人是宫崎大学的藤原宏志教授，中国方面的负责人是刘军所长。1994 年，项目得到国家文物局批准，1995 年实施。通过钻探和植硅体分析，在河姆渡遗址周边，发现河姆渡文化时期的古稻田。由于埋藏深度有 4 米左右，按照当时的条件和技术水平，发掘有诸多困难，只好止步于调查阶段。参加此次调查的日方人员有宫崎大学的藤原宏志、柳泽一男、宇田津彻朗、矢野奈津子和大分大学的佐佐木章，中方成员有研究所的刘军、王海明和我，那时候我还在浙江农业大学农史研究室。

2004 年，国家文物局批准了金泽大学中村慎一教授主持的"长江

---

① 全新世（Holocene），旧称冲积世（Aluvium，该词汇现指冲积层），是最年轻的地质年代，从 11700 年前开始。根据传统的地质学观点，全新世一直持续至今，但也有人提出工业革命后应该另分为人类世。其名称源自希腊语，意即"完全新近的"。全新世的气候变化与人类社会的发展有密切的关系，因此，详细研究全新世的气候和环境变化至关重要。

下游新石器文化的植物考古学研究"中日合作研究项目，2005 年正式启动。该课题的日方研究人员组成比较综合，汇集了许多学科的研究人员，有木材鉴定专家东北大学铃木一男教授、植物和环境考古专家奈良教育大学金原正明教授、植硅体分析专家宫崎大学宇田津彻朗教授等，开展了树木遗存、植物遗存和古环境、稻作农耕遗迹等方面的研究，项目于 2008 年结束。2009 年，中村慎一的团队获得日本文部省科研项目资助，开展良渚文化综合研究。该课题结束后，2015 年启动了"稻作文明学研究"。中日多学科合作研究自 2004 年以来一直没有停止。2015 年，世界著名植物考古学家、加拿大多伦多大学加里·克劳福德（Gary W. Crawford）教授团队在加拿大社会科学与人文研究理事会基金的资助下，启动了"上山文化研究"项目，开展稻作起源、陶器制作工艺、人地关系等多学科综合研究。21 世纪以来，研究所的中外学术交流相当活跃，所在区域已经成为研究稻作农业起源和史前人地关系的热点地区。

我国已经把植物考古作为田野考古的一项重要工作内容，这就要求我们到田野考古现场去进行工作，从地层和各类遗迹中，系统性地获取植物遗存和分析材料，从而较全面地获得古代人类生计模式、经济活动特点、人地关系以及农耕文化交流等方面的信息，提供解释遗址中各类遗迹功能的植物考古依据。植物考古内涵丰富，功能强大，担负任务也很重，到现场取一些样品、分析出结果、提出一些想法，还远远不够，只有直接到田野考古现场，与发掘人员一起工作和交流，才会获取发现问题和解决问题的好思路，才有可能推动考古事业的发展。浙江是稻作起源地，稻作是地方物质文明发展的主线，探明稻作源头、理清发展脉络，是浙江省植物考古工作的责任，也是我们的优势。以稻作起源发展为中心开展植物考古，不仅要分析反映先民食物来源和生产活动的大植物遗存，必要时也要开展能提供环境信息的植物微小化石分析工作。农耕遗迹考古是考古的新领域，离不开植物考古。这项工作很难做，由于农田中遗物、遗迹稀少，发掘调查面积小了，发现不了，面积大了，涉及土地赔偿、发掘经费、人力、时间等方方面面成本的增加。一般来讲，聚落中的农业生产耕作区远远大于生活居住区，如果把农耕遗迹考古纳入田野考古内容，发掘面积就会成倍地增加。浙江省几处大面积的稻作农耕遗迹发掘都得益于地方的大规模土地开发。民以食为天，农业生产是推进人类社会发展的主要物质基础，农耕遗迹在考古工作中的意义不言而喻，但如何积极有效地开展这项工作，在田野操作规程等许多方面还需要研究和探讨。

动物考古

宋姝（动物考古专业人员）

1979 年，浙江省文物考古研究所成立后，考古工作者在田野考古发掘工作中越来越重视收集遗址中的动物遗存，但由于当时没有动物考古专业人员，对动物遗存的研究工作实际上主要由一些从事地质或古生物研究的学者来做，研究内容基本限于种属鉴定，很少涉及其他方面。比较系统的研究，主要以 1973 年余姚河姆渡遗址发掘为开端。发掘过程中出土了大量动物骨骼遗存，引起考古人员的高度重视。收集到的动物遗存，交由浙江省博物馆自然组（浙江自然博物院的前身）和中国社会科学院古脊椎动物与古人类研究所的专业人员进行鉴定和研究，并于 1989 年出版了《浙江余姚河姆渡新石器时代遗址动物群》。这是新中国成立以后，新石器时代动物考古研究方面最全面、系统的专著，成为从事动物考古工作的必读之书。

2016 年之前，研究所大多选择与诸如浙江自然博物院、上海自然博物馆、北京大学等机构合作开展动物考古研究；国际上，则与日本金泽大学的中村慎一老师带领的学者团队（松井章、菊地大树、丸山真史等）合作较多。

良渚遗址群出土的动物遗存数量并不多，较为系统的中日合作研究主要有卞家山和美人地两处遗址。卞家山遗址的动物骨骼遗存很多都在灰沟里面，来自一种生活废弃类的堆积，主要由于埋藏环境这一重要因素的条件限制，骨头的整体保存状况相对比较好，所以选择和松井章老师的团队合作。他们多次来到当时在八角亭的良渚工作站，对卞家山遗址的动物骨骼进行了鉴定和整理。卞家山出大报告的时候，北京大学的张颖延续了之前的工作，并最后形成了一份文字鉴定报告。张颖的鉴定报告与之前合作中只做单纯种属鉴定的研究相比，更加系统和完整，多了一部分关于动物死亡年龄、骨骼病理、人工痕迹、家畜讨论、古环境复原的内容。

美人地遗址的动物骨骼遗存研究，我记得鉴定了大概 200 件动物骨骼遗存，以家猪骨骼为主，还有少量的鹿科、水牛属，以及狗、雁、龟等动物，动物构成与卞家山遗址相似。

2016 年硕士毕业后，我应聘到考古所工作。大概 2016 年 7 月中旬，来到良渚工作站，当时正好在发掘钟家港古河道，其中出土了大量动物骨骼遗存，同样属于一种生活废弃类的堆积，由于它们一直处于饱水缺氧的环境中，保存情况非常好。这个遗址从 2015 年开始发掘，里面不仅有大量动物骨骼，还有一部分人类骨骼和各种生活垃圾，它们都混杂在一起。经过一段时间的发掘后，我们对大量动物骨骼进行了分批简单整理，发现上面有非常丰富的人工痕迹，这类痕迹绝大多数和饮食相关，即肢解、剥皮、剔肉等的痕迹。还发现了一部分痕迹与对骨制品进行加工制作相关，这样的痕迹与石器以及玉器的截料手法（线切割、片切割）大体一致，细节上的加工方式也没有太大的区别。另外，骨骼上出现的病理痕迹也较为丰富，指示了家畜或野生动物生前的健康、营养状况。2018 年，钟家港遗址差不多就完成发掘了，这次为期四年的发掘积累了大量动物骨骼遗存资料，同时，它们也是目前良渚古城中唯一一批集中出土、保存良好的动物遗存，对研究城内先民的物质文化生活具有无可替代的重要意义。

钟家港遗址中出土的绝大多数动物骨骼属于家猪，占所有出土哺乳动物骨骼的 90% 以上，可见当时的家猪饲养业已经较为发达。出土的动物可以分为两大类：一类是家畜，一类是野生动物。家猪和狗是目前可以被确定的家畜；野生动物的种类更加丰富，现在可以确定的大概有 30 多种。野生动物种类的整体状况反映出良渚先民生活在一个比现在更加暖湿的环境，是一个亚热带环境。相对于现在的动物群种类而言，当时良渚的动物群种类可能更接近于现代华南地区的动物种类。也就是说，按照地理划分，浙江处于华东地区，但是综合整个生态环境来看，当时的浙江可能跟现在的华南地区更加接近。目前正在做一些更细致的动物骨骼的归类整理和测量工作，让每一块动物骨骼都留下一些测量数据，包括描述和鉴定的信息。（图 4-49）

近几年，还有一些比较有代表性的遗址，比如杭州拱墅区的吉如遗址，遗址的性质是良渚古城的近郊，出土了一些陶片、石器、动物骨骼。动物种属鉴定仍以家猪为主，野生动物较少，种类远没有古城内丰富。2020—2021 年发掘的北村遗址，距离古城非常近，发现了良渚早期和晚期的遗迹，在早期的河道中发现了少量的动物骨骼和人骨，动物种属仍以家猪为主。

图 4-49　宋姝在进行动物骨骼测量

我们目前对钟家港古河道内出土的人骨材料进行了初步整理和整体的清理，并且进行了编号和统计，具体的鉴定和测量工作正在进行中，这项工作与吉林大学考古学院合作。

整理过程中我们发现，人骨表面有非常丰富的人工痕迹，多例临终时颅骨和枕骨有骨折痕迹、切割痕、砍砸痕、磨制痕，绝大部分关节骨骼缺失等现象。这些人工痕迹暗示了一部分人类可能像动物一样被剥皮、肢解、敲打、剁碎、剔肉，说明当时极有可能存在食人的现象。

另外一部分痕迹能反映古人类骨骼上的病理现象，比如分离性的软骨疾病。这是一种较为常见的软骨骨病，疾病使局部骨组织的血液供应中断，从而导致骨组织死亡，在骨骼上可以观察到一个边界清晰的多孔近圆形缺损。这种关节部分塌陷或破碎的症状多发于青年男性个体，其中临近膝关节部位的发病率最高，通常由运动方式或外伤导致。骨质疏松、营养不良的状况也较为常见，缺铁性贫血和齿科疾病也可以在多例头骨上明确观察到。

还有一些人工痕迹体现出明显的宗教、政治行为，但是具体原因不得而知。比如钟家港遗址出土的一件头盖骨，断口处有明显的分割痕迹，这样的标本在卞家山遗址里也发现了一件，根据形状推测，可能是一个利用头盖骨加工而成的器皿。钟家港这一件，断口的地方没有经过太精细的打磨，仅仅是简单地分割开。卞家山这一件目前在良渚博物院展出，两件头盖骨无论从截取的位置、大小，还是从头盖骨的年龄（壮年，由骨缝愈合程度判断）来看，都极其相似。

在一例不满十岁的儿童头骨的颅后方发现有两个穿孔的现象。头骨钻孔或者头骨穿孔这样的情况，在世界各地都有。根据现在搜集到的数据，最多的是美洲地区，主要在秘鲁，很大一部分头骨穿孔的情况被认定为是施行外科手术后留下的。秘鲁的"开颅术"与钟家港出土的这一例有很大区别，秘鲁的钻孔比较规整，类似于管钻；而钟家港的这一例，可能是用锋利的石片，或者类似燧石的工具一点点刮出来的，开口呈不太规则的圆形，整个边缘能够观察到很规整的刮削痕迹，显得比较圆顿，但是并没有呈现出愈合的状态，说明这个儿童在此之前已经死亡，或者在这一过程中死亡。其他绝大多数被定义为"外科手术"的钻孔，多数出现在颅前额骨的位置，因为这个位置相对安全，个体在手术后有相当大的存活几率。但是钟家港这一例的开口在颅后方，有静脉流经处，不太可能是医疗行为。

人骨出土于河道的废弃堆积内，与动物骨骼和其他生活垃圾混出，很明显都是非正常死亡的案例。在性别和年龄方面没有呈现出太明显的规律，男性和女性皆有，还有多例儿童。健康和营养状况不佳，推测很有可能并不来自城内的贵族阶级，但是能确定他们的生存年代是良渚文化晚期。他们生前过着怎样的生活，为什么会进入古城并被弃尸于河道中，具体的身份是什么，目前还没有过于明显的线索。

跋

一切过往，皆为序章。

口述史到这里戛然而止，显得有些突兀。但是良渚考古是一条河，会长长久久地流下去。未来的良渚故事，会有下一代来讲述。

不知道读完这本口述史，读者最深的感触是什么？对我来说，是感动。

八十多年，太不容易了。

我们每个良渚考古人，身处不同时代，性格秉性各异，人生际遇也大不相同。但是通过口述史的整理，我忽然发现我们之间有一个共通的东西，就是"真"——性格上纯真，学术上求真。

记得采访中，牟永抗先生多次哽咽，情绪难于自已："我不敢讲我自己的学术水平有多少高，但是我是纯真的，这条我敢自评。"刘斌一向很儒雅沉稳，回忆起文物被破坏的往事，忽然变得非常激动，忍不住爆粗口。方向明一向很刚直，当年看见辛辛苦苦清理的木构水井塌方，直接掉下眼泪。我也知道王明达老师与牟永抗先生几十年间多少有点纠葛，这次王明达老师在结束他口述史叙述的时候，最后对着方向明、芮国耀和我，特别加重语气强调："不管有过这样或那样的事情，牟永抗是浙江考古的学术带头人，这样的地位应该承认的。"

真情流露，是为真人。这本书里的叙述不可能都真实无误，但是我可以保证每个叙述者对我都是敞开心扉、直言不讳的。与外部的采访者不同，我自己就是局内人，问题相信也能问到点上，尽管很多内容无法百分百呈现在这里。

对于口述史，我觉得这样就够了。二十几年前的念想，一直不了了之，今天终于一了了之，不禁长吁了一口气。

最后要特别感谢浙江大学出版社和王雨吟、赵静两位编辑，你们的敬业和热情，使我们有机会把良渚考古背后的故事讲给更多人听。希望这不仅仅是敝帚自珍吧。

王宁远

2022 年 12 月 13 日

良渚遗址考古与保护中心